2021年度国家社会科学基金项目"古彝文典籍《四书旁训》翻译与研究"（批准号：21XMZ014）成果

高加乐书评集锦

第一辑

高加乐 著

容小明 主编

朱慧蕊 张家兴 杨智文 编

中央民族大学出版社
China Minzu University Press

图书在版编目（CIP）数据

高加乐书评集锦：第一辑/高加乐著；容小明主编. —北京：中央民族大学出版社，2023.11

ISBN 978-7-5660-2262-2

Ⅰ.①高… Ⅱ.①高… ②容… Ⅲ.①书评—中国—现代—选集 Ⅳ.①G236

中国国家版本馆CIP数据核字（2023）第232774号

高加乐书评集锦 第一辑

著　　者	高加乐
主　　编	容小明
责任编辑	黄修义
封面设计	舒刚卫
出版发行	中央民族大学出版社
	北京市海淀区中关村南大街27号　邮编：100081
	电话：（010）68472815（发行部）　传真：（010）68933757（发行部）
	（010）68932218（总编室）　　　　（010）68932447（办公室）
经 销 者	全国各地新华书店
印 刷 厂	北京鑫宇图源印刷科技有限公司
开　　本	787×1092　1/16　印张：18.5
字　　数	271千字
版　　次	2023年11月第1版　2023年11月第1次印刷
书　　号	ISBN 978-7-5660-2262-2
定　　价	88.00元

版权所有　翻印必究

编者的话

高加乐先生1930年10月出生于江苏无锡，2020年2月去世于贵州贵阳。1951—1953年在中央民族学院语文系彝语专业本科毕业，最高学历为彝文副博士研究生。师从著名社会学家费孝通、语言学家马学良、西夏文专家王静如。为彝文鉴定人员；由于其身份特殊，目前更多信息不便公开。

高老师博闻强识，几十年如一日，辛勤耕耘，对已出版的诸多有关上古文明的书籍进行了阅读和修改，从而廓清了一些问题的历史脉络，对研究古代文明史起到了正本清源的作用；特别是运用"四重证据法"，即把汉文记载、考古发现、民间史诗传说和各民族文化之间的交流结合起来，综合运用古文字学、历史学、考古学、社会学、民族学等多学科交叉方法，对已出版的诸如《爨文丛刻》《彝族源流》《西南彝志》《载苏》等古彝文典籍进行修整今译与研究，把其中的重要古彝文字和甲骨文、楚文字、仡佬文及三星堆刻画符号、三星堆民间玉器等上面的文字、伏羲墓文字、大汶口文字、东夷文字等进行对比研究，从而彰显这些著作的深层内涵与价值，试图为甲骨文的释读找到一条新路径，这是本著作的最大亮点。

基于对历史、对高加乐老师的尊重，本书最大限度地呈现了原作的风貌，只对其中的个别错讹进行改正；又把高老师笔记涉及的原文尽量附加上去，以便读者更好地阅读和理解。

　　由于高老师熟谙彝文，本书的很多观点都是从彝文文献的记载所得，一些观点可能得不到专家认同，但愿大家理性、辩证看待。

2023 年 8 月 29 日

凡　例

　　本著作按照高加乐笔记而不是原著页码先后顺序进行整理，所有P…、P…、P…都是原著的页码。整理中还有下列一些变动：

　　一、把笔记所涉及的内容，对照原著进行梳理，尽量把原文内容摘抄上来，以方便读者阅读和理解而不感突兀。

　　二、为了使著作条理清晰，整理者加了标题（一）、（二）、（三）、（四）……1.2.3.4.……（1）、（2）、（3）、（4）……

　　三、在整理的过程中，对一些内容有所综合，如把高加乐原笔记重复部分删去、一个古彝文字在多处出现则尽量整合在一起。

　　四、笔记出现的那一页如果还有其他笔记内容则一并进行整理。

　　五、本著作中的"零散笔记"是把高老师集中书写在原著封面、封底，或原著内页上的笔记整理完毕后再翻阅原著，把书中其余没有整理的笔记进行整理并增加上，以便读者阅读和理解。

目 录

《西南彝志》（三、四卷）修整今译与研究 …………………… 1

《彝族源流》（21—26）修整今译与研究 …………………… 13

《易纬文化揭秘》释读与研究 ………………………………… 34

《周易与日月崇拜》释读与研究 ……………………………… 48

《〈周易〉象数之美》释读与研究 …………………………… 104

《易经图典》释读与研究 ……………………………………… 112

《易图源流》释读与研究 ……………………………………… 160

《大荒四经》释读与研究 ……………………………………… 172

《滇文化》释读与研究 ………………………………………… 178

《中国彝族史学研究》释读与研究 …………………………… 185

《古文字类编》释读和研究 …………………………………… 207

《图说汉字五千年》释读与研究 ……………………………… 209

高加乐卡片笔记整理（有删节） ……………………………… 222

彝、汉天文历法一致等情况对比研究 ………………………… 266

《西南彝志》[1]（三、四卷）修整今译与研究

（一）

P8：寒风凛冽。彝文为▩▩▩[2]，读作▩▩▩。

高加乐按（以下简称高按）：其中▩，读作▩，为"寒风"的意思。

P9：微风悠悠。彝文为▩▩▩，读作▩▩▩。

高按：其中▩，读作▩，为"微风"的意思。

P16：1.原文：天上娄叟显，这句话的彝文为▩▩▩，读作▩▩▩。高按：娄叟显为女，其中▩为"女"的意思，其读音不做▩，而是▩[3]，▩是"长"的意思。2.原文：地上讷武徐，这句话的彝文为▩▩▩，读作▩▩▩。高按：讷武徐为男，其中▩为"男"的意思，▩为"力"的意思，▩为"宽广"的意思。

高按：这页总的来说，是讲述天不足西北，地不满东南，两个大力男女来补天、补地等情况。

P31：原文：发出了号令。彝文为▩▩▩，读作▩▩▩。

高按：其中▩，读作▩，为"号令"的意思。

P33：原文：天地主宰一切。彝文为▩▩▩，读作▩▩▩。

高按：这是重要内容。

P35：天地之间四万八千度。彝文为▩▩▩，读作▩▩▩。高按：这是重要内容。

P113：1.原文：励精图治，彝文为▩▩▩，读作▩▩▩；2.原文：发展壮大，彝文为▩▩▩，读作▩▩▩。

1

高按：这两句都是重要内容。

P119：1.原文：葛赤是富饶山区。高按：富饶山区即中央地区。2.原文：尼能先师，在尼能地方，叩头求根，祭祀求本。高按：这里说的是在叶榆祭祀求根本，尼能即叶榆。

P121—122：1.原文：实源于九天，勺源于八地。高按：实勺即西随。这页主要讲述在叶榆制造兵器、菜刀和煮锅。

P319：雷。彝文为▆，读作▆。高按：▆就是"震"。

P311：电。彝文为▆，读作▆，高按：▆即"离"。

P304：七太阳。彝文为▆。读作▆。高按：这是重要内容。

P296：原文：逢秋季的风，是收获的风；逢冬季的风，是收藏的风。高按：秋季的风是"条风"，"条风"的彝文为▆，读作 ndə-tsaʌ。冬季的风是"遮风"，"遮风"的彝文为▆，读作 ▆tsaʌ。这是"条风""遮风"的来历。

P74：原文：一是哎恒载，这样产生后，二是载赠杰……高按：哎恒载的彝文写作▆，读作 yci hu tesei，此为伏羲63代"荷曲"来历。

（二）哎哺九十根源

P63—140：哎哺九十根源谱系：哎道遮1代，遮密珠2代，珠雅密3代，密乍轨4代（高按：密乍轨即密长贵），乍轨卓5代，卓雅且6代，且雅邹7代，邹雅色8代，色雅举9代，举雅尼10代，举朴娄11代（高按：举雅尼和举朴娄应是兄弟关系），朴娄道12代，道慕尼13代（第70页：原文：彝文▆，读作 lu7 6i4 zi4，汉译：娄喜迤。高按：娄喜迤为女，下行的"讷笃努"为男；另外，南诏国官制里有"喜裔"），沓慕慕14代，慕笃笃15代，笃惹惹16代，惹杰杰17代，杰叩叩18代，叩叩那19代，哺恒恒20代，恒恒里21代，里杜基22代，基奢莫23代，哎恒载24代，载赠杰25代，杰笃额26代，额雅卓27代，卓雅卧28代，糯雅武29代，武雅奢30代，奢武吐31代，哺果果32代，果雅鄂33代，鄂雅妥34代，妥雅笃35代，笃咪努36代，咪努施37代，施雅莫38代，莫雅买遮39代，哎载载40代，载载铎41代，铎雅乃42代，慕雅博43代，博雅吐44代，吐铎娄45代，哺果果46代，果果娄47代，娄姆卫48代，卫德果49代，德果奢50代，奢纪阿娄51代，哺果果52代，果果冑53代，冑毕额54代，毕额陡55代，陡雅鲁56代，鲁雅直57代，直雅铎58代，铎雅武59代，哎载载60代，载载哼61代，哼雅笃62代，笃雅迭63代，迭雅笃64代，鲁雅显65代，显雅素66代，素雅卓67代，骂雅苦68代，苦雅直69代，杜载载70代，载雅莫71代，莫雅果72代，果雅直73代，直雅叶74代，叶雅武75代，武雅梯76代，哺果果77代，果果直78代，直雅局79代，局雅赤80代，赤叩娄81代，叩娄卓82代，哺果果83代，卓阿铺84代，果果笃85代，笃雅俦86代，俦载载87代，载载局88代，局道奎89代，（第87页 原文：住在且舍宫。高按：且舍即进桑）哎载载90代，载载阿武91代，阿武赤92代，赤雅姆93代，赤姆侯94代，博雅娄95代，（第88页 原文：进入木确宫。高按：木确宫即南诏蒙却舍）果雅额96代，额雅葛97代，葛雅索98代，索雅珠99代，哎且且100代，且且叩101代，叩雅宏102代，宏雅遮103代，遮雅堵104代，堵雅补105代，果果莫106代，莫雅吐107代，吐那炯108代，那炯乌109代，乌列启110代，载载轨111代，轨毕布112代，毕布额113代，布默歹114代，默歹俄索115代（高按：默歹俄索为乌撒部），哎咪木116代，咪木果117代，果雅索118代，索雅鲁119代，鲁雅珠120代，珠鲁则121代，则阿默122代，阿默默恒123代，默恒载124代，恒载阿体125代，哎雅尼126代，尼妥苏127代，苏雅伦128代，伦雅果129代，果额俄130代，额俄古131代，俄雅古雅132代，古雅鲁133代，鲁雅葛134代，葛扎渚135代；哎娄娄136代（高按：从哎娄娄至娄娄乍为凉山彝谱），娄娄布137代，布密额138代，密密妥139代，妥额伍140代，伍额卓141代，卓雅迤142代，迤娄娄143代，娄娄乍144代。

（三）哎哺九十代

P141－234：哎哺九十代谱系：哎始俄1代（高按："哎始俄"即伏

羲57代鳕河），始俄斗2代，斗雅惹3代，惹雅鲁4代，鲁雅侯5代，侯雅塔6代，塔雅呕7代，塔呕仆8代，仆那依9代，那依则咪10代（第144页：原文 水时丁呈多，读作 ndɯ/mi⌐lmi⌐/m⌐dzə/，则咪在高天。（高按：则咪即伏羲氏节芒）；哎则则11代，则则叟12代，叟雅姆13代，姆雅侯14代，侯大汝15代，大汝阿那16代，阿那左17代，那古堵18代，古堵耿19代，耿娄娄20代；哎妥妥21代[高按：哎妥妥为帝喾妃有邰氏，生后稷（周）]，妥妥斗洪22代，斗苦叩23代，叩阿娄24代，阿娄久25代，久洪迭26代，洪迭木努27代，木努俄努28代，俄鲁额让29代，额让米侯30代（高按：额让米侯可能就是后稷）；哎咪密31代，咪密以32代，以那木奢33代，木奢耿额34代，耿额额咪35代，额咪阿武36代，阿武朵37代，朵作佐38代，作佐阿木39代，阿木哎哺40代；哎恒哈41代，恒哈鸠42代，鸠嘎古43代，古鸠密44代，鸠密努那45代，努那朵鲁46代，多鲁阿局47代，阿局鲁特48代，鲁特喜迤49代，喜迤阿依50代；则咪木51代，木那娄52代，那娄低53代，低侯巧54代，巧妥木55代，妥木那吐56代，那吐额尼57代，额尼阿热58代，阿热鲁布59代，鲁布喜迤60代；则咪木61代，咪木阿仆62代，仆雅色63代，色雅娄64代，娄雅鲁65代，鲁雅铺66代，铺阿鲁67代，鲁雅默68代，阿默侯载69代，侯载阿莫70代；哎哺尼71代，尼雅勺72代，勺雅德73代，德雅额74代，德勺额局75代，额局业76代，业古阿娄77代，阿娄哼哈78代，哼哈展默79代，展默阿莫80代；哎斗吐81代，吐阿果82代，果额祝基83代，祝基苦额84代，苦额那木85代，那木克呕86代，木呕陀87代，陀尼取88代，取娄汝89代，汝阿额90代；哎宗木91代，宗木额92代，额余密93代，密阿额94代，额阿胄95代，胄阿彻96代，彻阿宗97代，宗阿可98代，阿密奢99代，密奢阿莫100代；哎施娄101代，施娄宗102代，宗诺沽103代，诺沽佐104代，佐载堵105代，载堵阿默106代，阿默能107代，默能阿堵108代，阿堵拟俫109代，拟俫阿默110代；哎夺夺111代（高按：哎夺夺即陈锋氏，帝喾妃），夺夺能112代，能吞局113代，局夺俄114代，朵俄莫吐115代，莫吐纳益116代，纳益阿直117代，阿直乍俄118代，乍俄额余119代，额余俦珐120代（高按：俦珐即陈锋，生帝尧），（第184

4

《西南彝志》（三、四卷）修整今译与研究

页：原文：俸珐天地时代。高按：这里说的俸珐即陈锋，即陈锋是天地之子）哎莫莫121代，莫莫苏122代，苏雅施123代，施雅欲124代，欲雅阿娄125代，阿娄蓬娄126代，蓬娄阿越127代，阿越阿余128代，阿余布博129代，布博哎哺130代，哎傻傻131代，傻傻局132代，局赫以133代，赫以额汝134代，额汝和莫135代，和莫格佐136代，格佐额呕137代，额吐期局138代，期局鲁莫139代，鲁莫卓跨140代；（第188页：1.原文：▢▢▢▢▢：有哎就有热。高按：这句话的正确汉译是"有哎就有寿"。2.原文：▢▢▢▢▢：有哺就有跨。高按：这句话的正确汉译是"有哺就有福"）（第189页：原文：▢▢▢▢▢，热父穿白衣。高按：这句话的正确汉译是"寿父穿金戴银"）哎洗洗141代，洗洗鸠142代，鸠木能143代，能列显144代，列显阿直145代，阿直蒙免146代，蒙免期局147代，期局那苟148代，那苟局仆149代，局仆娄150代；哎娄娄151代，娄娄木152代，木密咪153代，密咪拟154代，拟阿尼155代，咪雅谷156代，谷雅伍157代，额伍娄158代，娄补那乍159代，那乍鲁卓160代，哎蒙蒙161代，蒙蒙娄162代，娄武古163代，武古坝164代，坝雅尼165代，尼额默166代，默额咪切167代，咪切布168代，布姆仆索169代，仆索果170代，哎那那171代，那那勾172代，勾雅舍173代，舍己那174代，己那杰175代（第210页：原文：▢▢▢▢▢，且舍光明磊落。高按：且舍即进桑），哎耿佐（高按：哎耿佐即娵訾氏，为帝喾妃，生帝挚）176代，耿佐诺177代，诺雅补178代，补投以179代，投以那180代；那雅武181代，武那安鲁182代，安鲁任183代，任那木184代，木哎哺185代，（第221页：原文：▢▢▢▢▢▢▢生了营营。高按：这句话的正确汉译是"生了权威"）哎额杰186代，杰额则187代，则阿哲188代，阿哲补汝189代，补汝叟俄190代，叟俄阿太191代，阿太德巨192代，德巨额始193代，额始基娄194代，基娄倮发195代，哎额热[高按：哎额热即帝喾妃有娀氏，生契（商）]196代，热尼尼197代，尼妥吐198代，妥吐俄199代，俄额哲200代，哲雅武201代，武雅微202代，微布禄203代，布禄滴204代，滴索依密205代。

P421：天有360度，和人骨360节相同；天上的星星八万四千颗，同

5

人的毛发。高按：这是重要内容。

P401—402：高按：这两页主要讲述十月太阳历"十生五成"情况。

P359：原文："乾坤为父母，离为中男，坎为中女，震为长男、巽为长女，兑为少男、艮为少女。"高按：这里讲述中男、中女，长男、长女，少男、少女情况，为重要内容。

P364：高按：这页讲述太阳的运行经七条规道（轨道）情况，为重要内容。

P338：原文："东南方之间，有段地不满。"高按：这里讲述地不满东南情况，为重要内容。

（四）

P279：高按：这页有讲述满二十九度闰一个月，为重要内容。

P278：原文：整个周天，三百六十度，五度又四分。高按：这页讲述365.4日来历，为重要内容。

P281：高按：这页讲述六十三公度年来历，为重要内容。

P116：原文：祭祀献祭，开亲结配，宇宙间立根。中央距离远，不知道山路，不见葛赤地，就不知中央。有邪祟作怪，先后用黄牛，献祭山路……高按：这是丑祀（祭祀），其中的"山路"即"葛赤地"。

P167：高按：这页有彝文 ▨▨，读作 ndzɯmi˧，音译：则咪。可以对比阅读该书P206：▨▨▨▨，思则至极。其中 ▨，读作 ndzɯ˧，为"议"的意思。

P393：原文：▨▨▨▨，关联人类。高按：彝文 ▨，读作 tei˧，为"关联""关系"的意思。

P426：原文：▨▨▨▨，都有益于己。高按：彝文 ▨，读作 pa˧，为"帮助"的意思。

P13：原文：▨▨▨▨，天地气配合。高按：▨，读作 pa˧，为"配合"的意思。

P352—355：高按：这几页讲述八卦乾坤父母来历，为重要内容。

（五）

P143：原文：▨▨▨▨▨，住着一姓良民。高按：其中▨，读作 su˧，"民（叟）"的意思。

P35：高按：这页讲述东西四万八千度，为重要内容。

P295：彝文：▨▨▨▨▨，逢春季的风。高按：风，彝文写作▨，读作 ɬhi，这个"ɬhi"为甲骨文"恊"的来历。

P43：原文：▨▨▨▨▨，原野很美丽。高按：其中▨▨，读作：ɕu˧mo˧，"原野"的意思，这两个彝文字在《白狼歌》里有。

P44：原文：哎的娄喜迆，哺的讷笃努。高按：这里，娄喜迆为女，讷笃努为男。

P45：原文：▨▨▨▨▨，春夏以月辨。高按：其中▨，读作 hɯ˧，"分辨"的意思。

P318：原文：▨▨▨▨▨，读作 fie˧zɯ˧pa˧tn˧ ʋi˧，"共同掌权"的意思。

P51：原文：▨▨▨▨▨，天君就心虚。高按：其中▨▨，读作 nei˧ni˧，"心虚""心惊"的意思。

P52：原文：▨ ▨ ▨，君怕有后忧；▨▨▨▨▨，臣怕有后患。高按：其中▨，读作 ɣɯ˧，▨，读作 tɕi˧，二字连起来为"忧患"的意思。

P261：1.原文：▨▨▨▨▨，赤叩不施令。高按：其中▨▨，读作 tʂɿ˧ʝkɯ˧，音译为赤叩，即"君长"。原文：▨▨▨▨▨，毕以不断事，高按：其中▨▨▨▨，读作 bi˧ʑi˧，音译为毕以，即"臣子"。原文：▨▨▨▨▨，实楚不祭祀。高按：▨▨，读作 ɿ˧tsu˧，音译为实楚，即"经师"。2.原文：▨▨▨，人要享福。高按：▨▨，读作 ɩu˧do˧，为"享福"的意思。

P57：原文：▨▨▨▨▨，如在海洋上。高按：▨，读作 kɯ˧，为"映照"的意思。

P63：原文：▨▨▨▨▨，四是密乍轨。高按："密乍轨"即"密长

7

贵"，从这里开始，讲述长贵谱系。

P64：原文：一是举朴娄，二是朴娄道，三是道慕尼，慕尼有九子。高按：道慕尼是"鳖令"君长（举朴娄）的孙子，他有九个儿子。

P65：原文：武珠十二子，十一变过河，只剩武洛撮，大岩脚地方，武珠子孙兴旺。高按：武侏十一子都过河去住了，武侏之子"武老撮"住在大岩脚地方，子孙兴旺。

P44：高按：这页为《白狼歌》内容。

P52：原文：君怕有后忧，臣怕有后患。高按：这页讲述君臣后顾之忧，为重要内容。

P77：原文：▨▨▨▨▨，卧奢纪辅佐。高按：▨，读作▨，"辅佐"的意思。

P83：原文：▨▨▨▨▨，君臣来治理。高按：▨，读作▨，"治理"的意思。

P86、107、179、180、181、182、183、184都讲到"俦珐（宫中）"，其彝文写作▨▨，读作▨▨。

P87、148、210：高按：这几页都有彝文▨▨，读作▨▨，为"进桑"（王宫）的意思。

P88、89、96、97：高按：这几页都有彝文▨▨▨，读作▨▨▨，即南诏"蒙却舍宫"。

P93—94：1.原文：▨▨▨▨，读作▨▨▨▨，默歹俄索。高按：默歹俄索即默歹俄索宫殿（乌撒）。2.原文：▨▨▨▨▨，住在局宏宫。高按：这里的"局宏宫"为翻译错误，应该直接译成"日月宫"。

P246—247：高按：这两页主要讲述向滇王上租。文中▨▨▨▨，读作▨▨▨▨，音译：杜娄洪索，即滇王杜娄洪索。

P101、102、104：高按：这几页有讲述福寿，写福禄寿书。其中，有彝文▨▨，读作▨▨，为"福寿"的意思。

P105—106：1.原文：一是哎娄娄，二是娄娄布……高按：这里讲述凉山彝族"罗罗布"谱系。2.原文：哎哺有果部，果人绾银髻，银髻映日影，美好宇宙间，住一部果人。高按：这里讲述红彝（果部）情况。

P288—291：原文：武托尼祖叶，无心谋世事，失去了俸禄，后来有一天，德布的武姆，追捕了他，囚于霜狱，武托尼祖叶，仰面朝天，号啕大哭，天降寒霜，德布的气象宫，他开言说道：正是六月间，却降下了霜……释放了祖叶。高按：这里讲述六月雪故事。祖叶即"邹衍"。

P116、323：1.原文：■■■■■，献祭山路。高按：彝文■，读作ndzɿ，"祭"的意思。2.原文：不知道山路，不见葛赤地，就不知中央，有邪祟作怪，先后用黄牛献祭山路。高按：这里讲述用黄牛祭山的情况。

P119：原文：■■■■，■■■■■，尼能先师。高按：这里的尼能即叶俞，其中■，读作put，为"师"的意思，■，读作ɕiel，为"主"的意思。■[4]，可能是"骠信"先师。

P57：进桑在海洋；第58页：且舍形成了；第87—88页：住在且舍宫；第148页：娄俄两好根，源于哎哺且舍。高按：这几页都有讲到彝文：■■■，读作■■■，"进桑"的意思，"进桑"乃彝文音译记字。

P157：原文：手里写知识，不停地写着，书写在纸上，书卷美如锦，是喜迻作的。高按：这里讲述缮裔作书。其中■■，读作ɕi tɕi˧，原著翻译为喜迻。喜迻即"缮裔"。

P158—165：高按：这几页讲述哼哈谱系。

P162：原文：明君穿美服，贤臣围美裙。高按：这里讲述明君、贤臣穿着美丽宫裙袍服，为重要内容。

P62：原文：在那时间里，各方的平原，禾粒不成熟，籽粒不饱满，实怕有天灾，勺怕有饥荒。高按：这里讲述南诏怕灾荒情况，为重要内容。

P245：原文：■■■■■，打铁镇着风。高按：这里，彝文■，读作tsuɯ˧，为"镇压"的意思。

P127：原文：■■■■■，大地反常了。高按：■，读作■；■，读作qa˧，二字连起来就是"反常"的意思。

P209：原文：有各种书卷，三种书卷，有宇宙图像，部分书卷中，有星象记载，宇宙空中，太阳第一，有三十卷书，是贤人思索，并书写下来。

9

高按：这里讲述"三十卷书"情况，为重要内容。

P172：原文：⬚⬚⬚⬚，智慧如海洋。高按：⬚⬚，读作⬚⬚⬚，"智慧"的意思，"缮裔"就是"智慧"的音译记字。

P185—187：高按：这几页讲述布巨先知史。

P189：原文：⬚⬚⬚⬚⬚，⬚⬚⬚⬚⬚，热父穿白衣，跨母围黄裙。高按：这里讲述穿金戴银内容。

P246—247：原文：收牛羊租时，如江流不断，到杜娄洪索，交给策耿纪，人们安居乐业了。高按：这里讲述向滇王交牛羊租的情况。

（六）零散笔记

P5：原文：⬚⬚⬚⬚⬚⬚⬚，读作 mi du tuŋ qu tu tse tʂɿ tʂʅ，天地形成时的景况。高按：这里，⬚为"时"、⬚为"金"、⬚为"辉"、⬚为"景"的意思。可对比阅读该书第26页相关内容。

P29：1.原文：⬚⬚⬚⬚⬚，读作 tse ɣa mi du mi，是根的本源。高按：这里，⬚、⬚二字连起来就是"根本"的意思。2.原文：⬚⬚⬚⬚⬚，⬚⬚⬚⬚⬚，青鹍的形象，象征君与王。高按：应该是鹤、鸿代表君王。3.原文：⬚⬚⬚⬚⬚，⬚⬚⬚⬚⬚：性善于流动，是风的根源。高按：这两句话的翻译存疑。

P30：1.原文：⬚⬚⬚⬚⬚：能的讷诺徐。高按：能即尼能，讷诺徐即"叶榆。"2.原文：⬚⬚⬚⬚⬚，鞴上银鞍。高按：其中⬚，读作⬚，"找"的意思。

P32：原文：⬚⬚⬚⬚⬚，⬚⬚⬚⬚⬚，实全力张天，勺全力铺地。高按：这里⬚，读作⬚，为"实"的意思，⬚，读作⬚，为"勺"。二字连起来为"西随"的意思。

P42：1.原文：⬚⬚⬚⬚⬚，⬚⬚⬚⬚⬚，五娄亚整理日，五汝讷整理月。高按：五娄亚为女，五汝讷为男。2.原文：⬚⬚⬚，捉黑鸟。高按：黑鸟即"玄鸟"。

P47：原文：⬚⬚⬚⬚⬚，直译："事是会使风。"高按：这个直译存疑，正确的直译是："事是风会使。"

P50：1.原文：▨▨▨▨，叙哎哺根源。高按：其中▨为"根"、▨为"有"、▨为"找"的意思。2.▨▨▨▨，诗歌叙天文。高按：其中▨、▨二字连起来就是"天文"的意思。3.▨▨▨▨，诗歌叙地理。高按：其中▨为"地"，▨为"史（理）"，二字连起来就是"地理"的意思。

P97：原文：▨▨十五▨，木确十五部。高按：木确即"蒙却舍"。

P101：原文：▨▨▨▨▨，寿父吐姆卫；▨▨▨▨▨，福母舍娄陡。高按：其中▨为"穿"的意思；▨为"戴"的意思。

P137：原文：▨ ▨ ▨，读作 ni suɪ ɕeɪ，尼叟显。高按："尼叟显"有可能就是伏羲第58代"汝信"。

P191：原文：▨▨▨▨▨，在热跨宫发展。高按：这句话翻译有误，正确的翻译是：在福寿宫发展。

P251：1.原文：▨▨▨，读作 du tdzɿ jəpʰ，成了鲁直显；▨▨▨▨▨，读作 to kuɿ fi lio lɯɪ，成了朵阔徐。高按：这里的▨、▨二字连起来就是"蔍荖"的意思。2.原文：▨▨▨，读作 hi kuɿ mɿ，成了亨苦姆；▨▨▨▨▨，读作 ha thu ɣe lio lɯɪ，成了哈宏蔼。高按：这里▨、▨二字连起来就是"哼哈"的意思。

P267：原文：▨▨▨▨▨，读作 a pʰɯɿ ɣɯɪ su pʰɯɪ，阿普额索。高按："阿普额索"就是"务相"。

P384：原文：▨▨▨▨▨，读作 ʑe tʰɿ ʋɯɿ luɿ tɕɿ，海中有龙盘。高按：此句翻译有误，正确翻译是：龙盘踞海中。

P396：原文：▨▨▨▨▨▨▨，读作 mɯɿ tɕu ʋe mi u ɕi mu，论天地头尾左右。高按：这里▨为"天"、▨为"地"、▨为"头"、▨为"尾"、▨为"左"、▨为"右"、▨为"述"的意思。

P397：原文：▨▨▨▨▨，读作 ɕiɛʔ lu dʑu tɕʰe mɿ pʰɯɿ，聚合于中央。高按：其中▨不读▨，而应该读作 ʑeʔ [5]。

P434：原文：▨▨▨▨▨▨，读作 ▨▨▨▨▨▨▨，论

人的气血。高按：这里 ▨▨ 为"人类"、▨ 为"血"、▨ 为"路"、▨ 为"气"、▨ 为"谈"的意思。

注释：

[1]陈长友、王仕举、王运权：《西南彝志》，贵阳：贵州民族出版社，1991年。

[2]文档中所有彝文，如没有特别标出，均摘选自原著。

[3]为高加乐手迹。

[4]因为整理者不认识，就用高老师手迹代替。

[5]因为高加乐手迹涂改严重，就用整理者手迹代替。

《彝族源流》（21－26）[1] 修整今译与研究

（一）

P205：汉译原文：这是第五厅。紧接着后面，第六个大厅，这个厅珍藏，陡家的宝鼎。在娄米恒略，实勺和尼能，米靡和举偶，商议修天时，采用金和银，与铜铁配合，铸鼎遍天下。什家耐用鼎，恒氏九耳鼎，举偶制圆鼎。高加乐按（以下简称高按）：这页共15句话，1.有提到夏代"昆吾（举额）"铸鼎遍天下。"昆吾"在彝文里写作■■[2]，读作■■[3]，音译记字为"举额或举偶"。2.提到用金、银、铜、铁配合制造鼎，鼎有九耳鼎、圆鼎等。3.五次提到"鼎"字。"鼎"在彝文里写作■，读作■，与夏代流传下来的铸鼎史上的"鼎"字对比，彝文的写法丝毫不差，为"鼎"字来历。

（二）

第二十一卷：P10－17、P21－23、P25－29、P31－36、P40－49、P51－55、P57－74、P78、P80、P83－85，都出现三星堆文字[4]，此为特别重要内容。具体如下：

P10：1.原文：■■■■，属默德施一支。高按：默德施即"桐师"。其中■，读作■，为"氏（支、家）"的意思，三星堆文字。2.原文：■■■■■，创一方基业。高按：其中■，读作■，为"创"的意思，三星堆文字。3.■■■■■，如白鹤鸣朗朗。高按：其中■，读作

13

ᴛᴜ⁄，为"鸣"的意思，三星堆文字。

P11：1.原文：▓▓▓▓▓，主宰天下。高按：其中▓，读作▓，为"宫"的意思，三星堆文字。2.原文：▓▓▓▓▓，尼颖咪哺。高按：其中▓，读作▓，为"哺"的意思，三星堆文字。3.原文：▓▓▓▓▓，洪鲁塞之女。高按：其中▓，读作▓，为"塞"的意思，三星堆文字。

P12：1.原文：▓▓▓▓，仁邓女姆。高按：其中▓，读作▓，为"邓"的意思，三星堆文字。此字在该书第18、46页也有出现。2.原文：▓▓▓▓▓，经贝谷肯嘎。高按：其中▓，读作▓，为"入"的意思，三星堆文字。3.原文：▓▓▓▓▓，图兵器开亲。高按：其中▓▓，读作▓▓，为"图婚"的意思，三星堆文字，▓在第13页第1、13行也有出现。

P13：1.原文：▓▓▓▓▓，银璋牙矛第一。高按：其中▓，读作▓，为"首"的意思，三星堆文字。2.原文：▓▓▓▓▓，利矛是第三。高按：其中▓，读作▓，为"胜"的意思，三星堆文字，这个字在第73页也有出现，意思不变；在第138页为"锦"的意思。3.原文：▓▓▓▓▓，娶惹依咪伦。高按：其中▓，读作▓，为"伦"的意思，三星堆文字。4.原文：▓▓▓▓▓，生了纠阿堵。高按：其中▓，读作▓，为"纠"的意思，三星堆文字。5.原文：▓▓▓▓，同恒默欧联姻。高按：其中▓，读作▓，为"欧"的意思，三星堆文字。6.原文：▓▓▓▓▓，图欧氏兵器。高按：这一行的第一、三、四字都是三星堆文字，上面已经有指出；另外，▓，读作▓，为"箭"的意思，三星堆文字。

P14：1.原文：▓▓▓▓▓，娶丽依伦尼。高按：其中▓，读作▓，"尼"的意思，▓，读作▓，"娶"的意思，二者均为三星堆文字，▓在第26页也有出现，为"功"的意思。2.原文：▓▓▓▓▓，循着祖迹。高按：其中▓，读作▓，在紧接下一行有，在第629页也有，为"越""飞"的意思，三星堆文字。

P15：原文：▓▓▓▓▓，另开新亲。高按：其中▓，读作▓，为"迁"的意思，三星堆文字。

P16：1.原文：▓▓▓▓▓，孟德朵之母。高按：其中▓，读作▓，为"朵"的意思，三星堆文字。2.原文：▨▨，飞过宰口洪。高按：其中▨，读作nuɯ，为"外"的意思，三星堆文字。这个字在第85页为"颂"的意思，在第26、66、78页为"繁盛"的意思，在第27、49、624页为"治""发展""衍"的意思，在第28页出现四次，都为"幸"的意思，第31页为"贵"的意思，在第48页为"结"的意思，在第55、56页为"显赫""追"等意思，在第73页为"议论"的意思，不一枚举。

P17：原文：▨▨，另开新亲。高按：其中▨，读作fu，为"婚"的意思，三星堆文字。

P21：1.原文：▨▨，娶乃额宏茨。高按：其中▨，读作▨，为"茨"的意思，三星堆文字。2.原文：▨▨，生阿娄阿伦。高按：其中▨，读作nel，在第22、66页也有出现，都为"伦"的意思，三星堆文字。

P22：原文：▨▨，娶德耶舍布。高按：其中▨，读作pul，在第25页也有出现，为"布""哺"的意思，三星堆文字。

P23：原文：▨▨，娶阿耶赫保。高按：其中▨，读作pol，为"保"的意思，三星堆文字。

P25：原文：▨▨，笃毕恒包。高按：其中▨，读作mbul，为"包"的意思，三星堆文字。

P26：1.原文：▨▨，歌颂祖功。高按：其中▨，读作▨，为"祭"的意思，三星堆文字。2.原文：▨▨，所向披靡。高按：其中▨，读作su，为"风"的意思，三星堆文字。3.原文：▨▨，威震了四方。高按：其中▨，读作ndor，为"强"的意思，三星堆文字。

P27：1.原文：▨▨，昌盛发达。高按：其中▨▨，读作nuɯ▨，"发展"的意思，二字均为三星堆文字。2.原文：▨▨，不用多叙述。高按：其中▨，读作lo，为"必"的意思，三星堆文字，在第37页也有出现。

P28：原文：▨▨，袭三圣传统。高按：▨▨，读作ni bil，为"传统"的意思，三星堆文字。

P29：原文：▨▨，说要执神戟。高按：其中▨，读作nel，为

15

"说"的意思，三星堆文字。

P31：1.原文：■■■■■，在卓热邓博用牲。高按：其中■，读作■，为"牛"的意思，三星堆文字。2.■■■■，德歹人也强。高按：其中■，读作■，为"强"的意思，三星堆文字。3.■■■■，出自舍扎博勾。高按：其中■，读作■，这个字在本页出现2次，在第32页出现4次，为"出""悦"的意思；在P37页也出现，为"样"的意思，三星堆文字。

P32：原文：■■■■■，录用侯家武士。高按：■，读作■，为"武"的意思，为三星堆文字。

P33：1.原文：■■■■■，招来百号兵马。高按：其中■■，读作：■，为"百骑"的意思，三星堆文字，■在第171页也有出现，为"刮"的意思。2.原文：■■■■■，跨上枣骠马。高按：这里的"枣骠马"即"团和马"。

P34：1.原文：■■■■■，凛凛跨神驹。高按：其中■，读作■，为"美"的意思，三星堆文字。2.■■■■■，乐于披神甲。高按：其中■，读作■，"甲"的意思；■，读作■，在第172页也出现，均是"乐"的意思，二字在《白狼歌》里都出现。3.原文：■■■■，在口娄赢谷。高按：其中■，读作■，为"赢"的意思，三星堆文字。4.原文：■■■■，克楚谷姆。高按：其中■，读作■，为"楚"的意思，三星堆文字。

P35：原文：■■■■■，攻武家九城。高按：其中■，读作■，在第37页出现2次，都为"攻"的意思，三星堆文字。

P36：1.原文：■■■■■，你要理断水。高按：其中■，读作■，为"停"的意思，三星堆文字。2.原文：■■■■■，求你别杀我。高按：其中■，读作■，为"杀"的意思，三星堆文字。3.原文：■■■■■，你若不撵我。高按：其中■，读作■，为"撵"的意思，"赶"的同源字。4.原文：■■■■■，天上花蹄狗。高按：其中■，读作■，为"花"的意思，三星堆文字。

P40：1.原文：■■■■■，在实益河中游。高按：其中■，读作

《彝族源流》（21—26）修整今译与研究

[字], 为"颈"的意思, 三星堆文字。2.原文: [字], 两洪所雄伟。高按: 其中[字], 读作[字], 为"雅"的意思, 三星堆文字。

P41: 1.原文: [字], 建一处祖祠。高按: 其中[字], 读作[字], 为"建"的意思, 三星堆文字。2.原文: [字], 敬一次祖灵。高按: 其中[字], 读作[字], 为"敬"的意思, 三星堆文字。

P42: 1.原文: [字], 像鹤鸣郎朗。高按: 其中[字], 读作[字], 为"鸣"的意思, 三星堆文字。2.原文: [字], 传下了话。高按: 其中[字], 读作 ndzokdo1, 为"宣言"的意思, 三星堆文字。3.原文: [字], 树立高威信, 主宰天下。高按: 这里翻译有误, 正确的翻译是: "陶唐氏威高, 主宰天下。"

P43: 1.原文: [字], 找善辩之士。高按: 其中[字], 读作 ndzapn, 为"舌"的意思；[字], 读作[字], 为"选"的意思, 二者皆为三星堆文字。2.原文: [字], 将他的话回答他。高按: 其中[字], 读作 ndzo1po1, 为"效"的意思, 三星堆文字。3.原文: [字], 由他们回话。高按: 其中[字], 读作 po1, 为"（答）复"的意思, 三星堆文字。

P44: 原文: [字], 交给鹤鹃。高按: 其中[字], 读作 Lo1, 为"偿"的意思, "偿"的同源字。

P45: 1.原文: [字], 直译: 他兰人答会, 意译: 他三人善辩。高按: 这句话的直译出错, 应该是: "他三员答会"。其中[字], 读作 po1, 为"答"的意思, 三星堆文字。2.原文: [字], 所有树上鸟。高按: [字], 读作 de1, 为"满"的意思, 三星堆文字, 本页倒数第一行也有出现。3.原文: [字], 属迷鄱娄管。高按: 其中[字], 读作[字], "娄"的意思；[字], 读作 ʐe1, "管"的意思, 二者均为三星堆文字。4.原文: [字], 斯与里, 当归岩神；[字], 鲁与朵, 归山神；[字], 迷与觉, 归水神。高按: 这里, 讲述到了岩神"斯里"、山神"麓荞"、水神"米觉"。

P46: 原文: [字], 富足的山赋。高按: 其中[字], 读作[字], 为"赋"的意思, 三星堆文字。

17

P47：1.原文：□※※〒33，君向民征税。高按：其中33，读作dzhi，为"献"的意思，三星堆文字。2.原文：※※シア※，天向君征税。高按：其中※，读作dzol，为"纳税"的意思，三星堆文字，这个字在第55页也有，为"征赋"的意思。3.原文：※カ※※☆，无话可答了。高按：其中※，读作po4，为"答"的意思，三星堆文字。

P48：原文：※☆※カ※，dezhniimuhyatnoi，德施善作诗。高按：这里为"同师"来历，同师即德施。

P49：1.原文：三 カ ※，有三支克博。高按：这里讲述奎博史。2.原文：カア※※，似高山草木。高按：其中※，读作so1，为"禾"的意思，"稼"的同源字。3.原文：カ※三石カ，名臣三阿仁。高按：其中カ※，读作bit4ti，为"地臣"的意思，"地臣"即佰益，佰益为彝文音译记字。

P50：原文：カ木※※※，传举偶历法。高按：举偶即"昆吾"。

P51：1.原文：五为元※※，传米靡历法。高按：其中※，读作dzel，为"祭"的意思，三星堆文字。2.原文：シ王三ア※，嫁到恒鲁法。高按：其中※，读作del，为"去"的意思，在第644页也有，为"失"的意思，三星堆文字。3.原文：カハ※カ※，生德本多直余。高按：其中※，读作ro4，为"多"的意思，※，读作 ，为"是"的意思，二者均为三星堆文字。4.原文：シア※シ目，dezhnolhilya kel，足智多谋。高按：其中シ为"美"的意思，※为"智"的意思，目，为"颖"的意思。

P52：原文：シカ田シ○，匆匆忙忙。高按：○，读作tul，为"力"的意思，三星堆文字，在第58页有出现，为"上"的意思；在第62页也有出现，为"伏"的意思。

P53：1.原文：※カ※※※，俊俏的君长。其中※，读作※，为"错"的意思，在第129页也有出现，为"擒"的意思，在第145页的意思为"扰"，在第171页的意思为"团"的意思，在第172页为"聚"的意思，红岩碑、三星堆文字。2.原文：カ※※※※，直余楚黎四代。其中※，读作※，为"楚"的意思，三星堆文字。

P54：1.原文：カ四火カ※，若是属举侯。高按：举侯即"古候"。

2.■■■，我是你林中幼苗。高按：其中■，读作■，为"种"的意思，三星堆文字。

P55：1.原文：■■■■■，曾经是姻亲。高按：其中■，读作■，为"据"的意思，三星堆文字。2.原文：■■■■，正因为如此。其中■，读作■，为"就"的意思，为三星堆文字。高按：这里讲述三星堆史。

P57：原文：■■■■，益举洪维。高按：其中■，读作■，为"维"的意思，三星堆文字。

P58：1.原文：■■■■，天上造权杖。高按：其中■，读作■，为"权"的意思，三星堆文字，该字在第60页也有出现，为"献"的意思。2.原文：■■■■，从高天之上。高按：其中■，读作■，为"境"的意思，三星堆文字。3.其他重要文字。演：■，读作■；正堂：■■，读作■；镶：■，读作■；削：■，读作■；揭：■，读作■；整理、制造：■，读作■。

P59：1.原文：■■■■，用天造权杖。高按：其中■，读作■，为"杖"的意思，三星堆文字。■■二字连起来就是"权杖"的意思。2.原文：■■■■，战胜九贤臣。高按：其中■，读作■，为"赢"的意思，三星堆文字，这个字在第73页也有，为"胜"的意思。3.原文：■■■■■，阿仁人兴旺。高按：其中■，读作■，为"兴旺"的意思，三星堆文字。

P60：1.原文：■■■■■，其深不可测。高按：其中■，读作■，为"座"的意思，三星堆文字。2.原文：■■■■■，宫殿气势大。高按：其中■，读作■，为"宫"的意思，三星堆文字。

P61：1.原文：■■■■■，形成擎天柱。高按：其中■，读作■，为"展"的意思，三星堆文字。2.原文：■■■■■，一君管天下。高按：其中■，读作■，"掌"的意思，为三星堆文字。

P62：1.原文：■■■■■，彝布摩祭祖。高按：其中■，读作■，为"祭"的意思，三星堆文字。2.原文：■■■■■，青色琉璃瓦。高按：其中■，读作■，为"瓦"的意思，三星堆文字。3.原文：

□□二□□，征服罗纪人。高按：其中□，读作□，为"征服"的意思，三星堆文字。

P63：1.原文：□□□□□，称作臣见面礼。高按：其中□，读作□，在本页第8行也有出现，为"讨"的意思，在第644页的意思是"抬"，三星堆文字。2.原文：□子三□，有三队良马。高按：其中□，读作□，为"队"的意思，三星堆文字。

P64：原文：□□□□□，至确益奏下游。高按：其中□读作□，"确"的意思；□，读作□，为"奏"的意思，二者均为三星堆文字。

P65：原文：□□□□，在谷昌贝谷。高按：谷昌贝谷即榖昌。

P66：1.原文：□□□□□，在六寨罗纪。高按：□，读作□，为"纪"的意思，为三星堆文字。2.□□三□□，政令都通行。高按：□，读作□，"政令、道路（治道）"的意思，为三星堆文字。3.原文：□□□□，阿娄阿伦。高按：□，读作□，为"伦"的意思，为三星堆文字。

P67：1.原文：□□□□□，住妥噶益奏。高按：其中□，读作□，为"奏"的意思，三星堆文字。2.原文：□□□□□，金玺把粗壮。高按：其中□，读作□，为"金"的意思，三星堆文字。3.原文：□□□□□，权杖白皙皙。高按：其中□□，读作□，为"权杖"的意思。4.原文：□□□□□，师来把祖祭。高按：其中□，读作□，为"理"的意思，三星堆文字。

P68：1.原文：□□□□，勿阿克之时。其中□，读作□，为"勿"的意思，三星堆文字。2.原文：□□□□□，住特吐周朵。高按：其中□，读作□，为"周"的意思，三星堆文字。3.原文：勿阿克之时，住特吐周朵。阿克阿格时，住周朵地方。高按：这里"勿阿克……阿克阿格……"为父子联名制。

P69：1.原文：□□□□□，相貌不平常。高按：其中□，读作□，为"面相"的意思，三星堆文字。2.原文：□□□□□，所向披靡。高按：其中□，读作□，为"锐"的意思，三星堆文字。3.原文：

《彝族源流》（21—26）修整今译与研究

[图]，强盛威望高，主宰天下。高按：这里的意译应该是"陶唐氏威望高，主宰天下"，此为特别重要内容。另外，其中[图]，读作[图]，为"宫"的意思，三星堆文字。4.原文：[图]，默德师家。高按：默德师家即"同师家"。

P70：1.原文：美好的制度，由阿耐笃则实行。高按：注意，阿耐则时已用金权杖！2.原文：[图]，找各种祭品。高按：其中[图]，读作[图]，为"敬"的意思，三星堆文字。3.原文：[图]，山间的树木。高按：其中[图]，读作[图]，为"材"的意思，三星堆文字。4.原文：[图]，庄稼和果实。高按：其中[图]，读作[图]，为"禾"的意思，三星堆文字。

P71：1.原文：[图]，祭历代祖先。高按：其中[图]，读作[图]，为"祭"的意思，三星堆文字。2.原文：[图]，兴起好礼俗。高按：其中[图]，读作[图]，为"俗"的意思，三星堆文字。3.原文：[图]，娄阿伦勇敢。高按：其中[图]，读作[图]，为"伦"的意思，三星堆文字，在第72页倒数第一行也出现，意思不变。

P.72：1.原文：[图]，善驾驭战马。高按：其中[图]，读作[图]，为"齐"意思，三星堆文字。2.原文：[图]，装备善战兵马。高按：其中[图]，读作[图]，为"战"的意思，三星堆文字，在第138页也出现，意思一样。

P73：原文：[图]，家族团结就不怕。高按：其中[图]，读作[图]，为"慌"的意思，为三星堆文字。

P74：原文：[图]，就像细沙拧粗线。高按：其中[图]，读作[图]，为"粗"的意思，为三星堆文字。

P78：原文：[图]，念念不忘。高按：其中[图]，读作[图]，为"念"的意思，[图]，读作[图]，为"忘"的意思，二者均为三星堆文字。

P80：原文：[图]，如天空雷电。高按：其中[图]，读作[图]，为"闪"的意思，三星堆文字。

P83：原文：[图]，直译：母外事安尽。高按：这句话的直译应该是：彝汉事安尽。

21

P84：原文：[图]，民众人丁多。高按：其中[图]，读作tui，为"集"的意思，这个字在白狼歌里面有出现。

P87：原文：注释（47）（48）俸优额、珐恒那：发展与兴旺之神。高按：俸优额、珐恒那就是陈锋氏。此为特别重要内容。

P88：注释（72），确益奏，江名，即南盘江。高按：此为重要内容。

（三）重要文字摘录

P10—13：仅：[图]，读作tei；家：[图]，读作toi；建：[图]，读作sai，创（造）：[图]，读作tui；鸣（叫）：[图]，读作tui；宫：[图]，读作noi；哺：[图]，读作pui；邓：[图]或[图][5]，读作ndei；（进）入：[图]，读作qri；（企）图：[图]，读作toi；婚：[图]，读作fui；（为）首，第一：[图]，读作ngei；箭：[图]，读作tui；纠：[图]，读作ddui；伦：[图]，读作tei。

P59：胜：[图]，读作pui，为三星堆文字，在第617页也有出现，为"勇"的意思；兴旺：[图]，读作mbui。

P60：献、政：[图]，读作tei；藏：[图]，读作ei。

P61：掌握，发展：[图]，读作nei；发展，管：[图]，读作tei；座（银座）：[图]，读作doi；（习）惯：[图]，读作roi。

P62：布摩：[图]，读作pui；祭：[图]，读作tei；征服：[图]，读作tui；瓦：[图]，读作ngui；锦：[图]，读作mei。

P63：讨：[图]，读作rai；收：[图]，读作nii；队：[图]，读作tui；织：[图]，读作rai。

P64：奏：[图]，读作tsei。

P65：必：[图]，读作hoi。

P66：政令、道路（治道）：[图]，读作ddui；块：[图]，读作koi；宽：[图]，读作tei。

P67：金玺：[图]，读作mui，金玺；理：[图]，读作ei。

P69：面相：[图]，读作moi；战：[图]，读作qei。

P72、74：齐：[图]，读作tsei。

《彝族源流》（21—26）修整今译与研究

P73：议论：󰀀，读作󰀀；慌：󰀀，读作󰀀。

P74：家族：󰀀读作󰀀；纱：󰀀，󰀀；粗：󰀀，读作󰀀；继：󰀀，读作tsa」；铜：󰀀，读作ŋε」；舌：󰀀，读作ȵo」；腰：󰀀，读作ɕu」；升：󰀀，读作da」；必：󰀀，读作ho」；滚：󰀀，读作bu」。

P75：捕：󰀀，读作󰀀；生：󰀀，读作󰀀。

（四）

P70—71：原文：󰀀，󰀀，取金银百禾，祭历代祖先。高按：这是三星堆史，应该是用金银祭历代祖先才正确。该书第89页注释（93）称："金银：彝族布摩祭祀时用五倍子木削成片代表银，用一种金黄色木（可作染料用）削成片代表金，挥洒而献与祖宗、神灵。"这种说法的历史太晚，应是汤史（󰀀[6]）。用金银实物祭祖才是正确的，三星堆就是如此。此为特别重要内容。

P76：原文：󰀀，神伏龙驯。高按：这里讲述的是"能降服仙龙"，为特别重要内容。

P78：1.豪杰：󰀀，读作󰀀；2.原文：󰀀，󰀀，实勺根大如虎，能尊不能贱。高按：此为高辛氏史，特别重要内容。

P79：参天大树（天蒂树）：󰀀，读作󰀀。高按：此为特别重要内容。

P638—640：高按：这几页讲述东川、沾益、奎博、令用家与夜郎多同之关系。此为特别重要内容。其中：1.原文：󰀀，迁入益扎勾。高按：益扎勾即沾益。2.原文：󰀀，沾扎俄勾部。高按：沾扎俄勾即宣威。

P599：1.原文：󰀀，󰀀，古时哎哺氏十代，传到窦朵氏。高按：这页起，讲述待仇扣（滇王）史，为特别重要内容。参考本书第611页注1：恒略待：即居住在恒略或以恒略为活动中心的待氏族。"待"的不同土语的又一音译为"点"，如"待措"为"点苍"。"待吐"为"点吐"。"点"变调，其音译用字还可用"滇"。这里的待氏族应

23

为古"滇"国的统治氏族,"待"作为氏族名应当与其崇拜云有关。2.原文：☒,窦朵氏十子。高按："窦朵氏十子"即哎哺16代时陶唐氏十子。

P600：1.原文：☒,读作：☒,长为窦仇扣。高按：窦仇扣即仲康（赤扣），此为仲康（赤扣）君长来历。仲康为☒的音译记字，夏禹时候有仲康、佰益。待仇扣在第602页也有出现。2.原文：☒,读作☒,长为窦毕余。高按：窦毕余即佰益，佰益为☒的音译记字。3.原文：☒,读作：☒,长为朵毕德。高按：朵毕德即佰得，佰得为 bijdej 的音译记字。

P601：原文：☒,☒,☒：米靡十布摩，长为窦始楚，长为朵乍姆。高按：莫靡时候，史佐、佐姆已经出现。

P602：1.原文：☒,待仇扣一代[P611注释（3）称：待仇扣：待同滇，仇扣即王，待仇扣即滇王。]高按：待仇扣即滇王（赤扣），为仲康（赤扣）名称来历。

P603：原文：☒,珠热扣六代。高按：第七代叫扣哲舍。见本书第604页。

P604：原文：☒,扣哲舍第七代。高按：第六代见第603页，为珠热扣，此为特别重要内容。这里讲述纵目人史。

P612：高按：[7]为手上有鸟人物来历图，为三星堆史。

[7]

24

P58：原文：▓▓▓ ▓▓▓ ▓▓▓，将独根枝条，取两步之长，天上造权杖。高按：金权杖二步之长，为特别重要内容。

P59：原文：▓▓▓，教化彝外族。高按：▓，读作▓，为"汉"的意思，这里是说用权杖教化彝族、汉族，为特别重要内容。

P62—63：▓▓▓，跟着做收钱奴……▓▓▓，跟着做收锦奴……▓▓▓，跟着做收布奴……▓▓▓，三姓奴跟着。高按：这是奴隶史，为特别重要内容。

P76：重要文字摘录：虹：▓，读作▓；吸：▓，读作▓；伏：▓，读作▓。

P498：▓▓▓，持毕濯金杖。高按：此为特别重要内容。这句话的注释在第502页注（2）：毕濯金杖：即虎皮金杖，它是权令、地位、学识水平的象征。

（五）

P604：原文：▓▓▓，即八部武古。高按：此乃纵目人史（八部武古），为特别重要内容，三星堆史，即纵目"武古"史。

P611：原文：▓▓▓，恒投出现十六代。高按：此为特别重要内容。注（2）称："恒投是希米遮至窦米能这一时期共16代的总称。"需复查《益那（夜郎）悲歌》中獎阿颖世系和夜郎世系关系，以及本书第664页内容，进行对比研究。

P618：1.原文：▓▓▓，又与仇氏联姻。详见第635页注（6）称：仇氏：西爨白亦（彝族）宗主，由哎哺—鲁朵—武僰—叟厄—武古—仇素（仇娄、阿摩）下传，秦汉时由鲁旺（威宁昭通一带）战败南迁曲靖一带，南诏时为蒙氏与阿芋路部所灭。高按：这个注（6）中的"叟厄""武古"即纵目人，即西爨（氏），也即"仇氏"。仇氏是白蛮鲁朵、武古、叟厄都包括在内，此为纵目人史，为特别重要内容。2.原文：▓▓▓，先发生战争。高按：其中▓，读作▓，为"争"的意思，

25

三星堆文字。3. ■■■■■，祭历代祖宗。高按：其中■，读作■，为"祀"的意思，在第622、642页也有出现，为"敬"的意思，三星堆文字。

P563：原文：吐始楚传十代后生额索氏，即举偶统治家族。高按：此为特别重要内容。

P599：哎哺传十代，到窦朵氏（陶唐），建世袭君长制，传十六代，米靡无子嗣，向陶唐氏继子。高按：此为尧史。此内容在第69页也有叙述：陶唐氏强盛威望高，主宰天下。第42页是这样叙述：陶唐氏树立高威望，主宰天下。第11页也有相同内容：陶唐氏强盛威望高，主宰天下。此为特别重要内容。

P681：注（4）：仇被武攻打：时间在秦之司马错氏伐巴蜀，殃及仇氏，故言仇被武攻打，当时秦与汉王朝均被彝人称之为"武"，意为远方的人。高按：此为秦司马错伐巴蜀情况，为特别重要内容。

P67：1.原文：■■■■，金玺把粗壮。高按：这里，用金玺印，此为特别重要内容。2.原文：■■■■，权杖白皙皙。高按：权杖：■■，读作■。权杖在第58页也有出现：■■■■，"天上造权杖"，其中权杖：■■，读作■。

P1—89：高按：是阿芋度东川世系史，笃慕后有70代世系。此为特别重要内容。

P87：注（47）、（48）：俦优额、珐恒那：发展兴旺之神。高按：这里，把陈绛氏当做发展兴旺之神，为特别重要内容，为尧史。

P10：原文：■■■■■，尚需叙述。高按：■，读作■，为"仅仅"的意思，为伏羲文字和三星堆文字，这里讲述三星堆史，为特别重要内容。

P37：原文：■■■■■，■■■■■，■■■■■，有金制凤冠，还有六耳鼎，武有震天鼓。高按：武君武阿那宣传有金制凤冠和六耳鼎，震天鼓，此为特别重要内容。

P47：原文：■■■■■，君向民征税。高按：赤扣向人民征税，夏仲康史可作参考，为特别重要内容。

P48—49：1.原文：▨▨▨▨▨，德施善作诗。2.原文：▨ ▨ ▨，有三支克博。高按：这里讲述同师史、奎博史，为同师来历，特别重要内容。

P50—51：原文：▨▨▨▨▨，▨▨▨▨▨，传昆吾历法，传实勺天文。高按：此为高辛史，特别重要内容。

P53—54：原文：▨▨▨▨▨，黑披毡女郎……▨▨▨▨▨，▨▨▨▨▨，若是属举侯，就是我本家。高按：麓荖的黑披毡女郎的家谱是古侯家，不是德布家。

P56—57：原文：▨▨▨▨▨，▨▨▨▨▨，▨▨▨▨▨，▨▨▨▨▨，▨▨▨▨▨：鲁雅趣为君，头上长兽角；鲁雅安为臣，手上有鸟像；鲁雅吉为师，面带有日像。高按：麓荖中三兄弟一个为君，头上长兽角；一个为臣，手上有鸟像；一个为师，面带有"日（太阳）"像。此为特别重要内容。

P58—61：汉译原文：姆蒙恒毕，阿芋陡之母。在阿那笃则处，有权臣毕濯，为够阿娄，葛阿德制造，将独根枝条，尖稍镶金银，取两步之长，天上造权杖，降道峨录略，阿纳笃则氏，以它为凭据，把正堂管理；用天造权杖，战胜九贤臣；教化彝汉族，建九重宫殿，统管四方。高按：这两页特别重要内容主要讲述姆蒙恒毕是阿芋陡之母，在阿那笃则处有够葛德，够葛德造出金银权杖，有两步之长，用权杖战胜九贤臣，教化管理彝、汉族，建九重宫殿，统管四方。高按：此为特别重要内容。

（六）

高按：▨[8]，其中▨为"太阳"，▨为"月亮"，▨为"山"的意思，为祭日、月、山来历[9]。

P669：1.原文：▨▨▨▨▨，祭历代先祖。高按：这里记述的祭祀和三星堆一样；其中▨，读作▨，为"祭祀"的意思。2.原文：▨ ▨ ▨，依天象设座。高按：其中▨，读作▨，为"天象"的意思，在第341页也有出现，为"崇拜"的意思，为三星堆文字。3.原文：☒，迁多同米谷。[第681页注（6）：多同米谷：地名，在南北盘江之间的今云南省境内，或作"多吐慕谷""吐土慕古"，四川彝语音为"觉妥慕沽"。故有"（觉妥）慕沽阿景分九支"之说，阿景家支迁四川凉山因当地语音而作"阿旨""阿杰"等。]高按：此为夜郎多同来历。根据本页内容，云南亦打出夜郎多同名称、牌号，和点苍山、沾益有关。这些都是特别重要内容。

P674：原文：☒，食君长俸禄。高按：其中☒，读作☒，为"俸禄"的意思，在第472、615页也有出现，为"税"的意思，三星堆文字。

第666页：原文：☒，仇被武攻打。其中☒，读作☒，为"武"的意思。高按：秦朝司马错伐巴蜀时，彝族称"秦朝和汉族人"为"武"，即远方之人，具体见第681页注（4）。另：这个注（4）称多同米谷在今云南省南北盘江之间，这种说法存疑。

P28：原文：☒，额毕索余氏，☒，是龙星传人。高按：这里说额毕索余是龙星传人，为特别重要内容。

P616—618：1.汉译原文：洛武克洛地，妥洪易洛地，恒皮觉洛地，三山谷之地，三地做一天，租给诺克博。高按：这里讲述诺克博租得三块土地，羽翅丰满后，打败敌人。为诺克博租得三地来历。2.其中☒，读作☒，为"快"的意思，三星堆文字。

P624—625：1.汉译原文：麻博阿维子孙，密如天上星，繁如地上草，长房一支，迁到东边去，住栋谷洛果。次子分支后，迁往南边去，住德晋洛略。三子分支后，迁往东边去，到古诺中部；幼子分支后，迁到北边去经宜宾洛姆，到能沾洛略……高按：这几页讲述约在春秋前后，彝族势力达到了云南晋宁，四川宜宾、成都和贵州贵阳、威宁等地情况，为特别重要内容。2.重要文字和地名：（1）☒，读作☒，为"密"的意思，三星堆文字。（2）原文：☒，栋谷洛果，地名，在贵州省贵阳境内。（3）☒，德晋洛略，地名，在云南省晋宁晋城一带。（4）☒，读作 ku+nar，贵阳。（5）▨▨▨，宜宾洛姆，城名，在今四川省宜宾市一带，约在春秋前后时期，宜宾是仅次于成都、昆明、可乐的大城池。（6）▨▨，读作 nz igui，成都。

P613—637：高按：这些页讲述四大白彝家族专史。四大白彝家族专史一直可以追溯到▨▨▨、▨▨▨[10]共同祭祖的历史，势力达到了云南晋宁、四川宜宾、成都和贵州贵阳、赫章、威宁草海等地，有人还中过举人，当过汉官。

P99：1.原文：▨▨▨▨，兵装成麒麟。高按：这里有麒麟彝名：▨▨，读作 pu+tsei。

2.原文：▨▨▨▨▨，麒麟阵叫喊。高按：其中▨，读作▨▨，为"叫"的意思，在第186页也有出现，为"传"的意思，红岩碑、三星堆文字。

P56—57：1.原文：▨▨▨▨▨、▨▨▨▨▨，鲁雅安为臣，手上有鸟像。高按：此为三星堆玉器上有鸟来历。2.原文：▨▨▨▨，益举洪维。高按：其中▨，读作 vev，为"维"的意思，在第19页有出现，为"苏"的意思，三星堆文字。

P58：原文：▨▨▨▨▨▨，从高天之上，高按：其中▨，读作▨▨，为"境"的意思，三星堆文字。

P599：汉译原文：古时哎哺氏十代，传到窦朵氏。由哎演化窦，由哺演化朵。窦朵十代时，建世袭君制，建世袭王制。恒投形成十六代，恒投出现十六代，米靡无子嗣，向窦朵继子。高按：哎哺传十代，到陶唐氏（尧）出现君长制，传到十六代，米靡部无子，向陶唐氏继子。此为特别重要内容。

P56：1.原文：▨▨▨▨▨，情同手足。高按：▨，读作 kou，为"依靠"的意思，重要文字；2.原文：▨▨▨▨▨，受兽灾之扰。高按：其中▨，读作 boi，为"乱"的意思，重要文字。

（七）零散笔记整理

P5：原文：☐☐☐☐，洪阿德三代。高按：其中☐，读作☐，其写法和读音均为错误。

P25：1.原文：☐☐☐☐，克博舍哺。高按：其中☐，读作：☐，为"哺"的意思，三星堆文字。2.原文：☐☐☐☐，笃毕恒包。高按：其中☐，读作mbu，为"包"的意思，三星堆文字。

P30：1.原文：☐☐☐，向祖宗发誓。高按：其中☐，读作☐，为"发誓"的意思，三星堆文字。2.原文：☐☐☐☐☐，清祖宗尖甲。高按：其中☐，读作☐，为"围"的意思，三星堆文字。

P39：原文：☐☐☐☐☐，别理他的底。高按：其中☐，读作☐，为"底"的意思；☐，读作☐，原文的意思作"涤"为错误，实际是"☐[11]"的意思。

P91：原文：☐☐☐☐☐，分得很清楚。高按：其中☐，读作☐，为"聚"的意思，在本页顺数第8行也有出现，三星堆文字。2.☐☐☐☐☐，汉人寥若晨星。高按：其中☐，读作☐，为"黎明"的意思，三星堆文字。3.原文：☐☐☐☐☐，不开拓彝地。高按：其中☐，读作☐，为"拓"的意思，在本页倒数第四行也有出现，意思不变，三星堆文字。4.原文：☐☐☐☐，用鸟毛烧鸟肉。高按：其中☐，读作☐，为"烧"的意思，三星堆文字。

P100：1.原文：☐☐☐☐☐☐，半月无盐吃。高按：其中☐，读作☐，为"月"的意思，三星堆文字。2.原文：☐☐☐☐☐，彝人惧外出。高按：其中☐，读作☐，为"颤"的意思，三星堆文字。

P105：原文：☐☐☐☐☐，征如海租税。高按：其中☐☐，读作☐，为"征税"的意思，南诏国语。

P119：原文：☐☐☐☐☐，听信奴仆言。高按：其中☐，读作☐，为"听"的意思，白狼歌里文字。

P142：原文：☐☐☐☐☐，对天结盟。高按：其中☐，读作☐，为"誓"的意思，三星堆文字。

P209：原文：▨▨▨▨，浑身穿戴金。高按：这里所说的"浑身穿戴金"，和三星堆出土金权杖、金面罩、金冠带有千丝万缕联系。

P264：原文：▨▨▨▨▨，把祖祠修建。高按：其中▨，读作▨，为"地"的意思，三星堆文字。

P420：1.原文：▨▨▨▨，有高深造诣。高按：其中▨，读作▨，为"得"的意思，三星堆文字。2.原文：▨▨▨▨▨，柱自为一员。高按：其中▨，读作▨，为"必"的意思，三星堆文字。

P421：[12]图释读：1.该人物头上的帽子为13芒。2.图中▨[13]为夏朝文字。3.该人物胸口有文字▨[14]。

[12]

P614：原文：▨▨▨▨▨，▨▨▨▨▨，▨▨▨▨▨，洛武君长邑，妥洪臣领地，恒皮师住地。高按：1.这里是说君、臣、师都各有领地。2.其中▨，读作hut，为"洪"的意思，三星堆文字。

P615：原文：▨▨▨▨▨卸鞍来滞留。高按：其中▨，读作▨，为"憩"的意思，三星堆文字。

P619：1.原文：▨▨▨▨，沾扎勾。高按：沾扎勾即云南沾益。

31

2.原文：[图]，阿朱提部。高按：阿朱提即云南东川。3.原文：[图]，被德布系统。高按：其中[图]，读作[图]，为"攻"的意思，三星堆文字。4.原文：[图]，仇君失权柄。高按：其中[图]，读作[图]，为"失"的意思，三星堆文字。5.原文：[图]，由武输承袭。高按：其中[图]，读作[图]，为"传"的意思，三星堆文字。

P626：1.原文：[图]，做祭祖布摩。高按：其中[图]，读作[图]，为"祭"的意思，三星堆文字。另外，[图]，读作[图]，为"官布（官方布摩）"的意思，为特别主要内容。2.原文：[图]，[图]，阿维作吐布，阿聂作那布。高按：其中："吐布"为白经师，"那布"为黑经师。3.原文：[图]，举行婚礼。按：其中[图]，读作[图]，为"姻"的意思，三星堆文字。4.原文：[图]，在芍恒足姆。高按："芍恒足姆"即贵州威宁。

P629：原文：[图]，先开拓地方。高按：其中[图]，读作[图]，为"拓"的意思，三星堆文字。

P633：原文：[图]，迁到慕俄勾。高按："慕俄勾"即贵州大方。

P641：1.原文：[图]，从阿芋陡地。高按："阿芋陡"即云南东川。2.原文：[图]，迁巴底维帕。高按："巴底维帕"即贵州威宁。

P664：原文：[图]，系恒氏所生。高按：这句话翻译错了，应该为"彝族天生子"。

P667：原文：[图]，建沾扎卧勾。高按："沾扎卧勾"即云南沾益。

P678：原文：[图]，袭祖宗传统。高按：其中[图]，读作[图]，为"兴"的意思，三星堆文字。

P680：1.原文：[图]，防守阿哲部。高按：其中[图]，读作[图]，为"守"的意思，三星堆文字。2.原文：[图]，一子过继洪鲁官。高按：其中[图]，读作[图]，为"继"的意思，三星堆文字。

注释：

[1]王继超、陈光明：《彝族源流》，贵阳：贵州民族出版社，1991年。

[2][3]该文档中彝文和国际音标除特别标记外，均引自《彝族源流》原著。

[4]所有该著作中提及的三星堆文字，以整理者跟随高加乐老师学习8年的笔记来理解，不仅包括三星堆出土的刻画符号，而且包括朱建新《彝文字典》（凉山版），以及张如柏《三星堆玉器上的古蜀文字》（1—3册）上面的文字。

[5][8]为高加乐手迹。

[6]看不清楚，怕出差错，就把高老师手迹附上。

[7]引自本书第612页，人物手上的鸟经过高老师的填涂。

[9]为高加乐手迹，但不是《彝族源流》上的内容，因为写在这本书的笔记里，所以一并加以整理。

[10]为高加乐手迹，只写出彝文国际音标，没有写出原文。

[11]实在看不清，就用高老师的笔记替代。

[12]摘自本书第421页，人物经过高老师填涂。

[13][14]所引文字为高加乐手迹。据胡太玉《众神之国三星堆》（北京：中国言实出版社，2002年）第84页介绍，三星堆神树上也有这个字："从三星堆出土的神树来看，……柱身上的带云纹的圆盘耐人寻味，镂空为的云纹，既表明建木高入云霄，又表示圆盘为云间的飞盘（碟）。"

33

《易纬文化揭秘》[1] 释读与研究

（一）封面

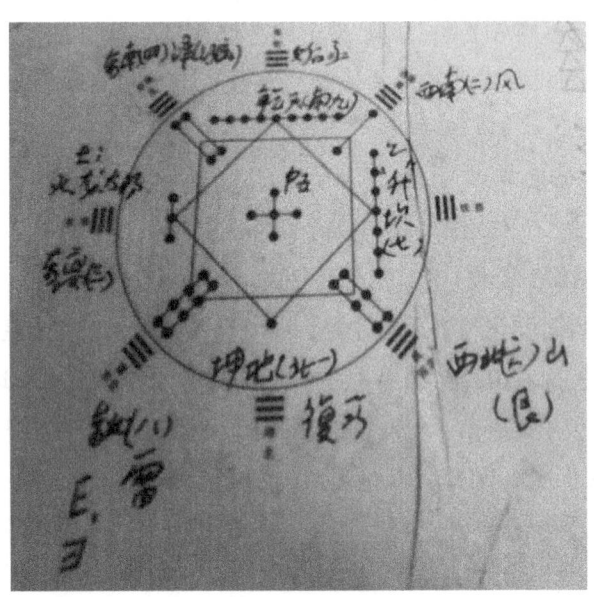

[2]

[2]图手写文字整理：正下：坤地（北一），復；其中復的彝文写作"彡[3]"。左下：东北（八），雷，巨[4]，彐[5]。正左：东离（三），土，火，龙，太阳。左上：东南（四），泽（河流）。正上：乾天（南九），姤；其中姤的彝文写作"丄[6]"。右上：西南（二），风，巳。正右：升，坎（七）；其中升的彝文写作 乙[7]。右下：西北（六），山（艮）。中：五。

（二）

P165：四正卦及十二天子卦图与彝表（指《宇宙人文论》[8]，下同）先天八卦、二十四节气图和二十八宿对应一致，此为特别重要内容。

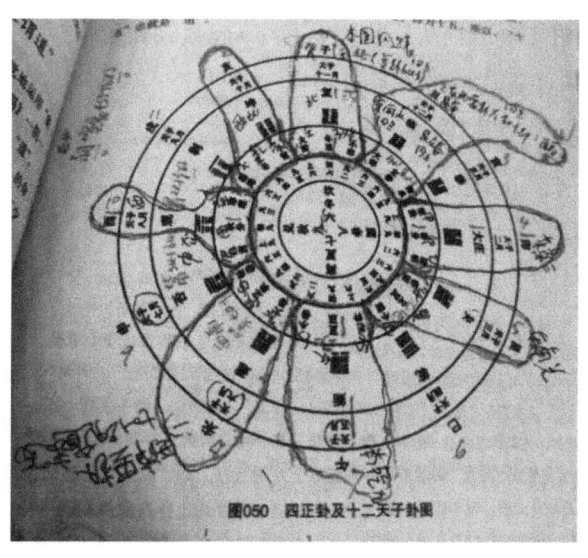

[9]

[9]图释读：正上：1，癸、子、壬，对应大雪、冬至、小寒；其中大雪为壬，冬至为子，小寒为癸；天子十一月；北，复，其中复的彝文写作 ; 彝、汉一致。右上：（1）2，丑，对应大寒、立春、雨水；其中寅为雨水，同彝表；震为立春，同彝表；东北，天子十二月，为震卦；震卦的彝文国际音标读作![][10]，即临，这里，彝、汉一致。（2）3，寅，为天子正月，泰。正右：4，卯，东离三，天子二月，大庄，对应惊蛰、春分、清明，其中惊蛰为甲，春分为卯，清明为乙。右下：（1）5，艮，天子三月，对应谷雨、立夏、小满，其中谷雨为辰，立夏为兑（巳），东南兑，巽为小满。（2）6，巳，乾，天子四月。正下：7，午，天子五月，对应芒种、夏至、小暑，其中芒种为丙，小暑为丁，夏至为午；为南乾九，乾的彝文写作![][11]。左下：（1）8，天子六月，未，对应大暑、立秋、处暑，其中大暑为未，立秋为坤，处暑为申；为西南巽卦，未为巽，巽的彝文读

音为 [12]，这里讲述西南巽卦为"遁"的来历，也就是说，"遁"为彝文"巽"的音译记字。（2）9，申，天子七月；否，觜宿。正左：10，酉，天子八月，对应白露、秋分、寒露；其中白露为庚，秋分为酉，寒露为辛；西。左上：（1）11，戌，天子九月，剥。（2）12，亥，天子十月，坤，西北，对应霜降、立冬、小雪，其中霜降为戌，立冬为乾，小雪为亥。

高按：1.[9]图同彝表[13]：从寅（正月）起数，卯2月，辰3月，巳4月，午5月，未6月（遁），申7月（猴），申为否，否对觜宿，觜宿的彝文读音为 [14]。2.[5]图七月（申）为"否"。而彝表"申"为处暑，对应觜宿，申"否"的彝文读音为 [15]。3.八月，观，观对应胃宿，胃宿的彝文读音为 [16]。

P185：[24]图释读：革鼎对应立秋，参宿；参宿的彝文读音为 [17]。剥对应室宿，室宿的彝文读音为 [18]。晋、明夷对应白露，毕宿，毕宿的彝文读音为 [19]。临、观对应大暑，井宿，井宿的彝文读音为 [20]。师、比对应处暑，觜宿，觜宿的彝文读音为 [21]，否可能是彝文读音 [22] 的音译记字。需、讼对应秋分，昴宿，昴宿的彝文读音为 [23]。[24]图参宿、白露、秋分、处暑对应情况同彝表[25]。这是周易六十四卦组合图，为重要内容。

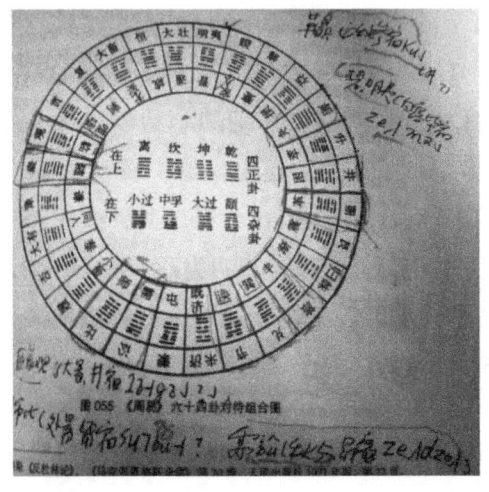

[24]

（三）

P340：原文：在《易纬·乾元序制记》中对此有云："一岁十二月，三百六十五日四分之一，余二十，四分之一日以八十分二十为之，消息十二月，月居六日七分，十二月居七十三日八十分居四分。"以后有公卦、侯卦、大夫卦、卿卦，各主"七十三日八十分居四分"，合得三百六十五日四分又二十分，即一年之日算尽。

高按：此乃一年365天，公卦、侯卦、大夫卦、卿卦，各主"七十三日八十分居四分"来历。

P349：高按：此[26]图为特写，为彝族八卦图和一、二、三、四、五、六、七、八来历。具体参看下图[8]括号中数字。

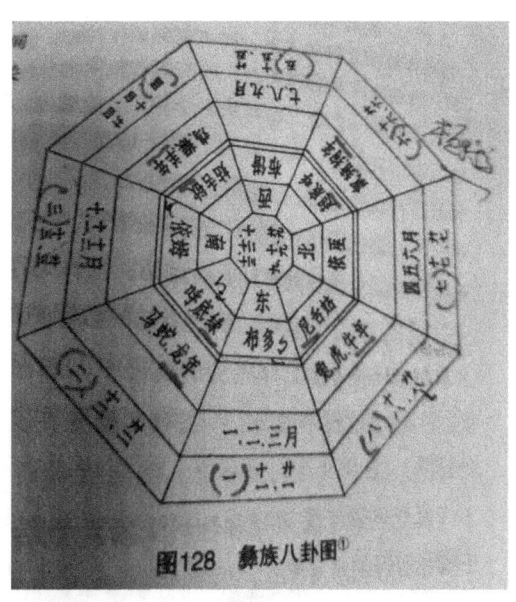

图128 彝族八卦图[①]

[26]

P16：高按：1.[27]"龙图纵横十五之象"图即彝族洛书，二者情况完全一致。彝族洛书也即龙书。2.这页有讲述"角木纪"来历：角木纪即《礼记稽命曜》或《洛书稽命曜》之"稽命曜"。

37

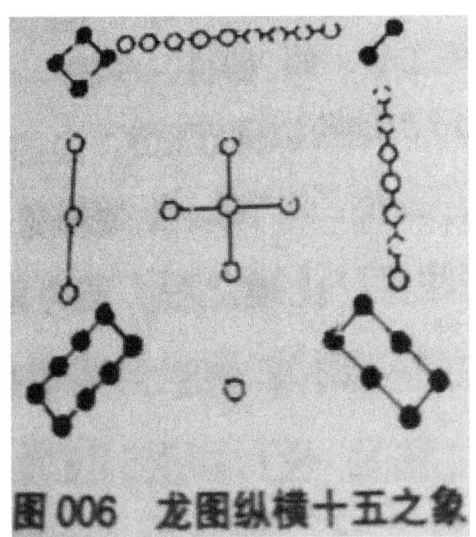

[27]

P98：高按：[28]图乃"六十四卦初爻贞辰图"节气来历，为重要内容，需再查。其中"渐蒙"即彝表"尾宿"译音，是正确的。彝表寅为尾宿，尾宿的彝文读音作 Aji nau，为雨水，应即"渐蒙"。

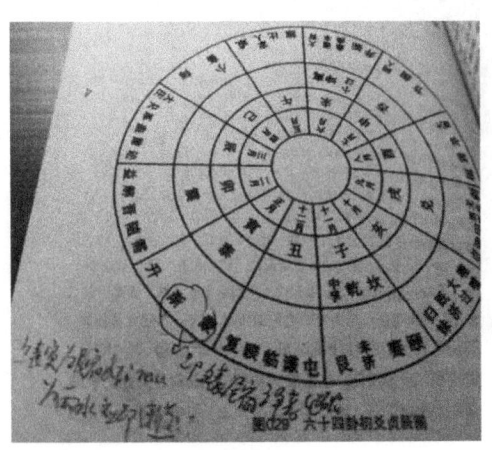

[28]

P100：《卦气集解》之《挂气图》（略）。高按：此图很重要。

P107：《易纬》卦值六日七八图[29]。高按：此[11]图很重要，解释如下：从1开始：1.卿、大夫、侯、辟、公；益、蒙、小过、临、升。2.卿、大夫、侯、辟、公；睽、谦、屯、复、中孚。3.卿、大夫、侯、辟、公；颐、蹇、未济、坤、大过。4.卿、大夫、侯、辟、公；噬嗑、既济、艮、剥、困。5.卿、大夫、侯、辟、公；明夷、无妄、归妹、观、贲。6.卿、大夫、侯、辟、公；大畜、萃、巽、否、损。7.卿、大夫、侯、辟、公；同人、节、恒、遁。8.卿、大夫、侯、辟、公；履、涣、丰、鼎、姤。9.卿、大夫、侯、辟、公；咸、井、家人、大有、乾、小畜。10.卿、大夫、侯、辟、公；比、师、旅、夬、革。11.卿、大夫、侯、辟、公；蛊、讼、豫、大壮、解。12.卿、大夫、侯、辟、公；晋、随、需、泰、渐。

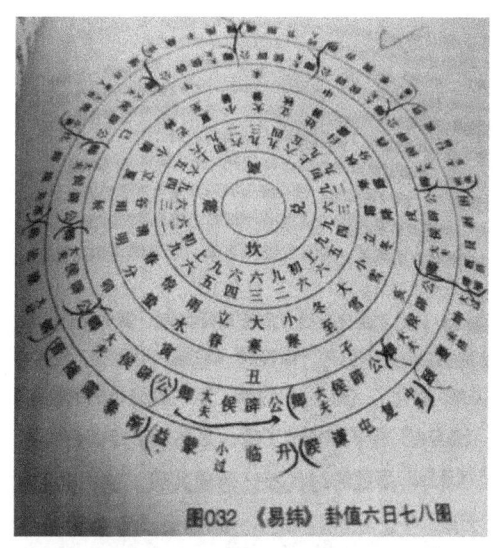

[29]

P138：彝族《宇宙人文论》等所列河图[30]。高按：此为重要内容。

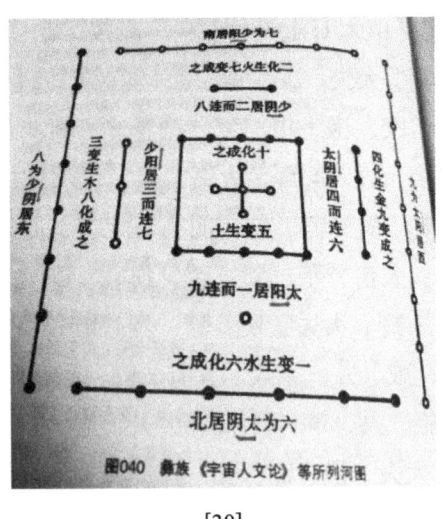

[30]

P24：十二辟卦配地支律吕图[31]，参阅第165页四正卦和十二天子卦图，和彝族八卦十二月各将神有关。

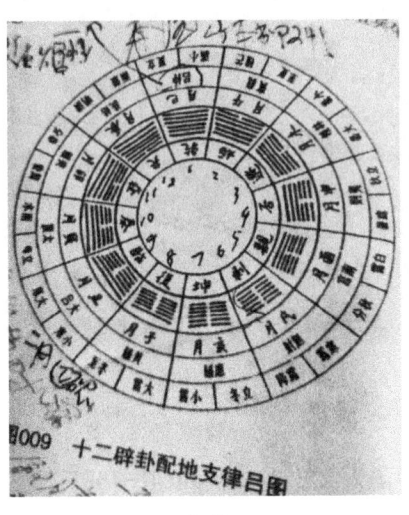

[31]

[31]图释读如下：乾1，姤2，遯3，否4，观5，剥6，坤7，復8，临9，泰10，大壮11，夬12。比对彝表情况如下：

（1）夏至对应星宿，星宿的彝文读音为 [32]。

高按：蕤宾有可能就是师比。这里为蕤宾来历，即蕤宾为彝文星宿的音译记字。

（2）立夏对应轸宿，轸宿的彝文读音为 [33]，即中吕，这里，彝、汉一致。

（3）小暑（未月）。高按：小暑的彝文读音为 [34]，"钟林"为彝文音译记字，不作这页所写的"林钟"。

（4）清明对应氐宿，氐宿的彝文读音为 [35]，即洗姑，而不是这里所说的"姑洗"。

（5）钟吕为彝文轸宿的译音，正确。

（6）惊蛰对应心宿，心宿的彝文读音为 [36]，即夹钟。属二月节，是正确的，这里彝文、汉文一致。

高按：参阅本书第241页相关内容。

P208：高按：坎离交变十二卦循环升降图[14]，这个图彝文、汉文一致。

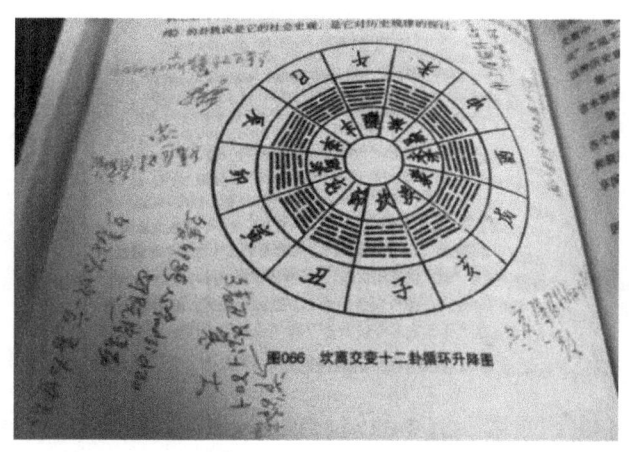

[37]

[37]图文释读：彝表已对翼宿，翼宿的彝文读音作 [38]，"丰"即 [39]的音译记字。彝表辰对应角宿，称"革"。申，彝表巽卦为

41

▒[40]，即"鼎"，彝文、汉文一致。酉，"未济"，可能是彝表▒[41]，读作▒[42]，彝表亥属于艮卦，艮的彝文读音为▒[43]，即涣为彝文艮的音译记字，这里，彝文、汉文一致。彝表丑对应大寒，大寒的彝文读音为▒[44]，其中▒[45]为"节"的音译记字，彝文意思为寒；▒[46]为"大"的意思。彝表卯跨心宿，心宿的彝文读音为▒[47]，即"既济"的来历，也就是说，"既济"为彝文音译记字。彝表子为坎一宫，这是▒[48]为坎的来历。

P209：原文：《春秋纬·元命苞》说："夏以十三月为正，息卦受泰……殷以十二月为正，息卦受临……周以十一月为正，息卦受复。"

高按：这是重要内容，可参考阅读本书第217页相关内容。

P241：1.原文：震生、离长、兑收、藏坎。因为斗指艮（东北）为立春，斗指巽（东南）为立夏，斗指坤（西南）为立秋，斗指乾（西北）为立冬，而坎、离、震、兑主二至、二分。 高按：这种说法是对的。 2.[16]图乃"十二辟卦"、24节气和月份对照表。

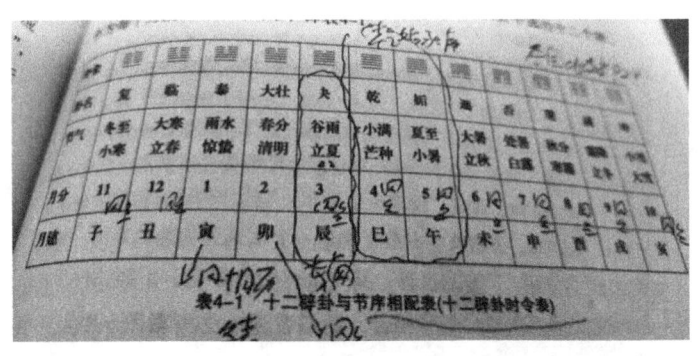

[49]

高按：[49]图重要。其中11月、12月、2月、6月、7月、8月、9月、10月情况同彝族；1月寅，同彝族十月太阳历；3月夬，谷雨，立夏，东南，同彝表；4月、5月同彝表，乾姤的彝文写作"▒[50]，对应巳，午，为南。此是南乾▒[51]，西南为"巽"遁来历。具体可参考本书第264页和第24页相关内容。

附：第264页：[52]图释读：1.戌、剥为九月；亥、坤为十月，洎乾，六爻；这里戌、亥连起来为乾，为西北艮的来历。

2.酉，观，八月，为西坎。

3.未、遘为六月，六月为巽，巽的彝文读作 ᴛᴏ⊦[53]，ᴛᴏ⊦即遘的音译记字（未，坤，申）；申，否为七月；这里申、未需连起来。

4.巳、乾为四月；午、姤为五月，阴生，午、巳合起来为乾南的来历。

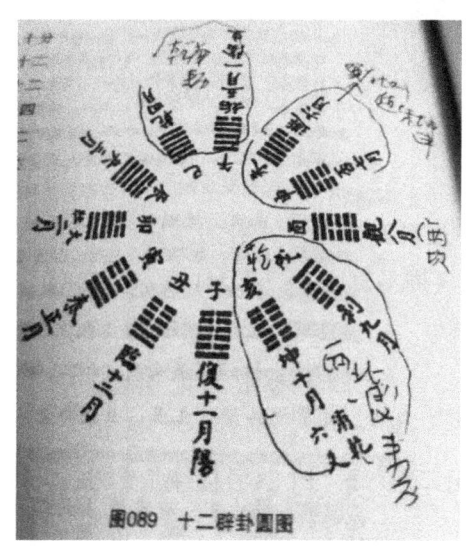

[52]

P349：彝族八卦图方位。高按：这是特写内容。[54]释图：彝族八卦情况：（一）东，布多；（二）缘，龙年；（三）南，依姆；（四）欲，羊年；（五）西，布借；（六）起，狗年；（七）北，依巫；（八）尼，牛年。

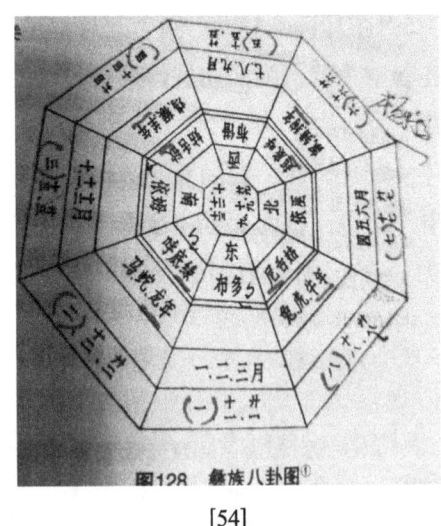

[54]

P257：高按：这页有说先天八卦为太阳历，后天八卦是大火历（火历），可参考阅读《周易真原》[55]第241页、第208页内容。

（四）零散笔记整理

P83：下图[56]二十八宿与十二消息卦那支图：

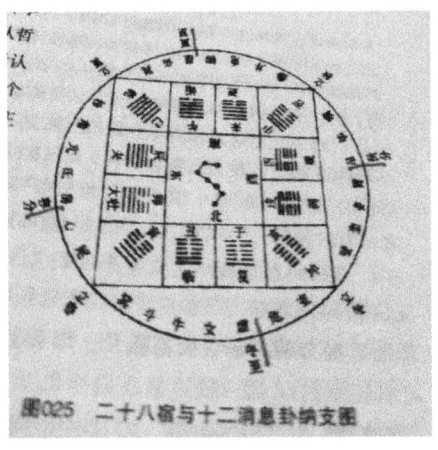

[56]

[20]图释读：夏至为星宿，冬至为虚宿，秋分为昴宿，春分为房宿。同彝表。

P105：高按：冬至即中孚。

P256：原文：五行即十月历的五季，……河图洛书数阵中的十个数即十月历的十个月。高按：这种说法同彝族。

P268：原文：《通卦验》对八卦所主节气的说明，即乾主立冬，坎主冬至，艮主立春，震主春分，巽主立夏，离主夏至，坤主立秋，兑主秋分。高按：乾主立冬，坎主冬至，艮主立春，震主春分，巽主立夏，离主夏至，坤主立秋，兑主秋分等均为错误说法。

P282：[57]十二辟卦阴阳消息卦图。

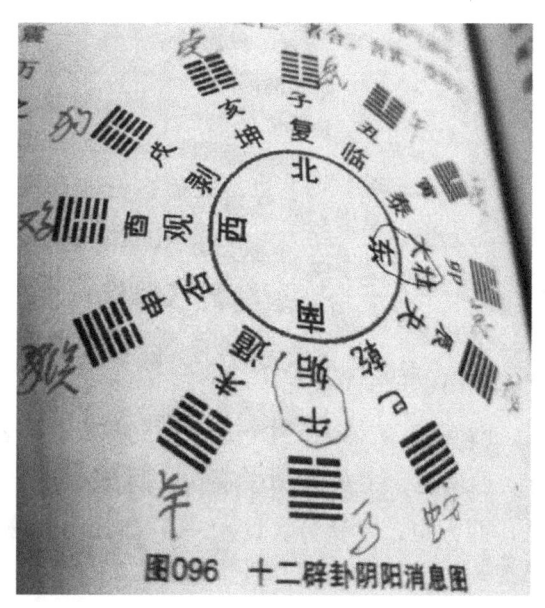

[57]

[57]图释读：子鼠；丑牛；寅虎；卯兔，大壮，东；辰龙；巳蛇；午马，姤，南；未羊；申猴；酉鸡；戌狗；亥猪。

P288：高按：[58]乾、坤、中孚、小过并治错行贞辰图，具体修改见图。

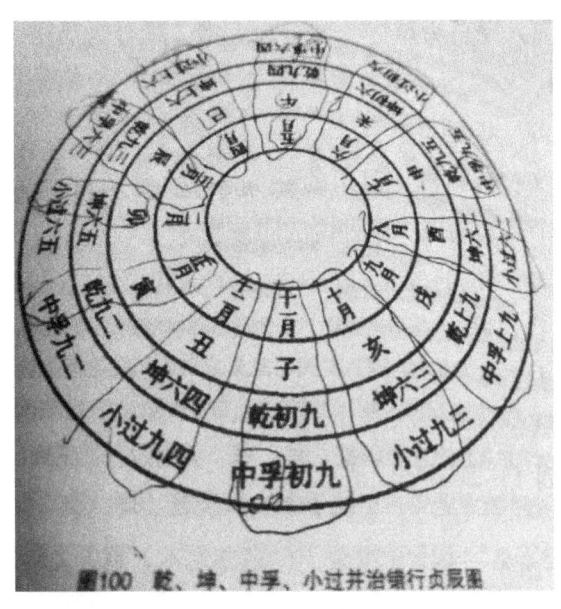

图100 乾、坤、中孚、小过并治错行贞辰图

[58]

P336—337：1.原文：乾，西北也，主立冬……高按：同彝表。

2.原文：坎，北方也，主冬至……高按：同彝表。

3.原文：艮，东北也，主立春……高按：同彝表。

4.原文：震，东方也，主春分。日出……高按：同彝表。

5.原文：巽，东南也，主立夏……高按：同彝表。

6.原文：离，南方也，主夏至……高按：同彝表，彝表称乾南。

7.原文：坤，西南也，主立秋……高按：同彝表。

8.原文：兑，西方也，主秋分。日入……高按：同彝表，彝文日入写作 ꍈꇌ [59]。

高按：上面1—8都是重要内容。

P377：《河洛精蕴》所列《圣人则洛书列卦图》：

《易纬文化揭秘》释读与研究

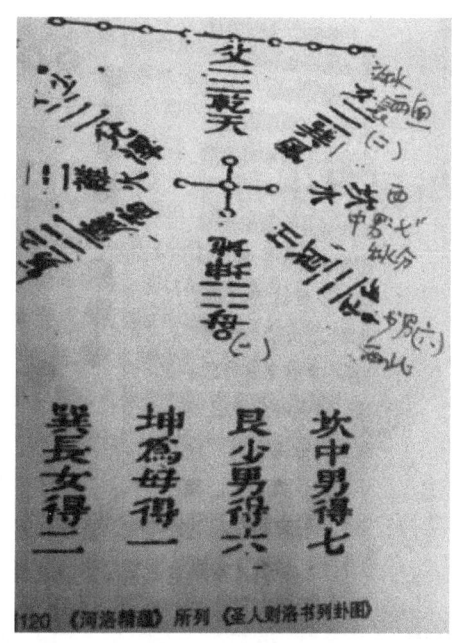

[60]

[60]图文释读：坤为母得一；艮少男得六，西北；坎中男得，西，秋分；巽长女得二，为西南，立秋。

注释：

[1]萧红恩:《易纬文化揭秘》，北京：中国书店，2008年。

[2][9][24][26][27][28][29][30][31][37][49][52][54][56][57][58][60]均节选自《易纬文化揭秘》，图中手写文字均为高加乐手迹。

[3][4][5][6][7][14][15][18][21][22][23][32][34][35][36][38][39][41][42][43][44][45][46][47][50][51]为高加乐手迹。

[8][12][13][16][17][19][20][25][33][40][53][59]马学良、罗国义：《宇宙人文论》，北京：民族出版社，1984年，封底。

[10][11]为整理者手迹，因为高老师原手迹不清晰。

[48]因原件不清，于是用高老师原笔迹代替。

[55]田合禄、田峰：《周易真原》，太原：山西科学技术出版社，2004年，第208、241页。

47

《周易与日月崇拜》[1]释读与研究

封面

P280—281：高按：此乃伏羲十月太阳历对照图及各节气情况。

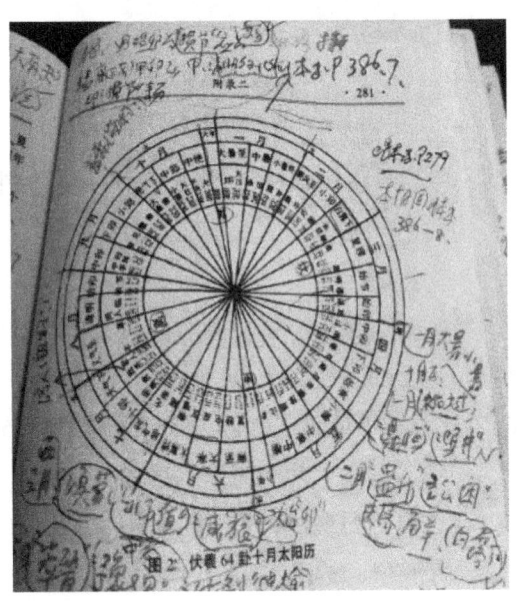

[2]

1.[2]图文释读：八月始卯为损节，损节应为彝表（即《宇宙人文论》[3]之"宇宙生化总图"，下同）：离（三、东），甲卯乙，其中甲对应惊蛰，惊蛰的彝文读音为 sɔɪdʑɪ [4]，损节当为彝文"惊蛰"的音译记字[5]，此为"损节"来历。

2.刘尧汉十月太阳历补正如下：

一月：大暑、小暑，姤，大过，鼎恒、巽井。

二月：蛊升、讼困，白露下为未济、解。

三月：西，涣蒙、师遁，始卯为咸旅。

四月：中卯为小过、渐，下卯为蹇、艮，始寒为谦否。

五月：萃晋，中寒为豫观，中榆为比剥。

六月：寒至为复颐，大寒为屯益，大寒终为震、噬嗑。

七月：地气发为随、无妄，小卯为明夷、贲，天气下为既济、家人。

八月：东，离三，义气至为丰革，清明为同人临，始卯为损节。这里的济人可能是租构？

九月：中卯为中孚、归妹，下卯为癸、兑，小鄂为履泰。

十月：绝气下为大畜、需，中鄂为小畜、大壮，中绝为大有、夬。这里"畜需"可能是"盗构"。

3.原文："一年分土、铜、水、木、火五季，每季两个月共72天，土季为首。"

高按：这里的"土季为首"存疑，十月历应以夏至为岁首。还有十月历的节气为寒至、地气发、义气至、中卯、绝气下、大暑至、期风至、复理。

大寒、噬嗑、家人、损节、履泰、夬、损节、巽井、咸旅、白露、比剥、谦否等和彝文典籍记载的内容相同。

4.八月为丰革，义气至。

上述可以参看本书第279页和第386—387页相关内容。

（一）

P258：原文：太一图是否与河图日月运动规律有关呢？我们可以用另外一件出土文物来证实。1960年在湖北荆门漳河车桥战国墓出土一件

"兵避太岁"戈,在戈援和戈内正背面均有相同的饰纹。其中援部纹饰为一个大字形神物,李零先生称此神为太一神,头戴分竖双羽的冠冕,身披盔甲,显然是一位武士,武士左足踏月(在右),右足踏日(在左)。在戈内的纹饰是一侧首张翼之鸟,我们认为这是太阳鸟,雷与太阳有关,雨与月亮有关,所以在《太一图》中太一神两侧有"雷公"和"雨师"。

高按:这里有谈及出土的战国太一神,右足踏日,左足踏月。左是"雷公",右是"雨师",与本书第25页马王堆太一图左是雷公、右是雨师一致。

P259:1.原文:《洛书》用于军事,如《太白阴经》卷八《日月占》、卷九《遁甲术》和《虎钤经》卷第十二《遁甲游都》。遁甲术就是用洛书九宫。另外,还有用兵的八卦阵,也是在洛书九宫的基础上布兵的。高按:这里谈及《洛书》用于军事,为重要内容。

2.高按:《周礼·春官·保障氏》和《尚书·禹贡》均提到九州和北斗星有关,为重要内容。

P260:高按:这页的九宫星野图,实际上为九宫和八卦及九星对应名称图。

P261:高按:这里的十二次中星图即十二次星野图,讲述十二地支和星宿对应情况以及灾害在各年各代可能都有规律性等。

P261—264:1.高按:[6]图讲述灾难年份,朔月、望月、上下弦关系和河图洛书关系。现释读如下:左:正中:望月,灾,3;左上:下弦,4,四隅;左下:下弦,8,四隅;中间:中上:朔月,灾,9;正中:朔月,灾,5;中下:朔月,灾,1;右边:右上:上弦,四隅(角),2;右中:望月,灾,7;右下:上弦,四隅,6。

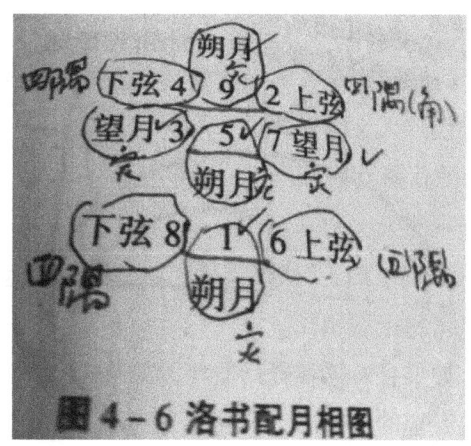

图4-6 洛书配月相图

[6]

2.原文：张巨湘说朔月和望月都是黑道凶日，故《素问》五运六气篇的"灾宫"都在五方正位。高按：这种说法是对的。

P265：原文：太极一词，首见于《系辞》，但无图形。直到宋代才由陈抟传出太极图。古太极图原无文字说明，只是一大圆圈内含两条阴阳鱼，阴阳鱼又各画一只鱼眼。笔者认为，太极图是远古时代古人立竿测日影以辨四方、冷热的产物，是一种原始的天文图。太极图虽画的是平面图，而实质是古人立竿测日影所得的太阳视运动立体投影图。据立竿测日影说，将太极图复原为立体投影图，可对太极图做出科学的解释。在一定程度上可填补古人（原始氏族时代）画太极图所依的科学证据，这对研究中国古代科学技术发展史至关重要。高按：太极图是立杆测日图。

P270：高按：这页讲述伏羲曾生活在西南地区，为重要内容。

P273：1.原文：伏羲始作八卦，而八卦源于太极，说明太极图在伏羲时代已流传于世了。……燧皇之图当包括太极图，河图和洛书三幅天文图，……燧人氏时候已有天文知识。高按：此为特别重要内容。

2.原文：《尸子·君治》曰："燧人上观辰星。""辰星为火"，即心宿大火。说明燧人氏已有天文知识。高按：这里说燧人氏测心宿大火，此为特别重要内容。

P274—275：高按：这几页记述有如下重要内容：

51

1.《周礼》记载,土方氏以土圭之法测日影,定方位区域。

2.甘肃省积石山保安族东乡族撒拉族自治县的关家川出土马家窑类型彩陶上有新石器时代"天文图实物"。

3.从新疆出土的伏羲女娲娟绘图,表明伏羲—女娲时代已有几何、数学、物理、光学等观测天文的知识。

P276:原文:《玉海》曰:"伏羲在位,始有甲历五运。"高按:《玉海》的记载和古彝文典籍的记载相同。

P278－279:原文:1.笔者研究发现,古老的十月太阳历和火历的重新问世,疏浚了被淤塞的一段历史长河,为解开"千古之谜"的八卦铺平了道路。其实,伏羲64卦圆图就是中国古老的十月太阳历,后天八卦方位图就是中国古老的星象农历——火历。2.伏羲64卦方位圆图日月运行于天地之间,反映了宇宙时间的变化。

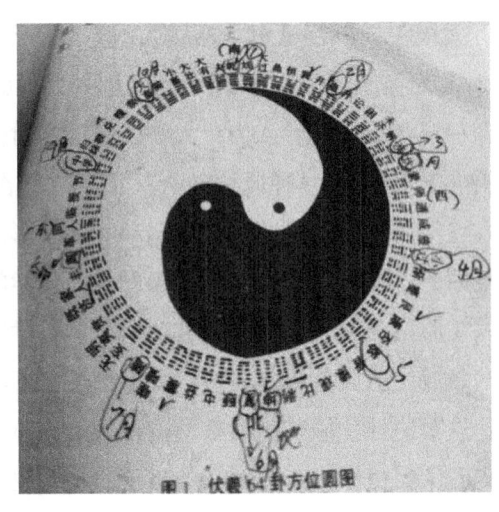

[7]

高按:1.伏羲64卦方位圆图就是十月太阳历;后天八卦方位图就是农历(火历图)。这里的叙述为特别重要内容。2.[7]图释读如下:左东右西,上南下北。(1)南为乾,为天,姤为一月;(2)盅为二月;(3)涣为三月;(4)小过为四月;(5)萃为五月;(6)北为坤,复为六月;

（7）随为七月；（8）丰为八月（为整理者所加），离为太阳；（9）中孚为九月；（10）大畜为十月。

（二）

P249：高按：《纬书集成》《论语·比考谶》都有提及360日为一年，每年5季，每季度72日，此《河图洛书》内容的"每年5季，每季72天"同彝族十月太阳历。

P250：原文："三皇五帝"之名，最早见于《周礼·春官·外史》职"掌三皇五帝之书"。战国末年的《吕氏春秋》多次提到三皇五帝。高按：此为重要内容。《纬书集成》之《春秋纬·命历序》中的十纪名称大都是彝语，如合雒纪即人专星，连通纪即立早星，回提纪即禾刀星，流讫纪即煞贡星等，详见该书第252页表。

P251：原文：天地初立，有天皇氏十二头，淡泊无所施为而俗自化，木德王，岁起摄提，兄弟十二人立，各一万八千岁。高按：这种说法和古彝文典籍的记载相同。

P252：高按：冷德熙先生所建立的"三皇""十纪""庖牺氏十五代""五帝"几个大时代，列出如下世系表：天皇十二头，兄弟十二人，各一万八千岁，详见本书第251页内容；地皇十一头，兄弟十一人，各一万八千岁。人皇九头，兄弟九人，分管九州，共150世，共4万五千六百年，详见本书第252页内容。九头纪即洛书九宫数，即彝族的九星。疏仡纪即煞贡星，禅通纪或温氏即立早星，因提纪忽彰氏即禾刀星，叙命纪离光氏即角盟星，连通纪辰放氏即立早星，合雒纪元皇即人专星等，详见[8]图。此为特别重要内容。

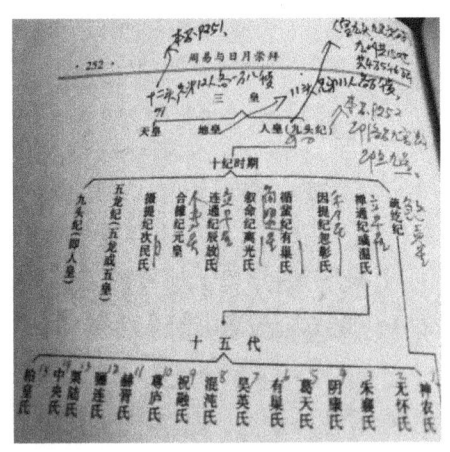

[8]

P253—254：1.原文：《春秋纬··历命序》则对宇宙开辟之后的历史进程作了更详细的陈述，它们共同构成了纬书神话的开辟篇——太阳创世纪神话。这种神话由来久矣，长沙子弹库出土楚帛书可为证明。高按：此为重要内容。

2.高按：这两页有讲述七九为河图阳数，六八为河图阴数。六、七、八、九为河图成数，此为河图数。洛书九宫数即"九头纪（九星）"。哈雷彗星即扫帚星、灾星等，为重要内容。

3.高按：这里有讲述九宫来源于混沌，为重要内容。

4.高按：这里有讲述玄鸟生商，玄鸟即太阳鸟，也即太阳神。此为古代帝王都称自己是太阳神后裔来历。

5.原文：简狄吞食玄鸟卵而生契，也就是吞食太阳鸟卵而繁殖出太阳鸟的子孙。

高按：这种记述和彝文里面的记载相同。殷妃为帝喾次妃，都称为是玄鸟的后裔。在彝文书籍里，帝喾世系有玄鸟（ ）[9]这一代，与上述记载相符。彝文经典里面的"纵目人世系""纵目人史"都称自己是"太阳之子"，这非同寻常来历即此！也是 [10]。

P255：1.高按：这页有讲述姜嫄所生后稷亦是太阳之子，也就是说，周族是太阳之子。

2. 原文：《史记·补三皇本纪》说："太皞庖羲氏，风姓，代燧人氏继天而王，母曰华胥，履大人迹于雷泽，而生庖羲于成纪，蛇身人首，有圣德……有龙瑞，以龙纪官，号曰龙师。"华胥，《庄子·马蹄篇》作"赫胥"，华、赫同意，义为"赫赫光华"，形容太阳的光华。看来伏羲之母是位女太阳神。乾为日，大人者日也。履大人迹，就是履太阳的足迹。当然伏羲也是太阳神了。高按：这里讲述太阳神伏羲也是其母履太阳之迹所生，为重要内容。因为"大人"指太阳，亦是太阳之子；"大人"的彝语为 [11]。

P275：原文：刘尧汉、陈久金、卢央所著《彝族天文学史》，挖掘出了彝族遗传至今的古老的太阳历——"十月太阳历"，并介绍了彝族对"立竿测日影"古老方法的应用。江国梁先生认为"十月历"诞生于伏羲氏时代（《周易原理与古代和科技》）。

高按：伏羲时有十月太阳历的说法和彝文的记载相同。

P256：原文：古人曰：国之大事、在祀与戎。国事也就是帝王之事。祀就是祭祀，即祭天与祖先。国王祭天的实质是祭日月，是对日月的崇拜；国王的祖先也都是太阳神。

高按：这页主要讲述国之大事即祭天、祭日月、祭祖和军事。《管子》中《幼官》的幼官即玄宫，玄宫即明堂，明堂月令与九宫历法《洛书》有关。国王的祖先都是太阳神，《河图》是日月崇拜的模型等，都是重要内容。

P256－257：原文：帛书《太一图》是用青、赤、黄、白、黑五色绘成，主体部分分为三层，上层：中间有"太一神像"，其题记曰："太一将行，神从之……"右边"雨师"，左边"雷公"。中层：有四个持兵器的神人，李零先生据题记称为四个"武弟子"。右起第一人所持兵器不明，李零认为是持戈；第二人持剑；第三人据题记是着裘衣，可以避弓矢，故手中无兵器；第四人持戟。下层：右边为黄龙，题记曰：黄龙持护；左边为青龙，题记曰：青龙奉容。我们认为，着裘衣能避弓矢的兵器，就是《管子》所记载"胁盾"那么，第一人所持的兵器应是矛，而不是戈。

高按：这是长沙马王堆出土帛书《太一图》情况。这里的"右边雨师，

55

左边雷公",同战国太一"兵避太岁"戈内容一致。着裘衣能避弓矢的兵器和《管子》内容有关。

（三）

P102：原文：72又是一年72候之数，也是五运中一运之天数，五运为360天。按太阳周年开放圆周运动南北往来的规律，可将72天周期分为以36天为一份的两部分，这就是五运十月历或称十月太阳历的来源。

高按："五运十月历"即十月太阳历，每运72天，5运就是360天，这种说法与彝族十月太阳历内容相同。

P102—103：原文：将一圆周期分为72份，故有孙悟空72变之说。《太平御览》卷81引《春秋运斗枢》说，舜出巡见一图"中有七十二帝地形之制，天文位数之差"，说明至迟在舜帝时已有了一周期72分的观念。

高按：舜时候已有72天之分。为重要内容。

P103—104：原文：（系辞传）既然说伏羲是根据《河图洛书》画的八卦，则说明《河图洛书》比八卦早问于世。《三国志·魏志》记载博士淳于浚的话说："包羲因燧皇之图，而制八卦。"《太平御览》869卷引《尸子·君治》说："燧人上观辰星。""辰星为火"，即心宿大火。说明燧人氏已有天文知识。河图、洛书可能是燧人氏的发明。

高按：这里谈及燧人氏已知心宿大火星，已知天文知识，《河图洛书》在燧人氏时候已有，为重要内容。

P328：原文：为什么取河图之名呢？因为河为水行之道。河图者，乃水行之图也。而月为水之精，所以说水行之图，即月行之图也。

高按：这里谈及河图"乃水行之图"，即月行之图，为重要内容。

P105：高按：这页讲述日月运动周期图，有64个特征点，一年二分二至（春分，秋分，冬至、夏至）及"四立（立春、立夏。立秋、立冬）"，这8个节期，每个节期（节气）为45天，8个节气周期为360天，为特别重要内容。

P105—106：高按：这两页有讲述下列两个重要内容：1.伏羲的勾三

股四弦五法（用矩之道）即立杆测日影法。2.勾股定理在五千年以前已经形成及与此有关的考古情况。

P107：原文：仰观俯察是研究天体运动的周期规律，"近取诸身，远取诸物"是研究天人相应的规律，圣人根据天体运动规律创造了八卦。而河图、洛书是天体运动周期规律的模型，所以圣人可以则之作八卦。高按：河图洛书是天体运动规律图，这是非常重要内容。

P63：高按：这页有讲述颛顼是一位太阳神，为重要内容。

P9：高按：这样有讲述炎帝是太阳神，为重要内容。

P13：原文：为了纪念原始先民对日月的崇拜，不仅把我们的始祖伏羲女娲称为太阳神和月亮神，还把我们的国家名也称为日月神。高按：这里讲到伏羲也是太阳神，为重要内容。

P108：原文：日月运动所形成的四象四特征点周期，封闭四象五特征点周期及其九特征点周期所形成的九宫理论，有出土文物为证。安徽阜阳双古堆汉墓M1出土的漆木式盘，天盘上有洛书九宫图，一、三、七、九居于四正；一为君在北，象君人南面；三和七为相、将在东、西，象左文右武；九为百姓在南，象臣民北事。二、四、六、八居于四隅。中宫有"招摇吏也四字，"招摇"是北斗星名，"吏也"则表示吏居中宫，介于君、民之间，配数应为五。地盘正面是以二分二至居于四正，四立居于四隅，表示九特征点周期的洛书九宫（由四象四特征点周期和封闭四象五特征点周期组成）；地盘背面是四年一轮，标有每年的冬至夏至。冬至在四正，夏至在四隅，表示的正是太阳周年运动的洛书九特征点周期规律。

高按：九宫图君、臣、将、帅各居其位，为重要内容；北斗星居中即"招摇吏也"，这个"吏"很可能是史官的"史"。

P110—111：高按：河图是后天八卦和春夏秋冬及长夏方位图。

[12]图释读：正左：春，三，木；左上：春，八，木；正上：夏，二，离火；右上：长夏，坤，土；正右：秋，四，金，兑；右下：秋，乾，九（金）；正下：冬，水，坎，一。

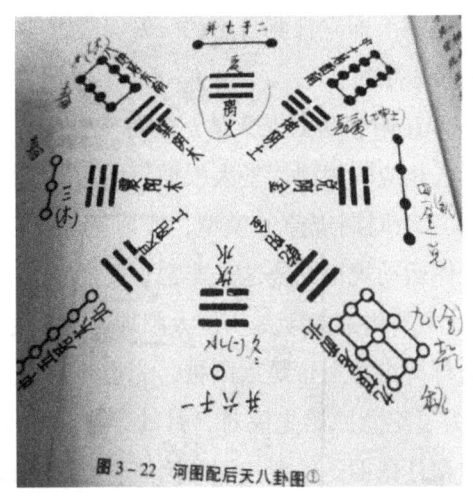

图3-22 河图配后天八卦图①

[12]

P126—127：原文：《天问》中太阳周期循环运动的问题，有太阳的昼夜周期循环，也包括太阳的周年循环周期。太阳在白天，是由羲和驾"六螭（即六龙）"载之而行。而太阳在夜间的运行则是骑马。……又如《九歌·东君》开头就说："暾将出兮东方，照吾槛兮扶桑；抚余马兮安驱，夜皎皎兮既明。"太阳神驾着神马结束了他的夜间运行而从东方露出海面，其灿烂的阳光也将从扶桑树梢照射到人家的门栏上。……这在《易经》中也有记载，曰乾为龙、坤为马，乾为昼，坤为夜。又《春秋考异邮》说："地主月精，月精为马，月数十二。"则马又为"月精"，有月之象。月主夜。故此，也可以把日月运动规律模型河图称之为龙马图，或日月图。再者，通行本《系辞传》的"两仪生四象"中的"四象"，帛书作"四马"，知"马"与"象"通。"四马"象征四月相。

高按：这里讲述黄帝时《河图洛书》（《洛书》称《龟书》）情况：（1）彝文经典里面有把日月当马骑以及羲和骑六龙的记载，和这里的记载相同。（2）《九歌·东君》提到的太阳从扶桑树梢照门槛上的说法，这是彝族天文历法"树头""树腰""树脚"来历。（3）这里讲到河图是龙马图，也即日月图。（4）这里还讲到"四象"即"四马"。

P128：1.原文："马，胜算也。"《管子》书中屡言"乘马"，"四马"

《周易与日月崇拜》释读与研究

即"乘马"。《字汇》:"乘,四数乘。"《诗·鸳鸯》:"乘马在厩。"陆德明《释文》:"乘马,四马也。"《管子·乘马数》说:"乘马之准,与天下齐准。"马非百先生说:"乘马即计算。"我在拙作《周易真原》解释筮法时说,筮、策、算、数古互通,今知又与马通用。如此可知,所谓"马图",即"数图"。"河出马图"就是"河出数图"。而乾为天为龙,可知"河出龙图"就是"河出天图"。故《春秋说题辞》说:"河出通乾,出天苞。"如此则所谓"龙马图"也可称"天数图"。而天数源于日月,还是称日月图为好。

高按:彝族的龙书就是天数图,彝族称为"天生经",和这里的说法相同。

2.原文:洛书,古作雒书。《篇海类编·佳部》:"雒,马黑身白鬣曰雒。"说明洛书,就是马书,也就是数书,即天数书,或称月书。

高按:此处可对比阅读该书第129页"坤为地为马。"一段文字。

P131:原文:古人认为,日月都有死而复生的本领。太阳死而复生的过程是:每天早晨从东海升起,升到天空运行一白天,黄昏则又落入大海之中,运行于水中冥界,就是死亡。第二天早晨又从了东海升起,就是复生。月亮死而复生的过程是:每月初三新月生,初八到上弦,十五月圆而长极,十六月亏而衰,二十三到下弦,三十而晦入冥界而死。到下月初三新月出而复生。因为日月缠黄道,日月的运行都有在水下循环的过程,这就是《山海经》所说的"浴日""浴月"。日月经过水浴,脱胎换骨,死而复生。

高按:这里讲述太阳、月亮的生死情况:《山海经》的"浴日"就是"太阳升""太阳落","浴月"就是"月亮升""月亮落"的入海、出海的生死过程,为重要内容。

P133—134:1.高按:这里,[13]图是十二辟卦阴阳循环图和28宿及各节气对照情况。现释读如下:十一月,子,复,冬至,同彝表[14](下同),其中复的彝文读音为 [15];十二月,丑,临,同彝表;正月,寅,泰,立春,同彝表;二月,卯,大壮,春分,同彝表;三月,辰,夬,同彝表;四月,巳,乾,立夏,同彝表;五月,午,姤,夏至,同彝表;

59

六月，未，遁；彝表：六月为"未"，为巽，巽的彝文读音为 [16]，即"遁"，这里，彝、汉还是一致；[后面的笔记提前到这里："辟卦"六月为"未（羊）"，"未"即"遁"，"遁"的彝文读音为 （苓）[17]，"遁" [18]为音译记字；五月为午，为夏至，姤，这是周历，和彝族历法有关。]七月，申为否，立秋，对应觜宿，觜宿的彝文读音为 [19]，这里彝、汉一致， [20]即否的音译记字；八月，酉，观，秋分，对应胃宿，胃宿的彝文读音为 [21]，其中 [22]为豹， [23]为"观"，即"观"为 [24]的音译记字；九月，戌，剥；十月，亥，坤，立冬[高按：亥月（十月）立冬，参看本书第134页]。这是周历建"子"，即"复"卦，"复"的读音为 [25]， [26]为坤的意思， [27]为"复"的音译记字，为冬至，详细情况参考本书第134页。这也是十二月消息卦，其中遁姤、临等及各月名称彝、汉一致。

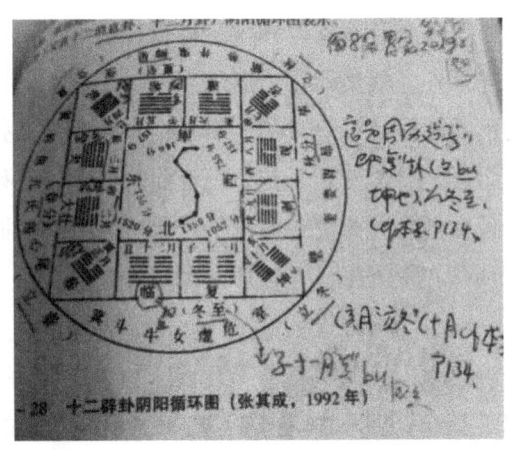

[13]

2.高按：第134页有讲述周历巳月为"立夏"，为重要内容。

P27：高按：[28]图中，甲乙为春；丙丁为夏；戊己为中央土，为季夏；庚辛为秋，壬癸为冬。其中十月太阳历的四月为祝融，地四，丁，正确；五月为黄帝，为天五，为戊，正确；七月为天七，正确；八月为地八，正确；九月为颛顼，壬，正确；十月为地十，癸，正确。[28]图中十月历的五季和彝族十月太阳历相同。

[28]

P143：原文：《系辞传》说伏羲"仰则观象于天"，即仰观天象，或曰"仰以观于天文"。那么，何谓天文呢?《汉书·艺文志》说："天文者，序二十八宿，步五星、日、月，以纪吉凶之象。"这就是说，伏羲观天象的任务是熟识二十八宿，并以此为参照度量五星和日月在天空运行的相对位置，以便识别由天文引起的自然在灾害和风调雨顺年景，所谓"吉凶之象"也。

高按：伏羲仰观天象，熟识二十八宿，度量五星和日月在天空运行的相对位置，是重要内容。

P196：原文：这个18数周期，也是形成彝族18个月太阳历的依据（刘尧汉先生挖掘出的）。还有玛雅历法也是一年18个月的太阳历，每月20天，岁余5天为过年日。

高按：彝族和玛雅都有18个月太阳历，这是非常重要内容。

P144：原文：《系辞传》说："在天成象，在地成形，变化见矣。"李鼎祚《周易集解》引虞翻说"谓日、月在天成八卦"象，就是他把"在天成象"只是完全描述成日月的状况。并据《周易参同契》描绘了月体纳甲图的详细状况。杨得宇先生甚至认为，《系辞传》说的"在天成象（指日），在地成形（指影）"，"成象之谓乾（指日），效法之谓坤（指影），极

61

属知来之谓占（指测日定节），见乃谓之象（指日），形乃谓之器（指测日圭盘），制而用之谓之法（历法、圭卜卦历），咸民用之谓之神（用之神验，传女娲圭卜为补天造人之神）"是指女娲圭卜日影、制历、划节、定十二时辰之事。高按：日月在天成八卦之象，这是重要内容。

P145：高按：这页有讲述如下两个重要内容：1.太阳分出春分、秋分、夏至、冬至，月亮分出朔、望、上弦、下弦，和圣人则由日月运动形成的河图洛书作八卦有关。2.日、月四特点即"四象"。

（四）

P152—153：1.原文：这里的一北、七南、九西之数和方位，正是河图阳数的方位。

高按：这里所说的河图方位数字和彝族河图一致。

2.原文：孔子在阐发后天八卦方位图之后，接着阐述的河图，谓：《易》变而为一（郑康成注：一主北方，气渐生之始，此则太初气之所生也。），一变而为七（郑康成注：七主南方，阳气壮盛之始也，万物皆形见焉。此则太始之气所生者也。），七变而为九（郑康成注：西方，阳气所终究之始也。此则太素气之所生也。），九者气变之究也，乃复变而为一（郑康成注：此一则元气形见而未分者。夫阳气内动，周流终始，然后化生一之形气也。）一者形变之始。

高按：此乃河图后天八卦情况，为重要内容。

3.原文：《说卦传》说：乾，天也，故称乎父。坤，地也，故称乎母。震一索而得男，故谓之长男。巽一索而得女，故谓之长女。坎再索而得男，故谓之中男。离再索而得女，故谓之中女。艮三索而得男，故谓之少男。兑三索而得女，故谓之少女。

高按：这里有讲述《说卦传》（后天八卦）：震为长男，巽为长女，坎为中男，离为中女，艮为少男，兑为少女情况，为重要内容。

P57：高按：[29]月体纳甲图释读：南方的丙为艮，丁为兑；西方的庚为震，辛为巽；东方的甲为乾，乙为坤。

《周易与日月崇拜》释读与研究

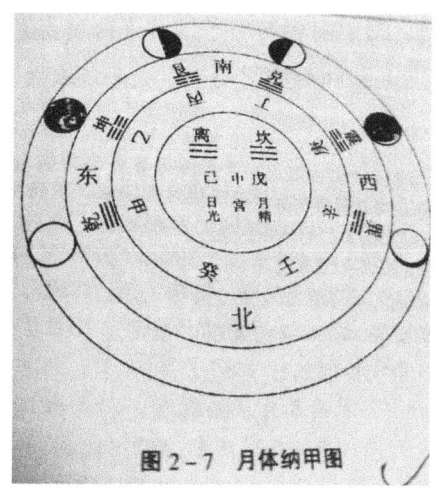

图2-7 月体纳甲图

[29]

P151－152：高按：《周易乾凿度》："震"为东方，二月；巽为东南，四月；离为南，五月；坤为西南，六月；兑为西，八月；乾为西北，十月；坎为北，十一月；艮为东北，十二月。此乃后天八卦情况。

P116：高按：1.图[30]中，中间为5，原图没有标出；箭头的正确打法：1↔8、2↔4、3↔5、5↔7、1→6，具体参看图中手绘箭头方向。

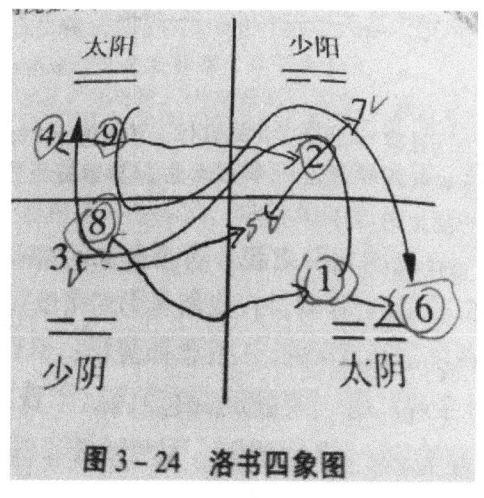

图3-24 洛书四象图

[30]

63

P117：高按：[31]图中内容与王子国《土鲁窦吉》[32]中十月历"罡煞图"有关，其中间（a）图和彝族洛书十月太阳历有关。

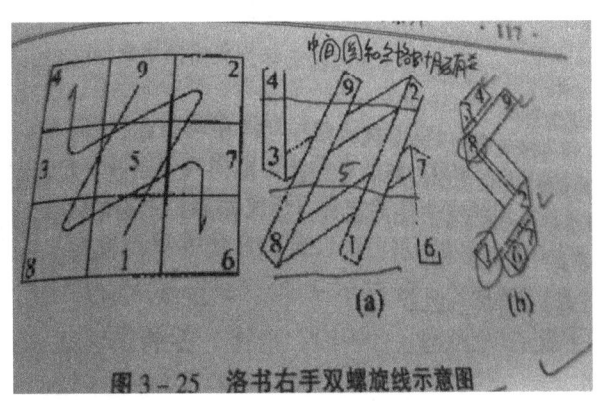

[31]

P120—121：高按：这里有讲述太一即太阳，祭四季即祭四季太阳神，为重要内容。

P142—143：原文：复卦卦辞"反复其道，七日来复"说，《象传》的解释是"天行也"，即认为"七日"是天道循环往复运动的一个周期。另外震卦的六二爻和既济卦的六二爻也有"七日"说。

高按："七日来复"是天道运行的一个周期，彝族称"七日"为"七太阳"。

P148—150：1.原文：后天八卦方位图的来历：离卦位南代表太阳；坎卦位北代表月亮，震为晨，位于东方，兑为夕，位于西方。高按：后天八卦离卦为南，代表太阳；坎卦为北，为月亮，震是东，兑是西，为重要内容，其中冬至、夏至最重要。2.原文：为什么说乾为天门，巽为地户？因为巽是冬至日出点，乾是夏至日入点，冬至点太阳行黄道最低位置，故曰地户；夏至点太阳行黄道最高点，故曰天门。

高按：这是"天门""地门"所在位置和来历。另外，"巽是冬至日出点"，这个"巽"既是《乾坤凿度》也是后天八卦冬至日出点，二者一致。也就是说，后天八卦与《乾坤凿度》冬至、夏至点日出、日入一致。巽是

《乾凿度》亦是后天八卦冬至日出点，这里，彝汉二者情况一致。

3.原文：《史记·五帝本纪》也说："（黄帝）宝鼎，迎日推策……顺天地之纪，幽明之占，死生之说，存亡之难。"裴骃《集解》："晋灼曰：策，数也，迎数也。……张守节《正义》："黄帝受神策，命大桡早甲子，容成造历是也。"可知"幽明""死生""天门""地户"之说最迟当起源于黄帝时代。高按：天门、地门之说起源于黄帝时候，可参考本书第151页"足经脉应月份图"和第152页后天八卦（河图）进行对比阅读。

P158：高按：这页有《山海经》说：禹杀相柳。为重要内容。

（五）

P74－75：1.《周髀算经》七横六间图。高按："七横六间"指六间各一方为六个山头。

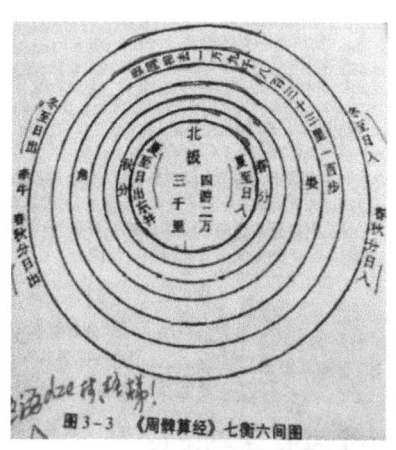

[33]

2.原文：《周易·益》："王用享于帝，吉。"孔颖达疏："帝，天也。"□在山（□）中，知此为天山、天柱山，即天脐。……问题是双鱼，人多不识。《尔雅·释畜》释马："一目白，瞷；二目白，鱼。"王引之述闻："（马）二目毛色白曰鱼。"

65

高按：天柱、天梯、天脐是一回事，"天脐"的彝文读音作 [34]，[35] 为"树""柱""梯"的意思。半坡双鱼和历法有关。

P76：1.高按：这页有讲述立春等八节历。

2.原文：乾天之气下降，坤地之气上升，天地气交而化生万物。所以《序卦传》说："有天地，然后万物生焉，盈天地之间者唯万物。"效此，乾坤之爻交错而生出六十二卦，共有六十四卦，以当万物之数。高按：此乃六十四卦来历。

P240－241：原文：另外还有一个9年周期，则配用九曜星——太阳、太阴、水星、金星、土星、火星、木星、计都、罗喉（男性排序为：第一星为"罗喉"，第二星为"土星"，第三星为"水星"，第四星为"金星"，第五星为"太阳"，第六星为"火星"，第七星为"计都"，第八星为"太阴"，第九星为"木星"；女性排序为：为第一星为"计都"，第二星为"火星"，第三星为"木星"，第四星为"太阴"，第五星为"土星"，第六星为"罗喉"，第七星为"太阳"，第八星为"金星"，第九星为"水星"。）

高按：这里讲述了下列重要内容：（1）九星及罗喉、记都等是星星；（2）罗喉、记都性排列为男、女性有分别。

P77－79：1.高按：这几页有讲述伏羲六龙历来历。

2.高按：这里有天门、地门及"日月五星天象图（图[36]）"。

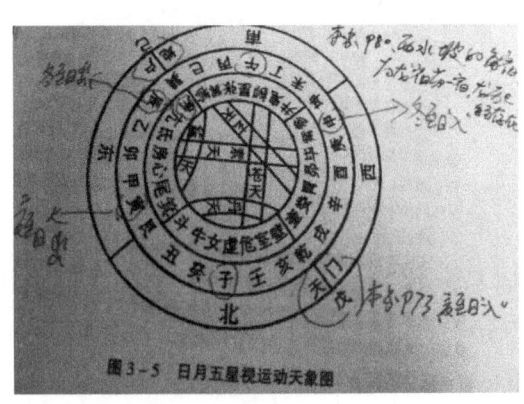

[36]

[26]图中手写文字整理：左下：寅，夏至日出。左上：辰，角宿，冬至日出；巽，地户，己；正上：午，南；右上：申，冬至日入；右下：乾，天门，戌，参看本书第73页：夏至日入；正下：子，北。

P80：原文：古人二分二至观念的产生比山头历晚。那么，晚到何时呢？与龙历有没有关系呢？考古出土文物可以回答说个问题。1987年底河南省濮阳县城内西水坡出土了用蚌壳堆塑成的"华夏第一龙"，属仰韶文化，距今大约6500年。蚌图涵有四时天象，二分二至的四时观念已经确立，其中的蚌龙的龙角对着北斗，角宿为周天星座的起点，角宿为东方苍龙的第一宿，说明当时已有龙历存在。龙的形象起源于何时，目前考古界已溯源到山西吉县柿子滩岩画上的"鱼尾鹿龙"，距今约10000年前。而辽宁阜新查海遗址出土的用石块堆塑的巨龙距今也约8000年前。而这一时期正是伏羲氏时代，充分说明伏羲氏创立八卦和龙历已具备了条件。

高按：这里有讲述如下重要内容：（1）西水坡出土的角宿为龙宿第一宿，说明当时龙历已经存在。（2）根据考古情况，8000—10000年前是伏羲时代。

P180：高按：这里有讲述《内径》五运六气说有五天多为过年日，这种说法和彝族相同，为彝族过年来历。

P82—83：高按：这两页有讲述太极图起源于立杆测影，是原始天文图。[27]图中的六个同心圆可能是六个月亮。此图表示古人已知24节气划分，一年为三百六十五又四分之一天之来历。

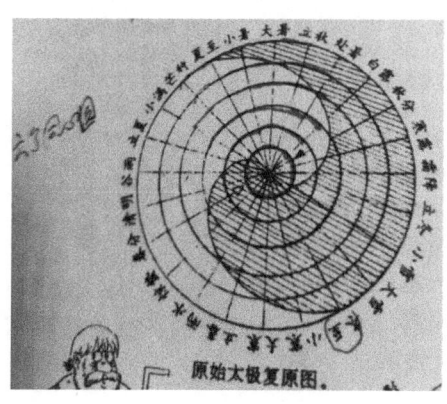

[37]

P84：高按：这页有讲述鸟形冠是少昊时期的文物。为重要内容。

P85：高按：这页有讲述如下重要内容：（1）《墨子·非攻下》谈及河出绿图。（2）河图洛书是日月运行规律模型图。

P88—89：高按：这两页有讲述：（1）半坡数字和洛书有关。（2）夏代《连山易》36应是洛书。彝族的河图是30+25=55；彝族洛书是15+15+15+45，二者相加为100。[38]图中的数字不作整理，读者仔细阅读即可。[39]最里面的三角形中的数字为36点是对的。

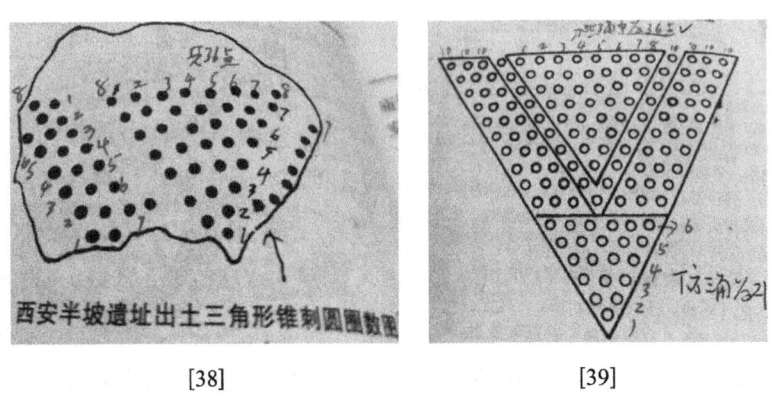

[38]　　　　　　　　　　[39]

P92—95：1.[40]洛书和河图来源示意图整理：上为15，15，10；洛书数字为：15+8+12+10=45。最右边的图：左边圆点分别为（由下到上顺序）：8，3，4；中间圆点为：1，5，9；右边圆点为：6，7，2。

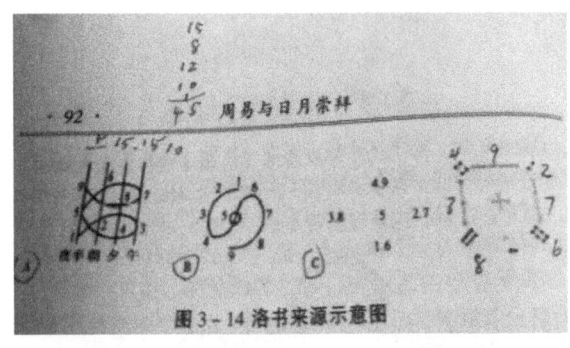

[40]

《周易与日月崇拜》释读与研究

2.[41]则河图洛书八卦示意图：F1图手写文字整理：正左：东，离，三；左上：兑，四；正上：乾九，太阳（日）；右上：巽，二；正右：西，坎，七；右下：六，艮；正下：坤，一，太阴（月）；左下：震，八；中央：五。F2图手写文字整理：正上：乾，太阳；正下：坤，月亮。

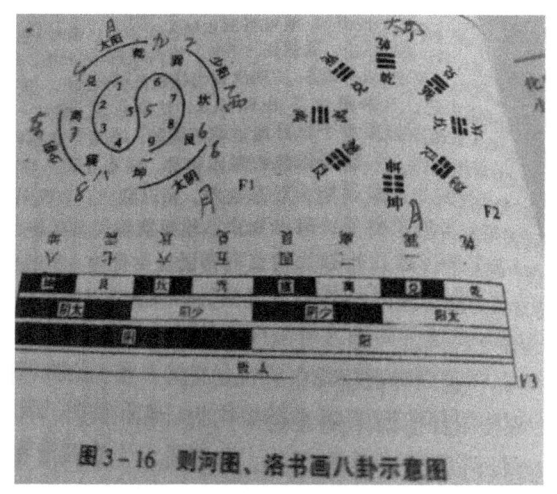

[41]

P96：高按：这页的太极曲线示意图为太极曲线冬至、春分、秋分、夏至示意图。

P99－100：高按：伏羲六十四卦，其中，中孚可能就是王子国《土鲁窦吉》[42]的天罡首米遮弘（著雍），涣、坎可能为《土鲁窦吉》[43]里的弘海采。

P176：原文：《内径》在九宫的基础上建立了一套五运六气预测系统，这个系统即是六十甲子体系。高按：《内径》有一套"五运六气"预测系统。为重要内容。

P135：原文：《周礼·春官·大司乐》所谓的"泽中之方丘"象，实乃古代明堂、灵台、辟雍之建筑，是古代的天文观测中心。高按：这是重要内容。

P146：原文：《周易集解》引虞翻解释贲卦时说："艮为星，离日，

69

坎月，巽为高。五天位。离为文明。日月星辰高丽于上，故称天之文也。"

高按：这是重要内容。

P147：1.原文：《系辞传》所载"筮法"是建立在历法基础上的，推演筮法，就是推求天道规律，吉凶来源于天道。推演筮法，可以掌握天地动静之道，奉顺阴阳，则日月光明，风雨时节，寒暑调和，从而达到趋吉避凶的目的。高按：筮法建立在历法基础之上，求知吉凶，这是非常重要内容。

2.高按：《说卦传》刊载了伏羲先天八卦图和后天八卦图，是重要内容。

（六）

P275：原文：刘尧汉、陈久金、卢央所著《彝族天文学史》，挖掘出了彝族遗传至今的古老的太阳历——"十月历"，并介绍了彝族对"立竿测日影"古老方法的应用。江国梁先生认为"十月历"诞生于伏羲氏时代（《周易原理与古代科技》）。

高按：彝族十月太阳历诞生于伏羲时代，这是重要内容。

P306—307：原文：月行轨道有九。从月体纳甲图[44]可以看出，月行东方的轨道有甲乙二道，行南方的轨道有丙丁二道，行西方的轨道有庚辛二道，行北方的轨道有壬癸二道，行中道则有戊己一道，此即《汉书·天文志》所载"月有九行"。

高按：《汉书·天文志》月行轨道有九，再核查彝表，发现这种记载同彝族，即彝族也是"月行九道"。

《周易与日月崇拜》释读与研究

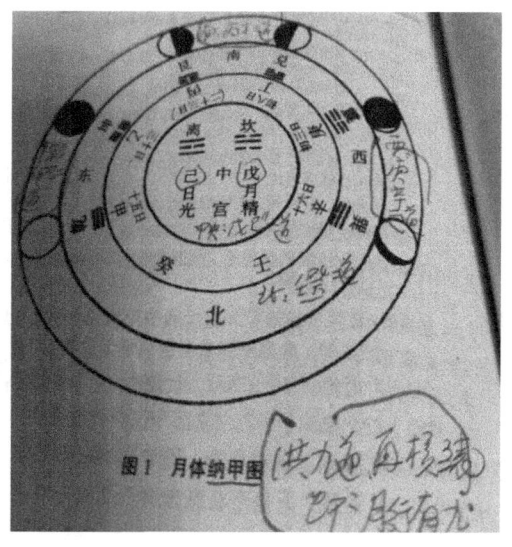

[44]

P353：高按：图[45]为《山海经》山头历和28宿情况，为彝族各星宿名称来历（春、秋）。

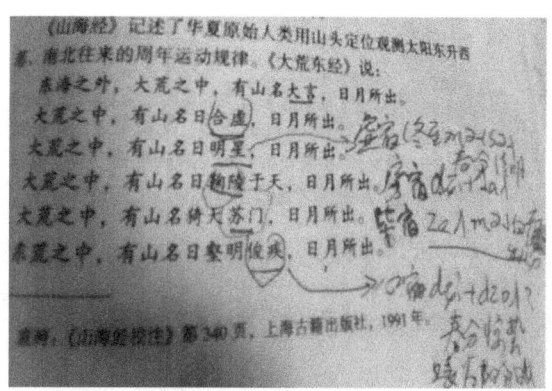

[45]

[45]图手写文字整理：（1）明星即虚宿，对应冬至，虚宿的彝文读音为"m₃ɹsɔ[46]"。（2）菊陵即房宿，对应春分、清明，菊陵的彝文读音"dɯit la[47]"。（3）苏门即毕宿，对应白露、秋分，毕宿的彝文读音为"Zɑ∧mə∧[48]"。（4）俊疾即心宿，对应春分、惊蛰，心宿的彝文读音为

71

"彝+彝[49]"。以上1—4彝表都为太阳日出情况。

P357：原文：当古人有了二分二至的观念后，就渐渐地脱离了粗疏的山头历观念，而向较准确的历术发展，这一发展记载于《周髀算经》之中，谓："冬至昼极短，日出辰而入申……夏至昼极长，日出寅而入戌……日出左而入右，南北行。故冬至从坎，阳在子，日出巽而入坤……夏至从离，阴在午，日出艮而入乾。"冬至日出辰巽而入申坤，说明辰申巽坤连线在南回归线。夏至日出寅艮而入戌乾，说明寅戌艮乾连线在北回归线。是天之阴—冬至点对应地之阳—南回归线，天之阳—夏至点对应地之阴—北回归线。

高按：《周髀算经》里面记载的冬至、夏至日出、日入情况同彝表，辰即申，申即辰；巽即坤，坤即巽，具体参见本书第358页内容。

P358：[50]手写文字整理：冬至日出辰而入申；夏至日出寅而入戌。《周髀算经》：冬至日短，日出辰而入申。[51]手写文字整理：1.正左：离。左上、右上：冬至日出巽而入坤；即冬至日出辰巽而入申坤（辰巽、申坤为双向运动），辰巽申坤在南回归线。2.夏至日出艮而入乾，即夏至日出寅艮而入戌乾，寅艮戌乾在北回归线。

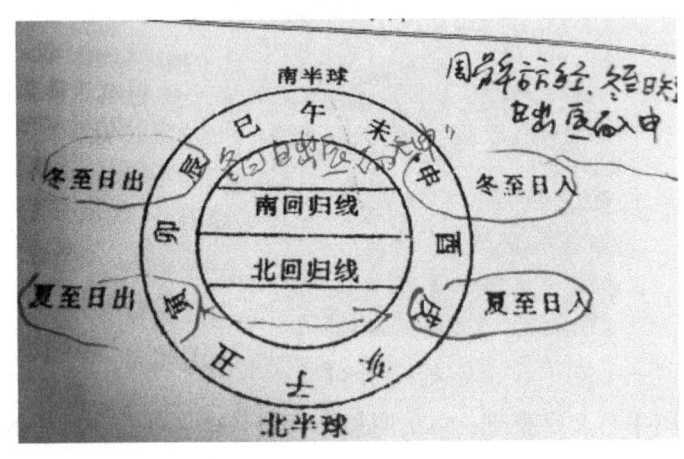

[50]

《周易与日月崇拜》释读与研究

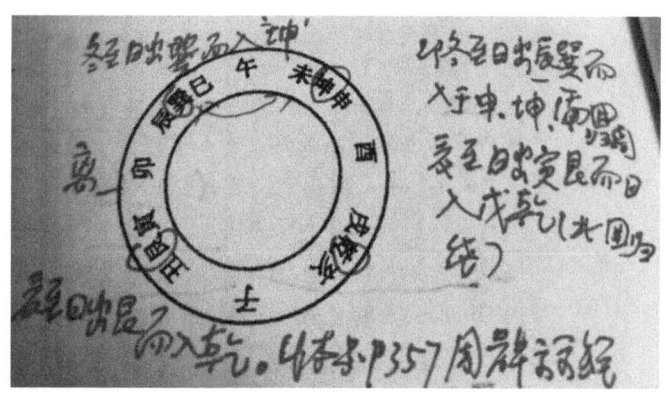

[51]

P184：原文：《太玄经·玄数》说："三八为木，为东方，为春……；四九为金，为西方，为秋……；二七为火，为南方，为夏……；一六为水，为北方，为冬……；五五为土，为中央……"

高按：这是西汉杨雄《太玄经·玄数》的河图洛书数字方位，同彝表。

P188：[52]、[53]释读：正左：东三；左上：东南四；正上：南九；右上：西南二；正右：西七；右下：西北六；正下：北一；左下：东北八。

高按：[52]、[53]两个图为彝族洛书"罡煞图式"。也就是说，[52]、[53]奇门遁甲的洛书图同彝族洛书。

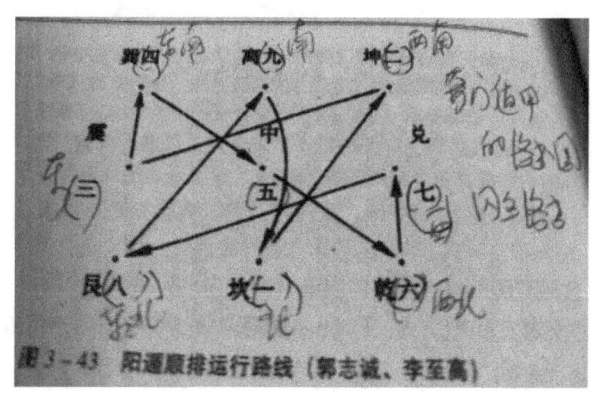

[52]

73

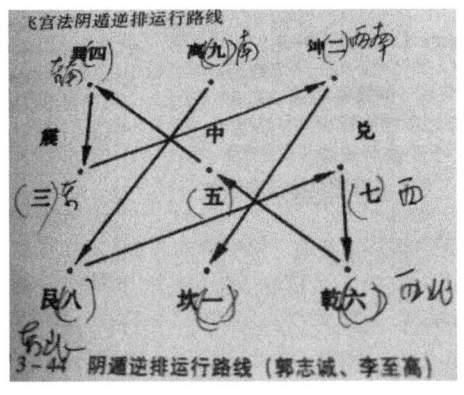

[53]

P210：高按：[54]图为洛书九宫冬至、夏至日出、日入情况，此为洛书又一形式，参看本书第211页相关内容。[54]图释读如下：巽九，离二，坤七，震四，中五，兑六，艮三，坎八，乾一。

[54]

P244－246：高按：这里是彝族九星、立早星、角明星来历。具体如下：第244页的河图"握矩起"为人专星；第245页的"令占"为立早星；河图"闾苞受"为开逼纪（弘开逼）；河图"稽命征"为角盟星；河图"绛象"为弘租杓；河图"著命"为王子国《土鲁窦吉》[55]米遮默；河图"皇参持"为弘海采；河图"纪命符"为角盟星；河图"圣洽符"为煞贡星；河图"期运授"之"运授"为益杓（弘益杓）。第246页：洛书纬："灵准听"

为立早星;"摘亡辟"为旃盟? 遮翁(米遮翁);"稽命曜"为角盟星;"三光占"为煞贡星。

P250—252：1.原文：《春秋纬·命历序》说：自开辟至获麟二百二十七万六千岁，分为十纪，每纪为二十六万七千年，凡世七万六百年。一曰九头纪，二曰五龙纪，三曰摄提纪，四曰合雒纪，五曰连通纪，六曰序命纪，七曰修蜚之纪，八曰回提纪，九曰禅通纪，十曰流讫纪。

高按：《春秋纬·命历序》里面讲述的是九头纪彝文名称来历：合雒纪即人专星，连通纪即立早星，回提纪即禾刀星；流讫纪即煞贡星。

2.原文：天地初立，有天皇氏十二头，淡泊无所施为而俗自化，木德王，岁起摄提，兄弟十二人立，各一万八千岁。高按：这种说法和彝文记载相同。

（七）

P392：原文：64卦体系内的三套径路，一套有3个环节，一套有4个环节，一套有5个环节。而这3、4、5数，正是《周髀算经》所载伏羲"用矩之道"，我们现在称其为勾股之法，即勾三股四弦五法：

$3^2 + 4^2 = 5^2$

勾 股 弦

$9 + 16 = 25$

所谓"用矩之道"，赵爽释曰："用表之宜，测望之法。"就是我们说的立竿测日影法，用以探测天道规律。

高按：伏羲勾股弦就是立杆测日影法，这是重要内容。

P39—40：原文：龙纪，指以龙为纪的历法。这可由《三坟》所载为证，谓：伏羲"命臣飞龙氏造六书，命臣潜龙氏作甲历……因龙出而纪官……命降龙氏倡率万民，命水龙氏平治水土，命火龙氏庖治器用……太昊伏羲有庖升龙氏……"曰"飞龙氏""潜龙氏""降龙氏""水龙氏""火龙氏、"升龙氏"，恰好是六龙。说明卦和六龙历的发明者，都是伏羲。六龙历一年360天。……六龙历正是伏羲命臣潜龙氏所作之"甲历"，即60甲子历。这是一种伏羲使用的古老太阳历历法。

高按：这是伏羲以龙纪历和六龙历（360天）来历。

P40：高按：这页有讲述伏羲时的冬至、过年情况，冬至日过年五日的习俗由来已久，以及伏羲、神农、黄帝都是驾六龙观天象等，为重要内容。

1.原文：《太平御览》卷七十八引《春秋命历序》说神农："有神人名石耳，苍色大眉，戴玉理。架六龙，出地辅，号皇神农，始立地形，甄度四海，东西九十万里，南北八十一万里。"

高按：这里的"石耳"即"施尔午唐"。

2.原文：《太平御览》卷七十九引《韩子》说黄帝："师旷谓晋平公曰：黄帝合鬼神于西太山之上，架象车，六交龙，毕方并辖。蚩尤居前，风伯进扫，雨师洒道，乃作为清角之乐。"

高按：这里的"清角"当为彝文的"曲谷"。

P41—42：高按：这几页讲述的重要内容如下：（1）羲和（尧）时，还是驾六龙；（2）后来"六龙历"一分为二，变化为一年十二月；（3）十二月太阳历；（4）玄鸟掌管春分、秋分；（5）少昊时已有八节之分。但有一点需要说明：应是五龙历在前，六龙历、十二月历在后。

P43：原文：《淮南子·天文训》说：不周风至则修宫建城。高按：这是重要内容。

P44：高按：这页有讲述安徽出土的玉兔背夹、腹甲象征天圆地方，是原始八卦的图形。可以参考《文物》1989年第4期陈久金等《含山出土五千年原始洛书》进行对比阅读。

P46—50：高按：这几页有讲述阿克斯人石雕太阳历图的中心圆圈内画着羽蛇托纳蒂乌太阳神头像和撒尼美女蛇有关。为重要内容。其中还有：（1）第47页有彝族的18月太阳历：每月20天，一年360日，余5日为过年日。（2）第49页：图[56]为九大一小十太阳圆。

《周易与日月崇拜》释读与研究

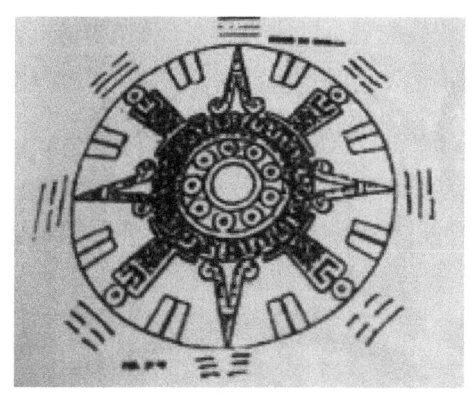

[57]

P52：高按：这里讲到《天问》的射杀封豨，封豨即大猪，为重要内容。

P53：原文：羿在水下黑夜运动杀水族六怪，代表他管理黑夜六个时辰。与羲和在白天御六龙代表管理白天六个时辰，形成了鲜明对比。帝俊派他的妻子羲和掌管太阳白天运行阳六时辰，派他的臣子羿掌管太阳黑夜运行阴六时辰。这样就完成了太阳的周日循环运动。高按：帝俊妻羲和管白天太阳运行的6个时长，其臣子羿掌管太阳在黑夜运行的6个时长，这是重要内容。

P57—58：原文：《周易参同契》的"月体纳甲图"：上南下北、左东右西和只用于天干中的八干。"女娲补天"是补上五天为过年日，才基本符合周天天气，女娲补天和十月太阳历有关。

高按：这里，《周易参同契》的"月体纳甲图"和女娲补天与十月太阳历有关的说法都是对的。

（八）

P21—22：高按：1.这两页讲述夸父逐日是测日工作，"邓林"就是二颗测日影的树，是夸父掌管的圭表。太阳运行点就是夸父逐日的起点，在北方大荒中的成都载天山。这是重要内容。2.这里有《淮南子·天文训》

77

立二树测日实为立三表测日，即中为建木，东为扶桑、西为若木，这记载和贵州六枝"夜郎福地"博物馆里面的"神树"内容相同。

P155：高按：注意帛书八卦[57]图中右下为乾，左上为坤。

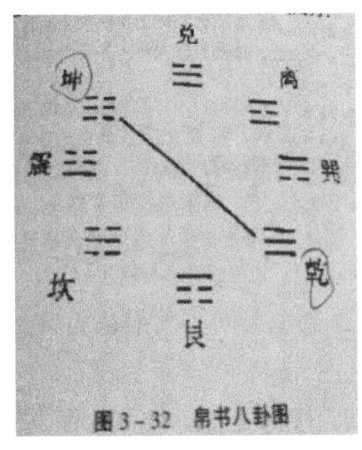

[57]

P156：原文：古人在冬至日"立八神树，八尺之表"是为了测日影。

高按：这种说法和彝文记载一样，和三星堆出土神树一样，此为特别重要内容。

P23—24：有"东皇太一"和东西南北方位运行图，为重要内容。

P25：1.高按：这页有讲述：（1）太阳神帝俊即帝喾，"使四鸟"就是四个小太阳神。（2）伏羲时已有掌管太阳循环运行的天文官员。这些都是重要内容。

2.原文：屈原《九歌》是赞颂了管理太阳运动中所形成的四季男女十神，这十神是：东方：何伯（男），东君（女）。南方：湘君（男），湘夫人（女）。中央：东皇太一（阳），云中君（阴）。西方：少司命（男），大司命（女）。北方：国殇（男），山鬼（女）。高按：这里有十太阳神名字。

P263：高按：[58]图为洛书上下左右数字和灾情的关系。

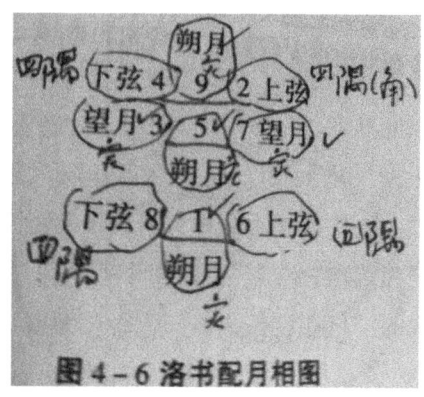

图4-6 洛书配月相图

[58]

高按：此图和彝文典籍的记载相同。[58]图释读：1.朔月、灾。2.上弦、四隅（角）。3.望月、灾。4.下弦、四隅。5.朔月、灾。6.上弦、四隅。7.望月、灾。8.下弦、四隅。9.朔月、灾。

P292：高按：这页的图6《尧典》四仲中星图就是尧时春夏秋冬四星图。

P168：1.原文：人们崇仰天道，天坛是天道"九数"的活化石，天坛圜丘呈圆形以像天，共三层。第一层的中心砌一块圆石，以象征太阳、太极，四周环绕中心石铺砌的石料呈扇面形，共九块，这是第一圈。第一层共有九圈，形成一个以"九"为奇数的序列，即9、18、27、36、45、54、63、72、81，扬雄称此为"太玄"之数。第二层为90、99、108、117、126、135、144、153、162。第三层为171、180、189、198、207、216、225、134、143。一共27圈。台面石直径长45，与洛书相合。第一层的栏板有72块，第二层栏板有108块，第三层栏板有180块，三层栏板之和为360块，正合周天360度及一年360天之数。

高按：天坛分三层，与《洛书》中数字相合，为重要内容。

2.原文：天道有九，大禹铸九鼎以象征之，并将中国大地划分成九州。《禹贡》所载九州是冀、兖、青、徐、扬、荆、豫、梁、雍。

高按：此为"九州"来历。

P150：原文：乾是夏至日入点，冬至点太阳行黄道最低位置，故曰地户；夏至点太阳行黄道最高点，故曰天门。高按：此为天门、地门方位

79

来历。

P36：原文：《系辞传》说："易有太极，是生两仪，两仪生四象，四象生八卦。""易与天地准。"由此可知，太一、太极、易、道是同一回事。何新说"最早的'太极'是太阳"。东皇太一也是太阳。江林昌也说太一就是造分四时的太阳。而伏羲是太阳神，所以伏羲就是太一、太极。闻一多释"东皇太一"即为伏羲。

高按：这里所说的"伏羲就是太一、太极"为重要内容。

P30：高按：这页说及长沙子弹库出土战国楚帛书，还说伏羲女娲不是亲兄妹，他们的四子是管理四季之神，这里的四季指春分、秋分、夏至、冬至四个标记点。这是重要内容。

P37：原文：伏羲、女娲交尾图中的"矩"和"规"就是为测量日影制定历法用的。……巫是使矩的专家，因此，巫是掌握太阳循环、知天知地的智者圣者，是沟通天地的专家。至于巫以矩测量日影而建造亚型明堂，乃是因为明堂上圆下方，是太阳循环而有天圆地方的象征。高按：上文所述和彝文典籍的记载相同，彝族称 Kralo.knade [59] 为"造天地"，为 dayseze [60]，把他们都称之为智者、圣者、造天地者。

P38：1.原文：《周礼·春官·冯相氏》说："冯相氏掌十有二岁，十有二月，十有二辰，十日，二十有八星之位，辨其叙事，以会天位。"贾公彦《疏》："十日者，谓甲乙丙丁之等也。"高按：《周礼·春官·冯相氏》已提到十日和二十八宿星；贾公彦《疏》：十日者，就是甲乙丙丁之等，这是重要内容。

2.原文：李昌韬先生在河南省郑州市大河村出土的两件复原陶器上发现，都画着十二个太阳。据此，冯时先生推测，这很可能是古代的十二月太阳历。

高按：出土文物显示十二月太阳历，这是重要内容。

P213：原文：《钦定协纪辨方书·本原·小游年变卦》说：按翻卦之法，皆以上一爻变为生气，贪狼上二爻变为天医，巨门下爻变为五鬼，廉贞下二爻变为福德，武曲上下二爻变为游魂，文曲中爻变为绝命，破军三爻变为绝体，禄存三爻俱不变，为伏位辅弼，盖取上一爻变，上二爻变或下一爻变，下二爻变者，则乾、坤、坎、离四阳卦必变为震、兑、艮、巽之四阴，而四阴卦必变为四阳，故为之法，以取坐山之用，地理家所谓阳龙坐阴山之阳向，阴龙坐阳山之阴向是也。高按：这里谈及贪狼、廉贞、禄存、武曲、文曲、破军等九星，是彝族历法中的九星变化。

（九）

P247：原文："天有五行"讲的是日月五年周期，"天有九部八纪"讲的是洛书九宫八卦历。高按：这是《河图括地象》讲到的洛书九宫。

P256—257：高按：（1）这里叙述的河图数字和方位与彝族河图一致，为特别重要内容。（2）这里讲到马王堆的《太一图》。

P284：[61]图释读：正左：东，震，八，三，麓，春分。左上：东南，巽，二，五，荞，立夏。麓↔荞。左下：东北，艮，二，五，哼，立春。正上：南，离，七，二，心宿，大火星，中女，采（且），夏至。右上：西南，坤，二，五，哺，立秋。正右：西，兑，九，四，月，哈，秋分。右下：西北，乾，二，五，哎，立冬。正下：北，坎，一，六，舍，中男，舍，冬至。且↔舍。中五"木确"。

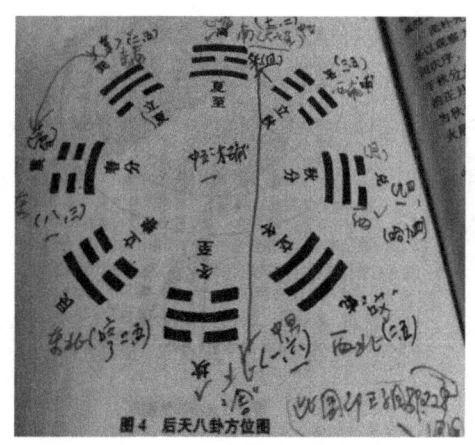

[61]

高按：[61]图是河图，火历，和彝族河图相同，详见王子国《土鲁窦吉》[62]之河图。

P258：原文：1960年在湖北荆门漳河车桥战国墓出土一件"兵避太岁"戈，在戈援和戈内正背面均有相同的饰纹。其中援部纹饰为一个大字形神物，李零先生称此神为太一神，头戴分竖双羽的冠冕，身披盔甲，显然是一位武士，武士左足踏月（在右），右足踏日（在左）。在戈内的纹饰是一侧首张翼之鸟，我们认为这是太阳鸟。雷与太阳有关，雨与月亮有关，所以在《太一图》中太一神两侧有"雷公"和"雨师"。如图[63]：

[63]

高按：1960年在湖北荆门漳河车桥战国墓出土的太一神图是足踏日月，这个[63]图和本书第25页马王堆太一图左为雷公，右为雨师图一致，在彝文典籍里也有记载。

P260：高按：这一页的九宫星野图很重要。

P170：1.原文：如谓：东方……其数八。南方……其数七。中央……其数五。西方……其数九。北方……其数六。(《素问·金真言论》)敷和之纪（木运平年）……其数八。升明之纪（火运平年）……其数七。备化之纪（土运平年）……其数五。审平之纪（金运平年）……其数九。静顺之纪（水运平年）……其数六。(《素问·五常政大论》)高按：此乃河图。

委和之纪（木运不及年）……眚于三。伏明之纪（火运不及年）……眚于九。卑监之纪（土运不及年）……其眚四维。从革之纪（金运不及年）……眚于七。涸流之纪（水运不及年）……眚于一。(《五常政大论》)

以下见于《六元正纪大论》：甲子 甲午岁：热化二，雨化五，燥化四。乙丑 乙未岁：灾七宫，湿化五，清化四，寒化六。丙寅 丙申岁：火化二，寒化六，为，风化三。丁卯 丁酉岁：灾丰宫，燥化九，风化三，热化七。

高按：此乃洛书。其中，西"七"对应胃宿从革，胃宿的彝文写作 ![字][64]，国际音标为 ![音标][65]，从革为胃宿的彝文音译记字，胃宿对应![字][66]，秋分。

P8：原文：中国古籍中多有日鸟合璧的神话，古籍如《淮南子·精神训》中说"日中有踆乌"，《论衡·说日》中说"日中有三足乌"。文物如山东肥城孝堂山有东汉时期郭巨祠画像石刻，其中便有太阳神，太阳中便有一只飞鸟；陕西北部绥德军刘家沟东汉墓入口横额石上所雕刻画中，也有一个太阳神，太阳中也有一只飞鸟。高按：这是重要内容。

P9－10：高按：这两页有如下重要内容：（1）河南舞阳贾湖遗址出土了距今九千年的碳化稻和家庭畜养狗。（2）月是水生的，为阴。

P174：[47]图释读：（1）左边：下：东北，立春，8艮，天留，46日。中：东，春分，（相），3震，仓门，46日。上：东南，立夏，4巽，阴洛，45日。（2）中间：下：北，冬至，1坎，君（天君），叶蛰，46日。中：中5，"吏"，招摇。上：南，夏至，9离，百姓，天宫，上天，46日。（3）右边：下：西北，立冬，6乾，新洛，45日。中：西，秋分，7兑，苍果，将，46日。上：西南，立秋，2坤，玄委，46日。（4）图中所画虚线箭头所指方向：1坎→8艮→3震→4巽→9离（夏至）→2坤→7兑→6乾→1坎。

高按：此[67]图为罡煞十月历节气图。（1）可以对比本书第177页相关内容：立夏为4，中央为5，立冬为6，秋分为7，立春为8，夏至为9，冬至为1，立秋为2，春分为3。（2）此[67]图可以参考王子国《土鲁窦吉》[68]罡煞图进行对比阅读。此太一游九宫图就是彝族洛书图，为特别

83

重要内容。

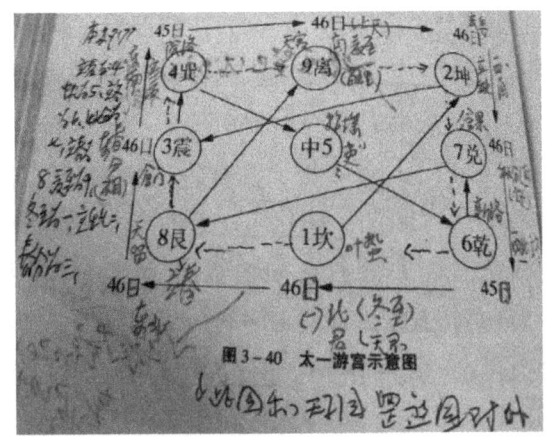

[67]

P13：原文：夏人先妣则是伟大的月亮神。

高按：夏代就是"月"，月亮的彝文读作"ho bu"[69]。

P282—283：原文：远古之人在夏至作为一年测日影之始，其过年日为3天，故定夏至为大年。古人用圆盘测日影，圆盘周长360度，太阳日行1度，圆盘就转1度。圆盘转完360度为360天，定作十月太阳的一年。但是，太阳的回归年长度为365.25天，当太阳由北回归线往南运动，圆盘旋转到180度时，太阳还没有运行到南回归线上，即没有行完回归年长度365.25天的一半——182.625天，没有到达冬至日的时刻，日影长度还不足圆盘半径（圆盘半径等于冬至日日影长度），还要等待2.625天日影才能达到冬至日的日影长度，所以古人就把这等待的2天（2.625天去小数，只取整数）作为冬至的过年日，叫小年。同样的道理，当太阳由南回归线往北运动时，圆盘旋转到180度时，也要等待夏至"日中无影"的时刻，即太阳到达北回归线上。在5.25天的过年日中，小年用去2天，余3.25天，古人也取整数3天作为夏至的大过年日。所余0.25天，4年后赶为1天，故规定4年一闰，小年过年日4年加1天为3天。由上述可知，十月太阳历取一年360天和以夏至、冬至为大小过年日的规定，是来源于古人用圆盘测日影的科学实践。这证明在历史上确实存在过用圆盘测日影的史实。

高按：这里讲述了两个重要内容：（1）测日360天的来历；（2）彝族过大小年来历。彝族过大小年，即冬至小年过两天，夏至大年过三日，和《洛书》有关。

P15：原文：长沙子弹库出土楚国帛书《四时》篇说："日月俊生。"高按：战国时期文物长沙子弹库出土楚国帛书《四时》篇的说法和《山海经·大荒南经》的记载相同。

P386—387：高按：彝族十天干名称，是太极曲线数字和节气。这里姤、大过、鼎、恒、巽、井是十月历的一月；蛊、升、讼、困、未济、解是十月历的二月；涣蒙、师、遁、咸、旅是十月历的三月；小过、渐、蹇、艮、谦、否是十月历的四月；萃、晋、豫、观、比、剥是十月历的五月。复、颐、屯、益、震、噬嗑是十月历的六月；明夷、贲、既济、家人、随、无妄是十月历的七月；丰、革、同人、临、损节是十月历的八月；中孚、归妹、癸、兑、履泰是十月历的九月；大壮、小畜（弘租勺）、大有、夬、大畜、需是十月历的十月。十月历从三月也就是从涣开始。中孚（中卯）、损节有可能就是租勺，恒巽可能就是海采，谦否可能就是开逼，晋豫可能就是遮翁。节应该是且（舍），贲应该是哺，益应该是哎，升也是舍（且舍），讼应该是升，涣为哈。另外，比、剥应该是毕铺。这些都是特别重要内容。

P16：原文：《世本·作篇》说："黄帝使羲和作占日。"张澍科稡按："《吕氏春秋》云：羲和作占日，占日者，占日之暑景长短也。"高按：这里《世本·作篇》《吕氏春秋》都说"羲和作占日"，为重要内容。

P206：高按：这页有"殷历和秦历都是年末加一个十三月"，为重要内容。

P19—20：这两页有讲述太阳运行地点和时间图，为重要内容。

P21：1.原文：叶舒宪先生说："夸父逐日的起点在北方大荒中的成都载天山，他随着太阳的运行轨迹而前去。"高按：太阳运行点也就是夸父逐日的起点，在北方大荒中的成都载天山，为重要内容。

2.原文：羲和所御六螭，即六龙，即《周易》乾卦中的六龙，代表六个时辰。这是说羲和驾车御日运行于白天的六个时辰。

高按：羲和骑六龙中的六龙代表六个时辰，这种说法是正确的。

P40：原文：《太平御览》卷七十九引《韩子》说黄帝"师旷谓晋平公曰：'黄帝合鬼神于西太山之上，架象车，六交龙，毕方并馆。蚩尤居前，风伯进扫，雨师洒道，乃作为清角之乐。'"高按：黄帝清角之乐之"清角"在彝文里作"曲谷"。

P312：高按：这页谈及朔、望月容易出事故及其原因，为重要内容。

P13：高按：这里谈及中国古代大多数帝王都是太阳神，为重要内容。

P16：高按：这页谈及如下重要内容：（1）女娲补天射十日，尧时射十日。（2）"占日"是测日影之长短。

P276：原文：《王海》曰："伏羲在位，始有甲历五运。"高按：这里谈及伏羲始有甲历五运，为重要内容。

P172：[70]图释读：此为黄帝时候九宫方位节气图。1.左边。下：东北，艮八，立春，左足；中：东，震三，春分，左胁；上：东南，巽四，立夏，左手。

2.中间。下：北，坎一，冬至，腰尻，下窍；中：中五,六腑，肝脾肾；上：南，离九，夏至，膺喉、首头。

3.右边。下：西北，六，立冬，右足；中：西，七，秋分，右胁；上：西南，二，立秋，左手。

高按：[70]图和彝族洛书内容相同：此人身图部位同洛书九宫，为特别重要内容。

《周易与日月崇拜》释读与研究

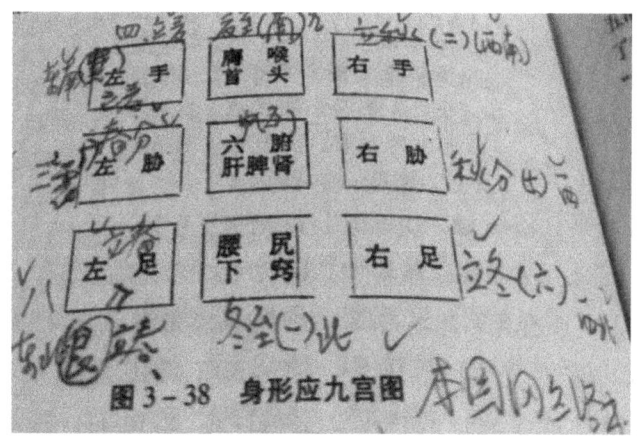

图3-38 身形应九宫图

[70]

P101：高按：这页讲述三百六十天数来历。其中恒、巽为王子国《土鲁窦吉》[71]的弘海采；比、剥即岁雄，即王子国《土鲁窦吉》[72]的弘毕铺（月公星）。

P17：高按：马王堆出土帛画描述了十日的运行情况，为重要内容。

P22：原文：古人的立表测影工作，便产生了阴阳鱼太极图，及二分二至四节气和勾股原理。

高按：这里太阳运行图成了太极图，"二分二至"、四节气及勾股原理，都为特别重要内容。

（十）

P58：高按：这页有讲述如下重要内容：（1）《周髀算经》："伏羲立周天历度。"（2）《尸子》：神农"正四时之制。"（3）《晋书·律历志》："分八节，以始农功。"（4）《竹书纪年》："炎帝神农氏……立历日。"

P214—215：原文：……其法以贪狼、巨门、禄存、文曲、廉贞、武曲、破军、左辅、右弼为序。以八卦而论，则右弼与左辅同宫。以九宫而论，则贪狼为一白，属水；巨门为二黑，属土；武曲为六白，破军为七赤，属金；左辅为八白，属土；右弼为九紫，属火。又以五星而论，则贪

87

狼为生气，属木；巨门为天医，禄存为绝体，属土；文曲为游魂，属水；廉贞为五鬼，属火；武曲为福德，破军为绝命，属金；辅弼从本宫，无专属。地理家从龙上起，以贪狼、巨门、武曲、廉贞为吉，禄存、文曲、破军、辅弼为凶。选择家从向上起，以贪狼、巨门、武曲、文曲为吉，禄存、廉贞、破军、辅弼为凶，其取义各自不同。

高按：这是九星名称和各星吉凶情况，为重要内容。

P322：[73]图释读：此圣人测洛书列卦图就是洛书先天八卦长男、中男图。正左：东，三，离火，中女；左上：东南，四，兑泽，少女；正上：南，九，乾天，父；右上：西南，二，巽风，长女；正右：西，七，坎水，中男；右下：西北，六，艮山，少男；正下：北，一，坤地，母；左下：东北，八，震雷，长男；中五。

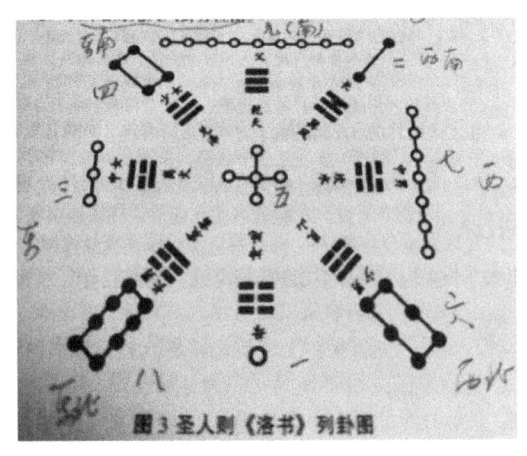

[73]

P323：高按：这页讲述如下重要内容：（1）《河图》符合天地自然之位，永恒不变。（2）古人预测阴阳灾变均用《洛书》，而不用《河图》，因为《洛书》主变。

P59：高按：这页讲述如下重要内容：（1）《史记·历书》记载有"四时""五行"和"二十四气"。（2）河姆渡文化出土的四鸟图像代表四方。（3）炎帝创"上元太初历"。"上元太初历"即"天元甲子历"，有7000多年的历史。(4)四鸟图像代表四方。四方神就是四时神,是伏羲、女娲的四个儿子,而分守四方的四鸟可能就是四子的前身。(5)四分历在伏羲神农时代已经产生,和蒋南华认为的"上元太初历"创立于神农时代相合。

P184:原文:扬雄认为,《易经》源于河图、洛书,谓:"太易之始,河序龙马,洛贡龟书。"所以他将河图数贯穿于《太玄经》之中。《太玄经·玄数》说:三八为木,为东方,为春……;四九为金,为西方,为秋……;二七为火,为南方,为夏……;一六为水,为北方,为冬……;五五为土,为中央……

高按:西汉杨雄的河图数字和方位与彝族河图相同。

P282:这页讲述建木就是最早的圭表,圭表的作用是用来测日影的,为重要内容。

P60:1.原文:蒋先生还说:关于年、月、日、时的计量问题,我国先民早在六七千年以前的炎黄时代就已使用一百四十九干支纪年、十二支纪月、十干和甲子干支纪日,以及十二地支纪时,等等。

高按:蒋南华认为干支纪年始于炎黄时代,这是重要内容。

2.原文:《通鉴外纪》载:神农纳奔水氏女曰听天,生帝临魁。帝临魁元年辛巳……帝承元年辛巳……帝明元年丁亥……帝直元年丙子……帝厘一曰克元年辛酉……帝哀元年己酉……帝榆罔元年壬辰……"

高按:这里是炎帝世系。

P61:1.原文:关于天干纪日,20世纪30年代湖南长沙子弹库出土的楚《帛书》(乙编)云:"共工囗步十日四时。"十日,就是用十天干甲乙丙丁……纪日,十天一轮回,即为一旬,每月大抵为30天,即三旬为一个月。

高按:这里的"十日"就是十天干纪日?这种说法存疑。

2.原文:《史记·封禅书》和《汉书·郊祀志》云:"黄帝得宝鼎神策,是岁己酉朔旦冬至,得天之纪,终而复始。"由此可见用天干或干支纪日,早在炎黄之世就已流行了。高按:用天干、地支纪日早在炎黄之世已经流行,这是重要内容。

3.原文：由此不难看出，甲子历在我国起源之早。然据《古坟书·太古河图代姓纪》："伏羲氏……命臣潜龙氏作甲历。"《路史·后纪一》罗苹注引《历书序》：伏羲推策作甲子。说明甲子历可上溯到伏羲氏时代。

高按：伏羲时已经用甲子历书，彝族十月太阳历已用甲子，可进行对比研究。

P62：原文：我在《周易真原——中国最古老的天学科学体系》书中说，后天八卦历有突厥历法为证，突厥历法以草返青的包括春分在内的第一个阴历月为新年开始的第一个月（震主新月），与后天八卦历的新年"帝出于震"说相合。近来又看到犹太国历也有此说。在犹太国历法中，也是将春分作为岁首，以包括春分在内的新月作为一年的第一个月的第一天。此历法源于巴比伦。"巴比伦的新年是距春分最近的新月。注意并不是春分点本身是节日，而是两种历法的结合，太阳历法的春分和太阴历法的新月结合成为一个节日，关键的日期是由月亮确定。"这再一次证明以"震"为岁首的后天八卦历是一种古老的历法。高按：这是后天八卦历法，为重要内容。

P63：1.原文：颛顼是太阳神。古代谁掌握了天文历法权，谁就能称王天下。

高按：这种说法和古彝文典籍的记载相同。

2.原文：江国樑先生认为，女娲补天的神话是讲古代的一次历法改革，是将一年360天的历法改为一年365天的历法。尹荣方先生则认为，这是一次五季十月历的改革。

高按：女娲补天和十月历改革有关。

P64：高按：这页讲述三个重要内容：（1）共工和颛顼争帝，就是要争天文历法权。（2）阳历比阴历多十日。（3）共工"规步推天"就是"丈量天地"，制定历法，是对十干十二地支的应用。

P288：原文：春分到秋分为半年时间，183天也是半年时间。雷的起止时间与龙的升天到潜渊时间一致。而此则言后天八卦方位图是万物生长周期的模型图，与《说卦传》精神相一致。高按：春分到秋分为半年183天是后天八卦历法，为重要内容。

P189：[74]图释读：（1）左边：下：东北，天任生，艮八；中：东，天冲伤，震三；上：东南，天辅社，巽四。（2）中间：下：北，天蓬休，坎一，（猪）；中：天禽中，中五；上：南，天英景，离九。（3）右边：下：西北，天心开，乾六；中：西，天柱惊，兑7；上：西南，天芮死，坤二。

高按：此奇门遁甲和九星图亦是洛书图。

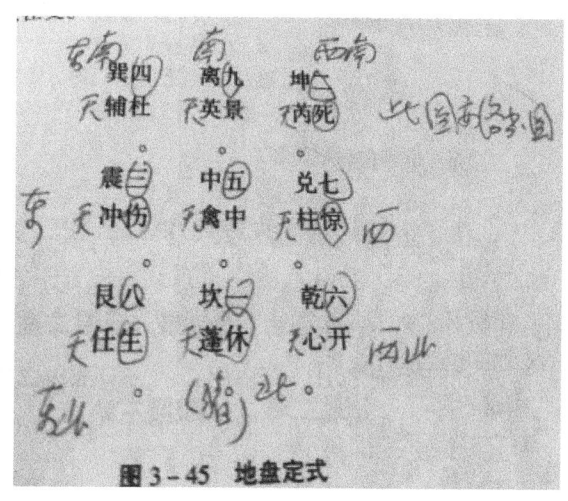

[74]

P390：原文：将一圆周期分为72份，故有孙悟空72变之说。《太平御览》卷81引《春秋运斗枢》说，舜出巡见一图"中有七十二帝地形之制、天文位数之差"，说明至迟在舜帝时已有一周期72分的观念。高按：舜时有72帝之说，这是重要内容。

P393：原文：河图是日月的封闭圆周运动模型，洛书是日月的开放圆周运动模型，太极图是日月阴阳消长及质量转变的模型，月体纳甲图是日月运动四象变化的模型，这就是易道的全部精华。高按：这是易道四点精华，为重要内容。

P300：原文：从卦象说，《系辞传》载："伏羲氏之王天下也……始作八卦。"《史记·太史公自序》："伏羲……作易八卦。"1979年考古工作者，在江苏海安青墩遗址出土的骨角和鹿角枢枝上刻有八个契数的易

91

卦，属新石器时代的文化遗物，时间与伏羲时代相当。据此而论，用圭表之事，可上推到伏羲时代，距今约 8000 年的历史。高按：出土文物上有 8000 年的伏羲八个契数易卦，这是重要内容。

P389：高按：这页有如下重要内容：(1) 十月历和72的关系。(2) 天道是三进制，地道是二进制。(3) 十月太阳历来历。

P208：高按：《太乙神数》说：神龟背之文有"八卦九宫"之象，为重要内容。

（十一）

P65：原文：《淮南子·坠形训》说：凡八纮之气，是出寒暑，以合八正，必以风雨。八纮之外，乃有八极。自东北方曰方土之山，曰苍门；东方曰东极之山，曰开明之门；东南方曰波母之山，曰阳门；南方曰南极之山，曰暑门；西南方曰变驹之山，曰白门；西方曰西极之山，曰阊阖之门；西北方曰不周之山，曰幽都之门；北方曰北极之山，曰寒门。凡八极之云，是雨天下，八门之风，是节寒暑。

高按：这是《淮南子·坠形训》中的彝语山名。上文的"波母之山"即日落山，"波母"彝文读作"▇▇[75]"；"变驹之山"之"变驹"可能为"白招拒"。

P67：1.原文：《尸子》等说：伏羲作八卦。

高按：请注意，伏羲时候的八卦已有二种：一种是河图八卦，另一种是洛书八卦。

2.原文：《古书图书集成·职方典》卷389说："上古伏羲时，龙马负图出河，其图之数，一六居下，二七居上，三八居左，四九居右，五十居中，伏羲则之，画八卦。"

高按：《古书图书集成·职方典》的伏羲八卦是河图，和彝族河图一致，也就是说伏羲八卦和彝族八卦的河图和方位数字一致。

P290：高按：这页有讲述彝族火历：(1) 大火星与明堂有关。烛龙即祝融。(2) 火历一年分二个半年。

P159：1.高按：这里有讲述冬至日的测影工作是由颛顼主持的，为重要内容。

2.原文：禹杀相柳，其血腥，不可以树五谷种。……相柳者，九首，人面，蛇身而青。

高按：这里讲述禹杀相柳的记载。另外，彝、汉都有九头鸟（神凤）的记载。

P229：高按：下面[76]图乃先天八卦、太极两仪和四象图。

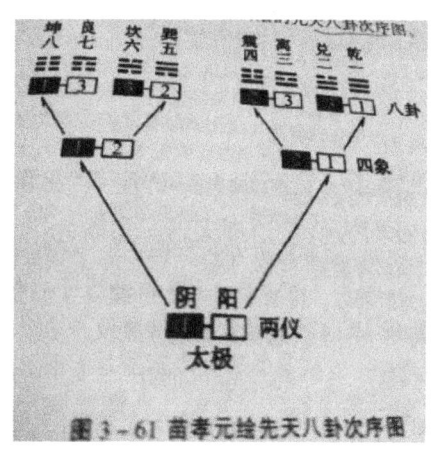

[76]

P173：[77]图释读如下：左边：下为艮八，中为震三，上为巽四；中间：下为坎一，招摇，中为中五，上为离九；右边：下为乾六，中为兑七，上为坤二。

高按：此九宫八卦即彝族洛书，为特别重要内容。(1) 巽在彝表里为辰巽巳。龙蛇的彝文读音为 set　set[78]，为"阴洛"的音译记字，其中 set[79]为巳，"蛇"的意思。(2) 这里的西，参考本书第170页的从革之纪为七，二者一致。(3) 新洛，彝表奎宿读作 　[80]，新洛为奎宿的彝文音译记字。

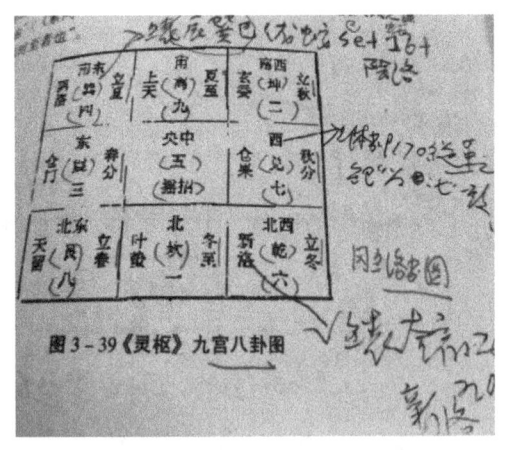

图3-39 《灵枢》九宫八卦图

[77]

P68：原文：《淮南子·览冥训》高诱注："女娲，阴帝，佐宓牺治者。"女娲为伏羲之妻而佐伏羲治理天下。何新先生考证："从古音上考察，娲所从之'呙'古韵隶于歌部，与我、娥同部，娲、娥叠韵对转，例可通用。所以女娲，实际也就是女娥，即常仪，亦即嫦娥。""而杂古书中，女娲所从'呙'字，与'和'也可通用。"所以女娲又是羲和。而嫦娥和羲和都是月亮神，因此女娲也是月亮神。月神女娲佐伏羲之道，当然也是八卦的创者了。说伏羲、女娲创八卦，其实就是日月创八卦，故曰"日月为易"。

高按：日月创八卦，即日月为易，此为特别重要内容。

P69：1.高按：这页说爻象起源于《山海经》的"山头历"，为重要内容。

2.原文：东方有六座日出之山，西方有六座日入之山，组成了十二月历，和冬至、夏至有关。高按：这种说法存疑。

3.高按：此页的"明星"即虚宿（冬至），"菊陵"即心宿。

P70：高按：[81]图展示山头历、日出、日入示意图和南北方位。具体释读如下：东方日出山：（1）大言山。（2）合虚山。（3）日明星山。（4）菊陵于天山（春分，心宿）。（5）苏门山，冬至（虚宿）。（6）壑明俊疾山。

94

西方日入山：（1）丰沮玉门山。（2）龙山。（3）吴巨天门（日月山）。（4）鏖鏊钜山。（5）常阳山。（6）大荒山。

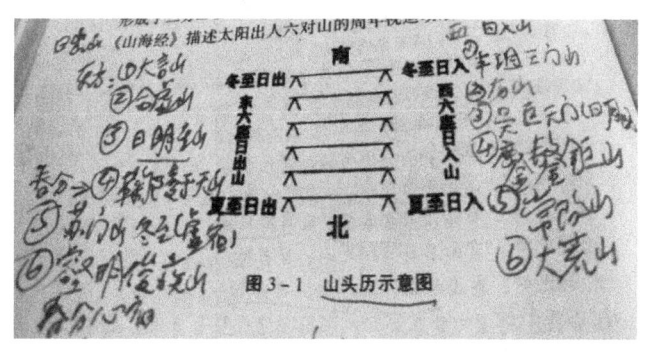

[81]

P72—73：1.原文：《管子·轻重戊篇》说："伏羲作、造六峜，以迎阴阳、作九九之数，以合天道，而天下化之。"高按：上述说法与王子国《土鲁窦吉》十月太阳历的"六气变通"，"十生五成""天地人同道""罡煞定年""甲干定月""以五行定季"的十月太阳历意见一致；伏羲的六峜即"六气"，就是六对山。

2.[83]图中手写文字整理：《周髀算经》：冬至日出辰而入申，夏至日出寅而入戌（狗）。高按：这种说法同彝。其中辰为谷雨，为冬至日出；申为处暑，为冬至日入。

3.高按：冬至日出巽而入坤，夏至日出艮而入乾。其中戌为霜降，戌为夏至日入，彝表戌也为日入（霜降）；图[83]寅为夏至日出，彝表是：寅为雨水，为日出，这里，彝、汉一致；雨水对应尾宿，尾宿的彝文读音为"▆▆▆[82]"。[58]左东右西，乃《周髀算经》的冬至日出于辰方而入于西方的申方和夏至日出于东方的寅，而入于西方的戌方图，这些内容都同彝表。

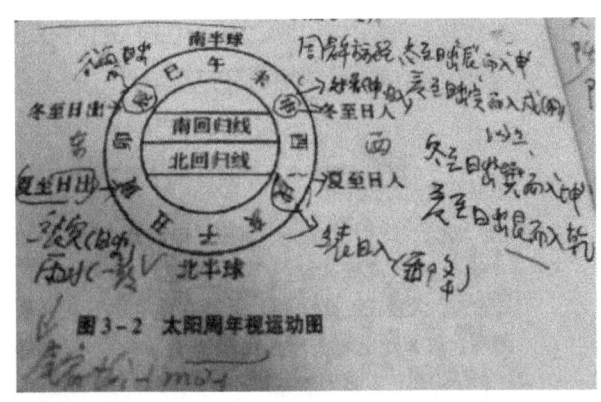

[83]

P77—78：原文：《易经》为什么要以龙为历纪？这得借助日月五星视运动天象图来说明（详见前面[37]图）。该图冬至日出点处于东方青龙七宿的第一宿角宿上，太阳右行，青龙左行，太阳右行一周回到冬至原点，则青龙也左行一周回到原点，这就是《易经》以龙为历纪之源。

高按：上述是伏羲六龙历的根据，为特别重要内容。

P180：原文：《内径》《易经》和已经出土的甲骨文都有一年360天，多5天为过年的记载。高按：此为过年来历，和彝文的记载相同。

P290：原文：火历一年为360天，分为春夏秋冬四季。每季两个月，每月45天，全年有8个月。高按：火历一年分为两个半年，彝族有此历法。

（十二）零散笔记整理

序言第1页：1.原文：伏羲画八卦的目的是制定八卦太阳历。

高按：这种说法和古彝文典籍记载一样。

2.原文：古人由太极图建立了阴阳学说，由河图建立了五方五行学说，由洛书建立了五运六气学说，由八卦建立了八卦历法。

高按：河图建立五方五行学说，洛书建立五运六气学说和彝文典籍的提法一样。

前言第4页：原文：彝、汉文献及彝族十月历都有讲述甲乙为木、丙丁为火、戊己为土、庚辛为金、壬癸为水的五行学说在《管子·幼官》《礼记·月令》《素问·金匮真言论》《素问·五常政大论》得到应用。

高按：上述五行学说和彝族的一样。

前言第5页：原文：古人认为，太阳是大自然的主宰者，而帝王是人间的主宰者，因此，古人认为人间的帝王就是太阳之子，于是伏羲、神农、黄帝、颛顼、帝喾等古代首领就都变成了太阳神。

高按：彝族也说帝王是太阳之子。

P109：高按：[84]图安徽阜阳双古堆汉墓M1出土的漆木式盘释读如下：正下：一（君），北，冬至。左下：八，东北，立春。正左：三，将，春分；左文。左上：四，东南，立夏。正上：九（百姓），南，夏至。右上：二，西南，立秋。正右：七，将，西；右武。右下：六，西北，立冬。

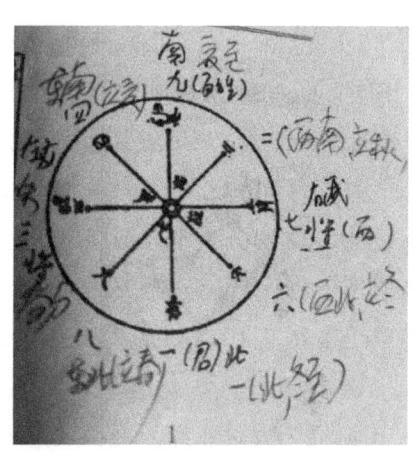

[84]

P136：原文：《太平御览》卷九引《王子年拾遗记》说："伏羲坐于方坛之上，听八风之气，乃画八卦。"高按：此乃重要内容。

P138：原文：伏羲是一个远古时代的伟大科学家，绝不是什么搞宗教迷信的大巫师。

高按：这是重要内容。

97

P140：高按：这页有谈及日食和月食情况，为重要内容。

P157：陆思贤所绘立杆测影示意图如下[85]图：

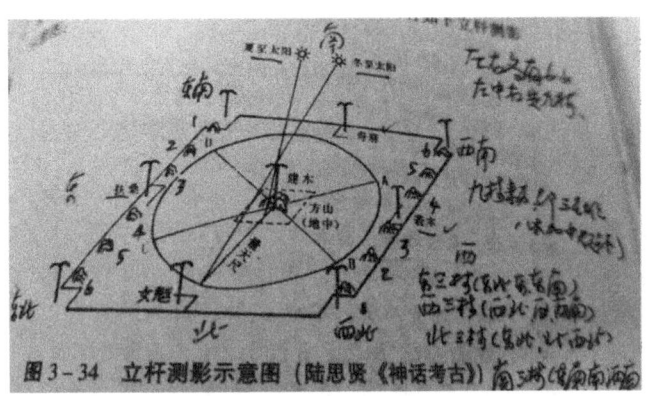

[85]

[86]图释读如下：（1）左边：下：东北，神树，6；中：东，扶桑；上：东南，神树，1。（2）中间：下：北，女魃；中：地中，建木；上：南，寿麻。（3）右：下：西北，神树；中：西，若木；上：西南，神树。

左右各有6山，即从东南至东北有6座山。从西北至西南有6座山。左中右共计九棵树，此为九树来历，即三星堆出土有八木外加中央建木来历。东三树分别坐落于东北、东、东南；西三树分别坐落于西北、西、西南；北三树分别坐落于东北，北，西北；南三树分别坐落于东南、南、西南。

P159：1.原文：《山海经·大荒北经》说：大荒之中，有山名北极天柜，海水北注焉。有神，九首人面鸟身，名曰九凤。九头神凤，俗传为九头鸟。

高按：九头鸟在彝文经典里也有记载。

2.高按：这里离为日，指鸾凤。

P164：原文：《山海经》记载帝俊在南方的活动，如《大荒南经》说：大荒之中，有不庭之山，荣水穷焉，有人三身，帝俊妻娥皇，生此三身之国，姚姓，黍食，使四鸟。

高按：上文的"不庭"为"东"的意思，可能是彝文的音译记字。三星堆也有出土"使四鸟"文物。

P166：高按：（1）伏羲作九九之数同彝文洛书。（2）古人将天道周期划分成九个区域的记载和彝文典籍的记载相同。

P167：原文：《天问》：九天之际，安放安属？圜则九重，孰营度之？

高按：这里的"九重"同彝文典籍记载。

P175：高按：这里有讲述"天道用366日，地道用360日"，为重要内容。

P177：1.原文：太一所游之日，假如冬至居叶蛰之宫，照图数所在之日，从一处至九，冬至为一，立秋为二，春分为三，立夏为太一四，中央为五，立冬为六，秋分为七，立春为八，夏至为九，复反于冬至之一，常如是轮之无已，终而复始。

高按：此乃太一游九宫之正确行进数字和方位。

2.高按：这页还有讲到"九宫八卦太阳历"，为重要内容。

P178：原文：……这跟刘尧汉发掘出的彝族十月太阳历在冬至、夏至过大年、小年是一个道理。

高按：《易经》《内经》、甲骨文里面都已发现有五六天为过年日的记载。

P180—181：这两页记载有上元甲子排列法，为重要内容。

P186：[86]《太玄经》卦气图：

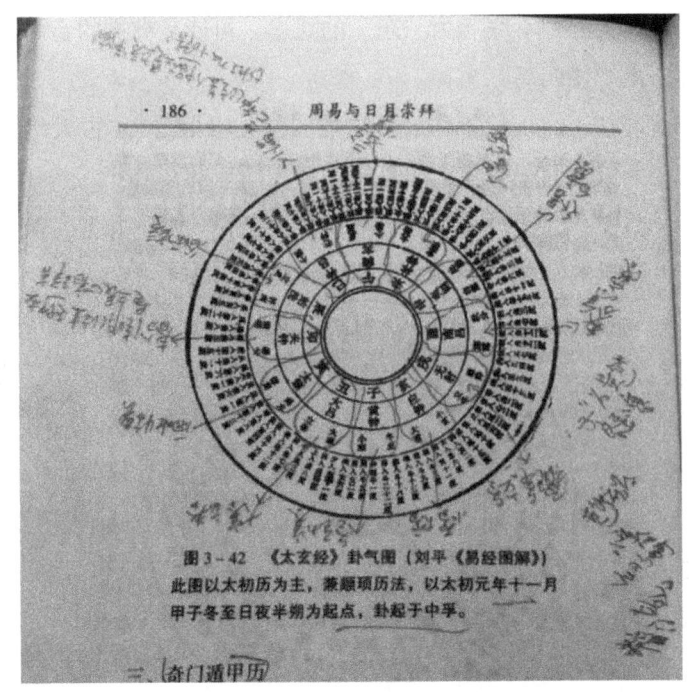

[86]

《太玄经》卦气图[86]释读：（1）子，黄钟，冬至，小寒。黄钟应为彝文小寒 Whseitcyl [87]的译音。（2）丑，大吕，大寒，立春。（3）寅，太簇，雨水，惊蛰。（4）卯，夹钟，春分，清明。注意：夹钟应为彝表"心宿"[88]的译音。（5）辰，姑洗，谷雨，立夏。（6）巳，仲吕，小满，芒种。注意：仲吕应为彝表"轸宿（ ）[89]"[90]的译音。（7）午，蕤宾，夏至，小暑。（8）未，林钟，大暑，立秋。（9）申，夷则，处暑，白露。（10）酉，南吕，秋分，寒露。（11）戌，无射，霜降，立冬。（12）亥，应钟，小雪，大雪。

P209：原文：《太乙数摘要》说：太乙者，太极也；二目者，两仪也；大小四将者，四象也；上合其数而为七者，七政也。日月五星垂象于天，知乾坤否泰，明岁时灾祥。黄帝则以成书，传于后世。盖黄帝生而神灵，气合造化，正位之始，命大挠占斗建而作甲子，命风后瞻紫垣以作是书。所以即位元年正为上元甲子之首。高按：此为上元甲子情况。

P222：原文：乾为日，坤为月，而卦是伏羲发明的，伏羲是位太阳神，女娲是位月亮神，那么乾坤夫妻日月卦就贯穿了伏羲、女娲的神话故事。

高按：伏羲乾坤夫妻日月卦应和彝族河图中联姻有关。

P248：这页有讲述黄帝时候就有河图洛书，为重要内容。

P313：高按：这页有讲述地震多见于冬至—大寒—夏至—大暑时的黑夜，为重要内容。

P329：高按：这页有讲述洛书即月书之历法（六十年之历法），为重要内容。

P330：原文：上述四算之后得出6、7、8、9，7、9为奇数阳数，称作少阳和老阳，凡得7、9皆定为阳爻，命爻用9不用7，画阳爻—的符号；6、8为偶数阴数，称作少阴和老阴，凡得6、8皆定为阴爻，命爻用6不用8，画阴爻--符号。如此，每三变而画一爻，由下往上画，积十八变而画六爻成一卦，故曰"四营而成易，十有八变而成卦"。

高按：上述乃老阴、老阳、少阴、少阳之来历。

P360：原文：《三坟》说：伏羲"命臣飞龙氏造六书，命臣潜龙氏作甲历……因龙出而纪官……命降龙氏倡率万民，命水龙氏平治水土，命火龙氏炮治器用……太昊伏羲有庖升龙氏……"曰"飞龙氏""潜龙氏""降龙氏""水龙氏""火龙氏""庖升龙氏"，恰好是六龙。说明卦和六龙历的发明者都是伏羲。

高按：这里说伏羲发明六龙历，而彝文典籍里称伏羲发明"五龙历"。

P361：高按：这页有讲述河南濮阳西水坡发掘"中华第一龙"，说明那时已经有"龙历"的存在。这是重要内容。

P362：高按：这页有讲述考古发现的"鱼尾鹿龙"约一万年前。为重要内容。

P363：高按：西周时候已有"朔望月"的文献记载。这是重要内容。

P372：高按：这页有讲述如下重要内容：（1）昆仑山的天柱即建木。天柱就是盖天之轴，乃天地运转之中心。（2）登葆山天梯。（3）《左传》说："黄帝以云纪，是为云师而云名。"

P375：高按：这页有讲述如下重要内容：河出马图就是河出数图，即黄河出天数图；洛书即天数书。河图即龙图，也即天数书。

P378：高按：这页有讲述如下重要内容：《战国策·齐策》说：八月指兑，为秋；九月为戌，戌为天门。戌为夏至点，为皇帝祭地的日子；冬至为皇帝祭天的日子。

P381：高按：这页有讲述如下重要内容：周代有对朔望月四特征点的明确记载，称作既生霸、既死霸、既望、月吉、初吉、既吉等。

P383：高按：这页有讲述伏羲八卦（或六十四卦）源于日月地运动规律。为重要内容。

P384：京房氏卦序：见下图[91]，释读如下：正下：地，坤（一）。左下：震，艮，雷（八）。正左：离，火（三）。左上：兑，巽，泽，（四）。正上：乾，天，（九）。右上：巽，兑，风，（二）。正右：坎，水，（七）。右下：震，艮，山，（六）。

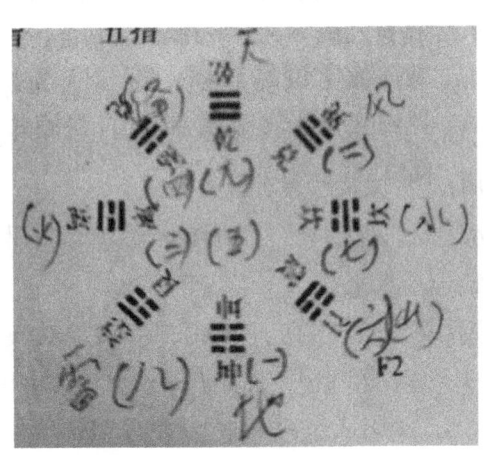

[91]

P385：原文：先天卦序从乾始而不从坤起始。

高按：这种说法和彝文典籍的记载相同。

注释：

[1]田合禄:《周易与日月崇拜》,北京:光明日报出版社,2004年。

[2][6][7][8][12][13][28][29][30][31][33][36][37][38][39][40][41][44][45][50][51][52][53][54][55][56][57][58][61][63][67][70][73][74][76][77][81][83][84] [85][86][91]图均选自田合禄《周易与日月崇拜》,图中手写文字为高加乐手迹。

[3][14][64][65][87][88][90]马学良、陈英、罗国义:《宇宙人文论》北京:中央民族学院出版社,1982年,封底。

[4][9][15][16][17][18][19][20][21][22][23][24][25][26][27][34][35][46][48][49][59][66][69][76][78][79][82][88][89]为高加乐手迹。

[75]为高加乐手迹,因为整理者不认识高老师这个笔记的彝文读音,故用原笔记代替。

[5]整理者查看马学良、陈英、罗国义《宇宙人文论》(北京:中央民族学院出版社,1982年,封底。),应为"惊蛰"的彝文读音,那么"损节"应为彝文惊蛰的音译记字。

[10][11][64]因为有字不好识别,就用原笔记替代。

[32][68]王子国:《土鲁窦吉》,贵阳:贵州民族出版社,1998年,第121页。

[42][43][71]王子国:《土鲁窦吉》,贵阳:贵州民族出版社,1998年,第114页。

[55][72]王子国:《土鲁窦吉》,贵阳:贵州民族出版社,1998年,第115页。

[62]王子国:《土鲁窦吉》,贵阳:贵州民族出版社,1998年,第228页。

[47][60][80]为整理者手迹,原笔记看不清楚。

[82]王子国:《土鲁窦吉》,贵阳:贵州民族出版社,1998年,前言。

《〈周易〉象数之美》[1] 释读与研究

P9：原文："八卦、六十四卦是我国最早的文字。……六十四卦蕴含二进制之理，是电子计算机之母。……八卦可以预测太阳系第十颗行星……"高按：如八卦、六十四卦中的"州""水"就是文字。

P12：原文：艮（☶）：读冈，山冈。又音转通岳，山岳。高按：艮为山、山岳，这种说法和彝文一样（整理者注："艮卦☶，是古字的'山'字。"[2] 艮，彝文写作 ◱，国际音标为 ◱。）

P41：高按：《国语》和《左传》已提到"乾"为天子，"坤""坎"为众。"离"为公侯。为重要内容。

P43：原文："《周易》八卦符号，除了具有图画的形象美外，还具有文字的形象美。《易经·乾凿度》曰：☰，古文天字。☷，古文地字。☲，古文火字。☵，古文水字。☴，古文风字。☳，古文雷字。☶，古文山字。☱，古文泽字。此说为历代学者所接受。梁启超、刘师培均主之。梁启超在《古文真伪及其年代》一书中认为：'八卦是古代的象形文字却很可信。'又说：'我们看坎、离二卦便知道，坎卦作☵像水，最初的篆文水字也作 ≋ 后来因写字的方便改作 ◱，却失了本意；离卦☲像火，篆文作 ◱，也有先后的源流关系。'刘师培在《经学教科书》第22课《论〈易经〉与文字之关系》中说：乾、坤、坎、离之卦形，即天、地、水、火之字形。乾为天，今'天'字草书作 ◱，像乾卦之形。坤为地，古'坤'字作 ◱，像坤卦之倒形。坎为水，篆文'水'字作 ◱，像坎卦之倒形。离为火，古'火'字作 ◱，像离卦之形。"由此类推，六十四卦，恐怕也与中国文字有不可剥离的关系。

高按：此为六十四卦文字意见，为特别重要的论述。另外，这页《易纬·乾坤凿度》阐明了八卦是天、地、山等字形的来历。

P112—113：1.原文：迄今所知，最早出现"河图"一词的文献是《尚书·顾命》。……《论语·子罕》仅次于《尚书·顾命》的有关"河图"的描述。……《礼记·记运》疏引《中候·注》：伏羲氏有天下，龙马负图出于河，遂法之，画八卦。……元代吴澄《易纂言》云：河图者，羲皇时河出龙马，背之旋马，后一六，前一七，左三八，右四九，中五十，以象旋毛星点，而谓之图。羲皇则阳奇阴偶之数，以画卦生蓍。清代《古今图书集成·职方典》谓：上古伏羲时，龙马负图出于河，其图之数，一六居下，二七居上，三八居左，四九右，五十居中。伏羲则之，以画八卦。

高按：此乃伏羲的河图数字方位。河图称为龙书，洛书称为龟书。河图、洛书的方位和数字情况有区别。

2.原文：据上古说，"河图"乃龙马负之出于黄河，故又称"龙书"，"洛书"乃神龟负之出于洛水，故又称"龟书"。高按：这里讲述"龟书"和"龙书"，"河图"称"龙书"，"洛书"称"龟书"。

P114：此[3]图即有鸟的图为"龙书"，所标记部分为高加乐手迹，里面标有数字和方位。详见下[3]图。文字部分整理：这幅图为河图，即龙书。六后、七前、八左、九右。

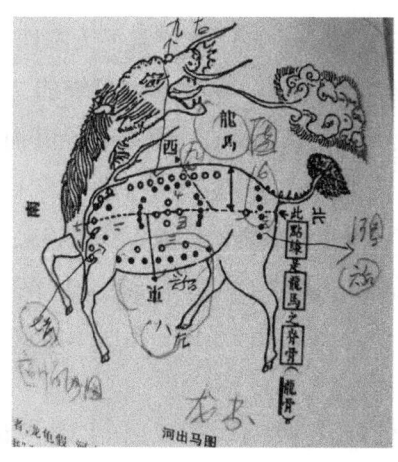

[3]

P115：此[4]图称"龟书"，里面标有数字和方位。

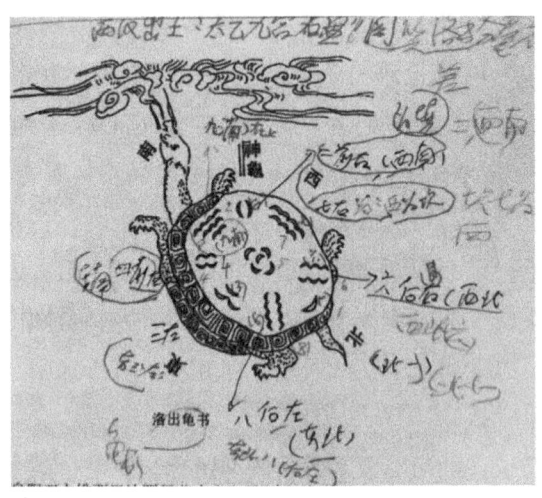

[4]

文字部分整理：西汉出土"太乙九宫占盘"与伏羲和夏代的相同，与洛书分毫不差。九（南）在上。二（西南）前右，为巽。七（西）右，为坎。六（西北），后右，为艮。北一。八（东北），后左。三（东），左。四（东南）前左。五（中）。此为龟书。

P116—117：原文：今天所见的黑白点"河图""洛书"，是源于古代的九宫数好人五行生成数。九宫数首见于《大戴礼记·明堂篇》。其中写道，明堂有"九室"，其形上圆下方，象征天圆地方，天覆地载，其数为"二九四，七五三，六一八"。这是迄今可查的"河图""洛书"数的最早源头。从《吕氏春秋》来看，这个数当初及其简单："春阳，八；明堂，七；总章，九；玄堂，六。""河图洛书"由"·""。"和"—"三种符号组成，也就是使用黑、白两种圈、点以线迹连接而成，白圈表示奇数（阳数），黑点表示偶数（阴数），观其形颇似绳结，当为远古先民们在龟甲上面结绳记事的遗迹，又或许是用结绳所示的数字排列而成的占卜图式。（如图[5]）

高按：[5]图为《吕氏春秋》《大戴礼记·明堂》记载的河图洛书数字

方位，此为特别重要内容。1.第117页上半页的河图方位数字和彝文完全一致。2.第117页下半页洛书的方位数字和彝文完全一致。注意此图与彝文数字对比：(1)左图：一，北。二（巽），西南。三，东。四，东南，同彝文。五，中央。六（艮），西北。七，西。八，东北。九，上南。(2)右图：春阳，即立春，8，为震，为临；震，彝文写作■，国际音标为■。总章，夏至，9。明堂，7，即西，坎，亦为酉。玄堂，6，即西北，立冬，为"乾"，即艮卦；和彝文一致。此图为《吕氏春秋》九宫方位数。

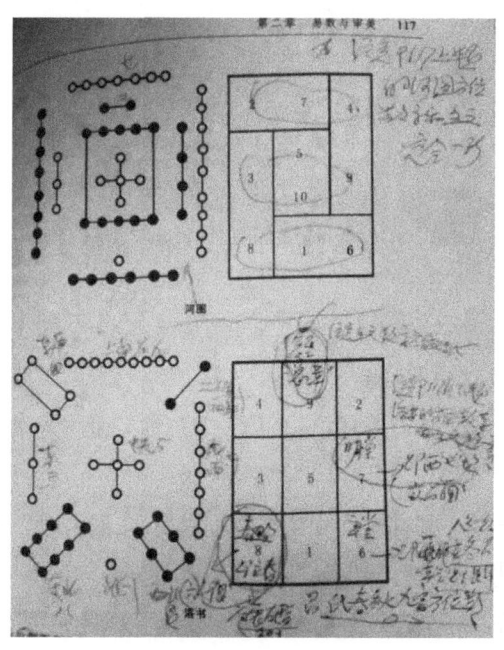

[5]

P118：高按：[6]图为洛书配八卦，其洛书方位数字和彝文完全一致，为特别重要内容。

文字整理：东三"离"，为木；"离"为■；彝文为■（高加乐手迹），"太阳"也为"■"，同彝文。东南四。南火，九（乾）。西南二，巽，风，同彝文。西，水（七，坎，为金；彝文为■（高加乐手迹）。艮，山

107

脉，西北，为六，同彝文。北，坤，为一，为水。东北，为震，为八。中央五，为土，为坤。

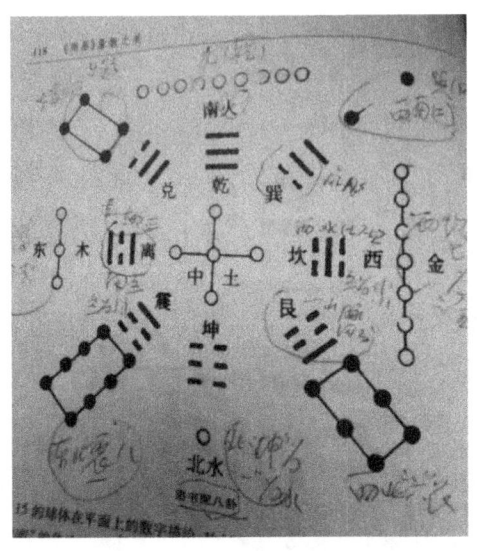

[6]

P75：高按：这页有讲述太极图"遁""师""升""临"的来历。

P113：高按：这页有讲述洛书又称"龟书"和"龙书"的来历，同彝文典籍记载。

P115：高按：这里讲述出土的西汉"太乙九宫占盘"和彝文洛书等分毫不差。为特别重要内容。

P116：高按：河图、洛书来源研究应有文字和图，此乃特别重要内容。

P119：高按：这页有讲述唐玄宗时已有九宫方位数字，同彝文记载，为祭祀太一神坛。《墨子》一书已提出河图出于殷代末年，是周室受命的象征。此为重要内容。

P120：原文：《易纬·乾坤凿度》河图的方位数字已经出现。五行的方位就是太阳系"五星"的方位，可参阅《易经》《三才图会》等古代的天文学说。

高按：这种说法同彝经中的十月太阳历，每星各72天。

P122：原文：我们知道，所谓洛书就是从6400多年前到4200多年前在洛水所发现而刻有由一至九的九个自然数于龟甲上的几何图形。……洛书被称作九宫，是从《乾凿度》开始，因为洛书是由九个小正方形集合而成一个大正方形，就好像九间宫室一样。

高按：这里讲述洛书已有6000多年历史，为重要内容。

P123：高按：这个洛书方位数字和彝文洛书完全一致。如下图[7]。

[7]

P124：高按：这页有讲述洛书"四四方阵"，有128种变化。为重要内容。

P184：高按："十"是一个大数，成数，"完美"之数。十的彝文读作 [8]。

P183：高按：这里价值"十朋"的大龟是国宝、灵龟。"十朋之龟"也正是损己之人的品德象征，因为损自己去帮助别人是"最高之美"。吉人自有天相。此乃重要内容。

P62：原文：《系辞下》云："天地絪缊，万物化醇，男女构精，万物化生。"

高按：乾坤八卦中说河图称"联姻"，可能就是"絪缊"，即男女构精，"万物化生"，这种说法彝文、汉文一致。

P66—67：高按：八卦"咸"卦就是男女性交爱情生育之说。此乃重要内容。

P74：原文：先天八卦（伏羲八卦），是离东、坎西（高按：七）、乾南（高按：九）、坤北（高按：一），震东北（高按：八）、兑东南（高按：四）、巽西南（高按：二）、艮西北（高按：六）。后天八卦（文王八卦），是震东、兑西、离南、坎北、巽东南、艮东北、坤西南、乾西北。八卦所取方位虽有不同，而东西、南北二卦之间的对称和谐原则却是一致的。高按：先天和后天八卦方位不同情况。64卦乾与坤对应、对称。"匹"与"泰"对称等。

P159：原文：中国的圣四崇拜可以体现在"黄帝四张脸"和"方相四只眼"上。黄帝形象的最大特征，据《尸子》和新出土的马王堆汉墓帛书说就是"四面"，即长着四张脸。从象征意义上看，黄帝的四张脸同羽蛇身背的十字架一样，都表明他们具有宇宙四方的真正主宰者、统治者的特殊身份。高按："黄帝四张脸"和"方相四只眼"，表明他们具有宇宙四方的真正主宰者和统治者的特殊身份。这是重要内容。

P191—192：原文：《十二纪》中，每一月都有相对应的音律，因此，音律和阴阳二气的消长也有某种对应关系。《吕氏春秋·音律篇》，提及音律和阴阳气的对应关系：

黄钟之月（十一月），"阳气且泄"。

太蔟之月（一月），"阳气始生"。

蕤宾之月（五月），"阳气在上"。

应钟之月（十月），"阴阳不通"。

发展了音律和阴阳二气相对应之观念的是《史记·律书》：

十一月，黄钟，"阳气踵黄泉而出"。

二月，夹钟，"阴阳相夹厕"。

四月，中吕，"阳气之已尽"。

五月，蕤宾，"阴气幼少"。

七月，夷则，"阴气之贼万物"。

八月，南吕，"阳气之旅入藏"。

九月，无射，"阴气盛用事，阳气无余"。

高按：上面的叙述为重要内容。

P193：高按：彝表白露称"师蒙"来历：《〈周易〉八卦图解》[9]，彝表白露对应毕宿，译"师蒙"，"涣"为酉字译音（参看《宇宙人文论·宇宙生化总图》[10]）。

注释：

[1][3][4][5][6][7]陈碧：《〈周易〉象数之美》，北京：人民出版社，2009年。

[2]杨复竣：《中华始祖太昊伏羲上》，上海：上海大学出版社，2008年，第300页。

[8]此文档里面的彝文全部为高加乐手迹。

[9]施维：《〈周易〉八卦图解》，成都：巴蜀书社，2003年，第697页。

[10]马学良、罗国义：《宇宙人文论》，北京：民族出版社，1984年，封底。

《易经图典》[1] 释读与研究

（一）

高按：这本书的重点在于十月历情况。

P51：高按：这页有乾坤生六子图。其中巽为长女，离为中女，兑为少女；震为长男，坎为中男，艮为少男。

P75：原文[2]：乾卦九五。乾卦九五的占辞是"飞龙在天，利见大人"。龙得到天时地利，飞腾在天，拥有无限的空间和无穷的潜力。就人事而言，则是刚健中正的伟大人物，已据有政权。到了大展宏图的极盛时期。"利见大人"的占辞虽与"九二"相同，但"二"与"五"的地位已变，其作用也由内而外了。"九"是阳的最高数，"五"是阳的最中位，象征至高中正的君主，恩惠万民。

高按：这里讲述乾"龙"。

P13：《伏羲河图》

图[3]中手写文字整理如下：

图左边：为正东，白点为3，黑点为8，为春分。

图上方：为正南，白点为7；黑点为2，为夏至。

图下方：为正北，白点为1，黑点为6，为冬至。

图右边：为正西，白点为9，黑点为4，为秋分。

图中间：白点、黑点均为5。

《易经图典》释读与研究

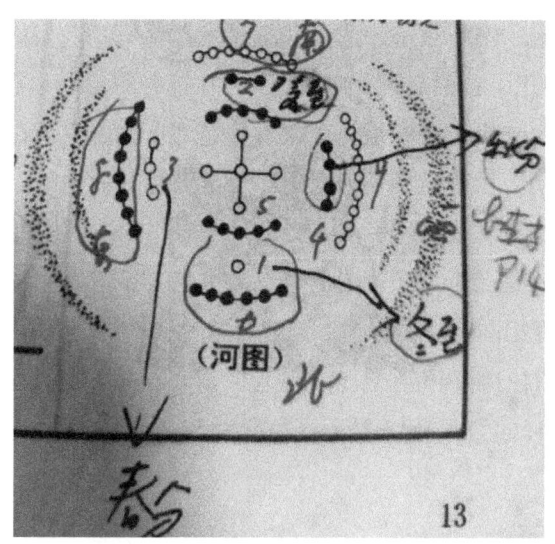

[3]

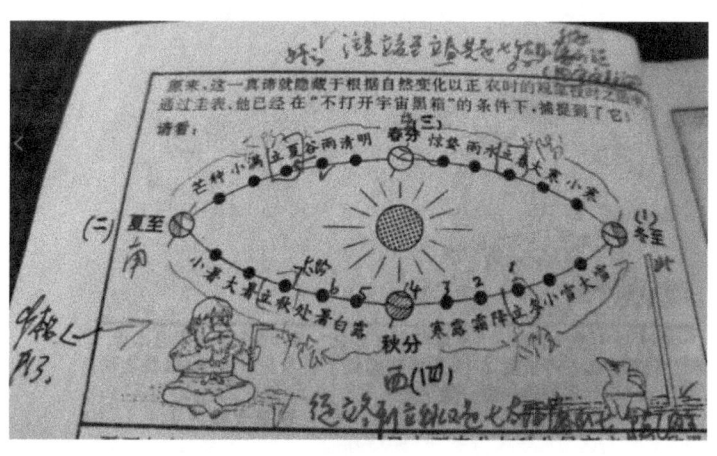

[4]

P14－19：高按：这里讲述河图十二月经过七个太阳日出、日落点的情况。春分点为"三"，秋分点为"四"（九、四金的"四"），冬至为"一"（一、六的"一"），夏至点"二"即代表南方的天七地二火的"地二"。具体如下：

1.P14：高按：注意比较P13河图[3]。图[4]为七横六间，七日东升西

113

落节气图。正左：（二），南，夏至。正右：（一），北，冬至。正上：东，（三），春分。正下：西，（四），秋分。

　　特写：注意立夏至立春是七个太阳升起之点；夏至至春分为太阳，夏至到秋分为少阴，秋分至冬至为太阴，冬至到春分为少阳，春分到夏至为少阳，这些都与彝文典籍《宇宙人文论》[5]之"宇宙生化总图"内容相同。从立冬到立秋又是七个太阳落山七个点，也与《宇宙人文论》之"宇宙生化总图"[6]内容相同。

　　2.高按：图[7]续P13河图[3]。正左：东，春分，白点为3；正右：西，秋分，黑点为4；正上：南，夏至，黑点为2；正下：北，冬至，白点为1。

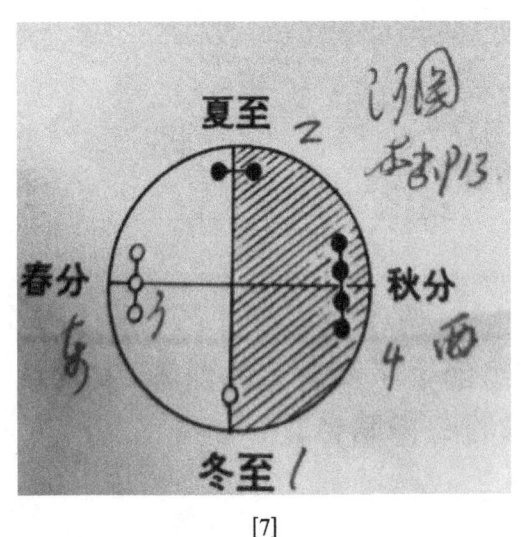

[7]

　　P18：讲述长夏（季夏）来历和十月历。见图[8]

《易经图典》释读与研究

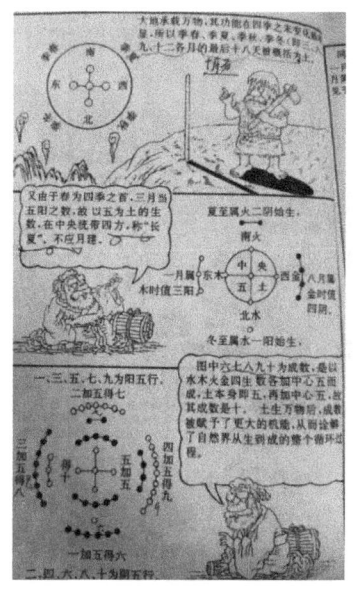

[8]

图[8]重要内容整理如下：大地承载万物，其功能在四季之末变化最明显，所以季春、季夏、季秋、季冬（即三、六、九、十二）各月的最后十八天被概括为土。

又由于春为四季之首，三月当五阳之数，故以五为土的生数，在中央统领四方，称"长夏"。不应月建。

图[8]中，六七八九十为成数，是以水木火金四生数各加中心五而成，土本身即五，再加中心五，故其成数是十。土生万物后，成数被赋予了更大的机能，从而诠解了自然界从生到成的整个循环过程。

P19：高按：图[9]河图（总数55）及五行各管月数，对比第20页相关内容。具体如下：

河图三、八月是东，其中三是春分。四、九二个太阳在西方，其中四是秋分。二、七月是南方，其中二是夏至。十一、六是北方，其中一是冬至。中央是土，五、十月。

河图是金木水火土五星出没的关系，注意对照彝文典籍里面的"天生经"内容进行对比研究。

115

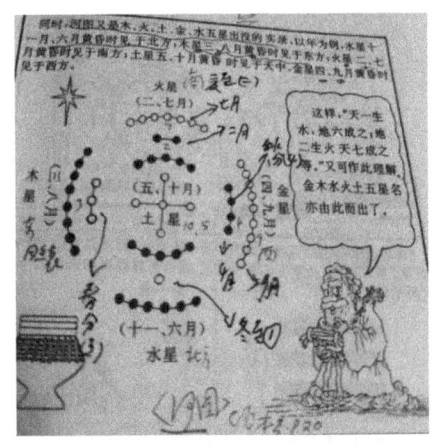

[9]

原文：河图又是木、火、土、金、水五星出没的实录，以年为例，水星十一月、六月黄昏时见于北方，木星三、八月黄昏时见于东方，火星二、七月黄昏时见于南方，土星五、十月黄昏时见于天中，金星四、九月黄昏时见于西方。这样"天一生水，地六成之；地二生火，天七成之等"。又可作此理解。金木水火土五星名亦由此而出了。

高按：此河图内容与《宇宙人文论》之"宇宙生化总图"内容相同：

正左：为木星，东方，白点为3，为春分；黑点为8，主管三、八月。

正右：为金星，西方，黑点4，为4月，为秋分；白点为9，为9月，主管四、九月。

正上：为火星，南方，黑点2，为2月，为夏至；白点7，为7月，主管二、七月。

正下：为水星，北方，白点为1，为冬至；黑点为6，为6月；主管十一、六月。

中间：为土星，为10，5，主管五、十月。

2.图[10]原文：河图之数相加，就产生了"天数"55的宇宙模式图，使其具备了一定的时间、空间、方位和物质。天数即自然数。更多内容见图[10]。

《易经图典》释读与研究

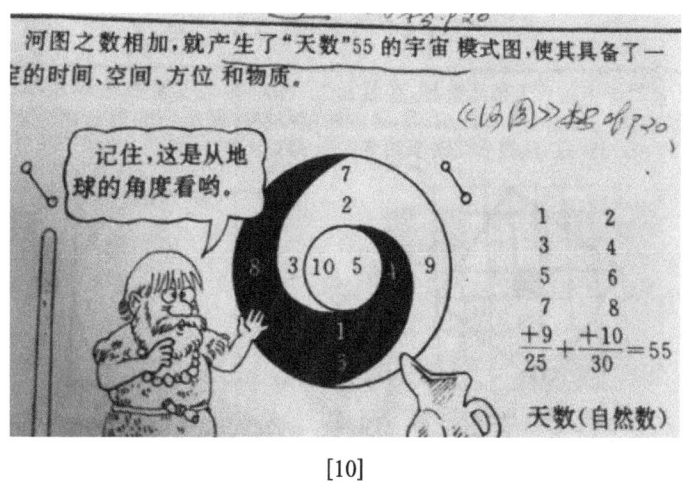

[10]

（二）

P20：高按：图[11]为河图与28宿之关系。

[11]

P21：高按：图[12]是老阳、少阳、老阴、少阴情况和伏羲先天八卦的关系。

117

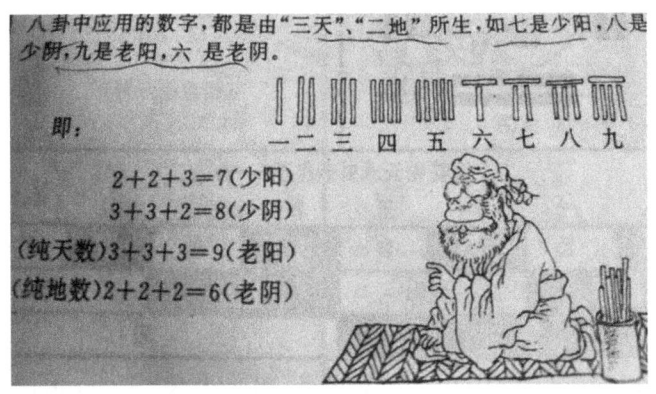

[12]

P22：高按：这里讲述太极图和伏羲先天八卦的关系和伏羲河图。

1.[13]为两仪生四象图：正左：阳，白点分别为1、3、7、9；正右：阴，黑点分别为2、4、6、8。

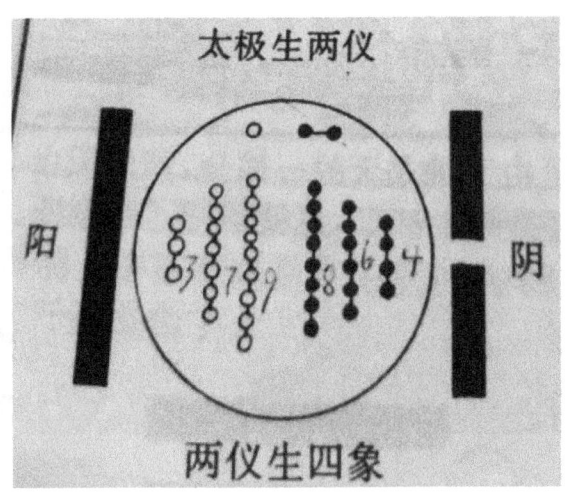

[13]

2.[14]图：正左：少阴，黑点8，白点3；正右：太阳，黑点4，白点9；正上：少阳，黑点2，白点7；正下：太阴，黑点6，白点1；中央：白点、黑点都是5。此为河图。

118

《易经图典》释读与研究

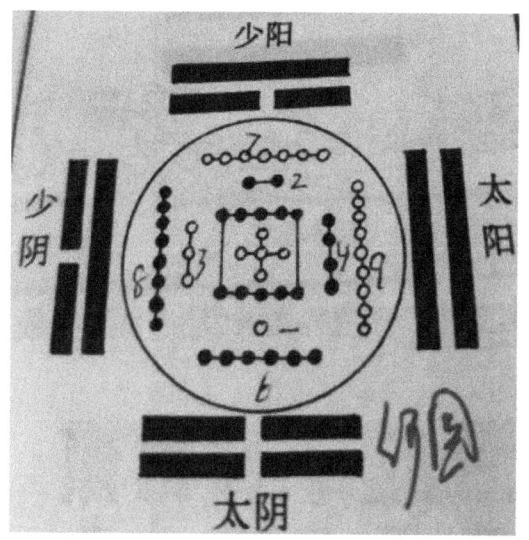

[14]

P26：高按：图[15]为十月太阳历。

[15]

P27－28：高按：先天八卦是由河图派生的。洛书分布点和数字。

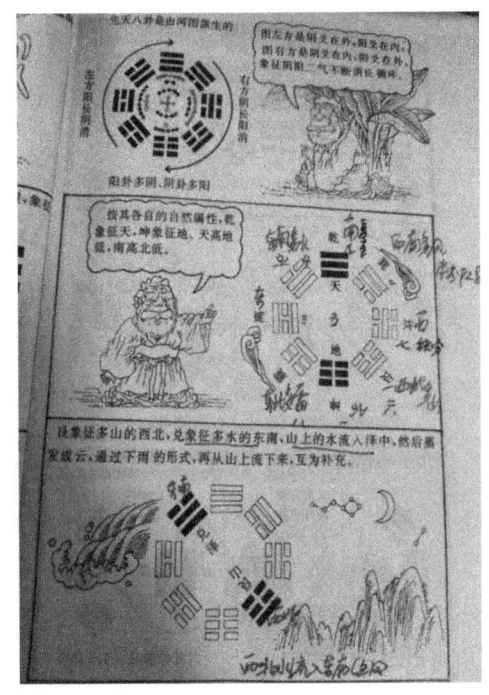

[16]

图[16]中手写文字整理如下：1.图中间部分：正左：东，离，三；左上：东南，兑，多水，四；正上：南，乾，九，天，夏至；右上：西南，巽，多风，二；正右：西，坎，秋分，七；右下：西北，艮，多山，六；正下：北，坤，地，一；左下：东北，震，多雷，八；中央，五。2.图下半部分：东南，兑，泽；西北，艮，山。

高按：西北水流入东南，这和古彝文典籍所记载的内容相同。

P28：高按：这里讲述震为东北，多雷；巽为西南，多风。

P29：高按：图[17]是八卦图。图中手写文字整理：乾南、离东、兑东南、震东北、坤北、坎西、艮西北、巽西南。

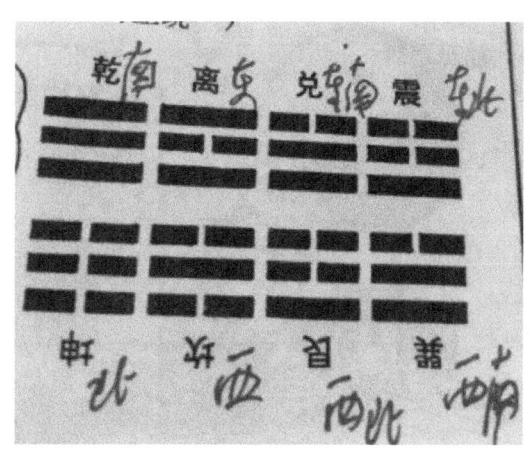

[17]

P30：原文：即先天八卦阳四卦左旋顺行，而河图数字却右旋逆行。高按：彩陶图案和河图以北为出发点，向左东上升转动有关。这是原始河图在文物中的情况。与先天八卦和河图方向有不同。

1.图[18]手写文字整理：左东，右西。

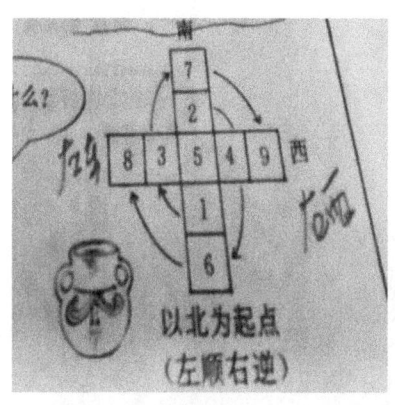

[18]

河图[19]原文：河图是从地球的角度记录天体的表象，但伏羲通过"生气上旋，羊角二升"，感悟了日月实际右旋的客观运动。

121

[19]

P31：图[20]原文：图中的24等份表示一年中的24个节气，每份又表示15天中的日影盈缩状况，再将圆圈用6个同圆等分半径成6份，每等分代表4个影长单位，表示1个月的日影盈缩状况。再将24个日影长度用曲线相连，阴影部分填黑即成此图，也即原始太极图。高按：这是太极图即原始天文图。

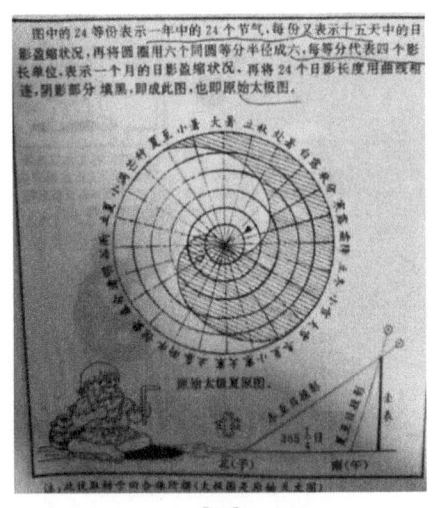

[20]

P33：原文：1.伏羲八卦所以又称先天八卦，是由于它是从宇宙，也就是从客观的角度来描述地球的。2.而这以后的后天八卦则是从地球的角度去描述宇宙的。高按：这是伏羲八卦即先天八卦。

图[21]手写部分文字整理如下：正左：东，春分；正上：南，夏至；正右：西，秋分；正下：北，冬至。

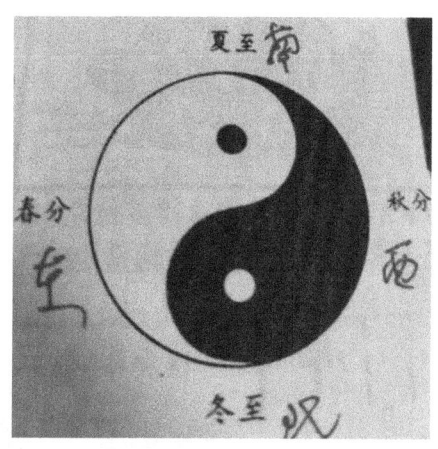

[21]

P34：高按：图[22]为先天八卦图。

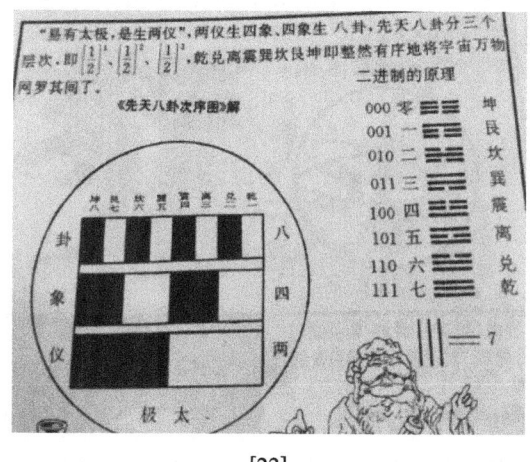

[22]

P36：原文：1.伏羲六十四卦方位图：64卦圆图象天，南乾北坤，顺

123

时针不停运动；方图法地，乾西北，坤东南。一圆一方，一动一静，阴阳组合成天地万物。2.圆图左方为阳32卦，右方为阴32卦，阴阳对待，天高地低，均与先天八卦一致，为64错卦。3.方图说明乾阳始生，所以阳在下，阴在上。下四行32卦由阳卦所生，故为阳；上四行为阴卦所生，故为阴。阴在上，阳在下，是取天地相交通泰之意。同时又描述了"天不足西北，地不足东南"的地理环境。高按：这是伏羲六十四卦方位图。见图[23]：

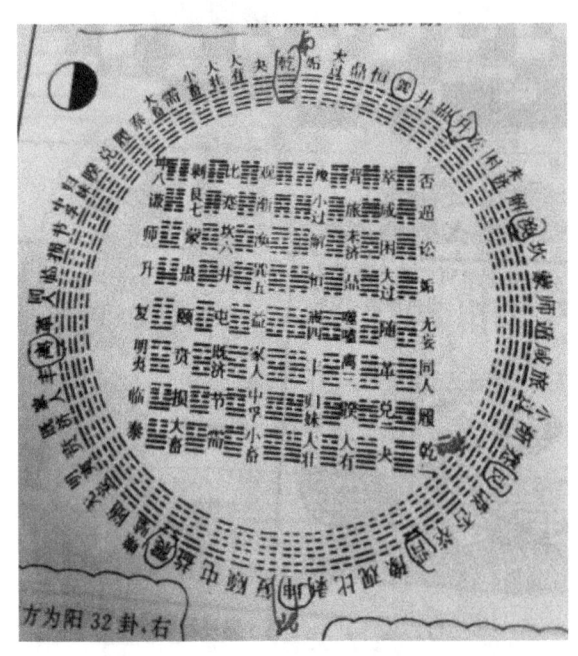

[23]

P39：1.原文：这就是"洛书"，也即"洪范"，它戴九履一，左三右七，二、四为肩，六八为足，五居中央。高按：这是洛书和河图情况。[24]图手写文字整理如下：左：为东，白点为三、黑点为八，为木；右：为西，黑点为肩二，白点为七，为火；上：为南，黑点为肩四，白点为九，为头（戴九），为金；下：为北，白点为1（履一），黑点为6，为水；五居中央。此为洛书情况。

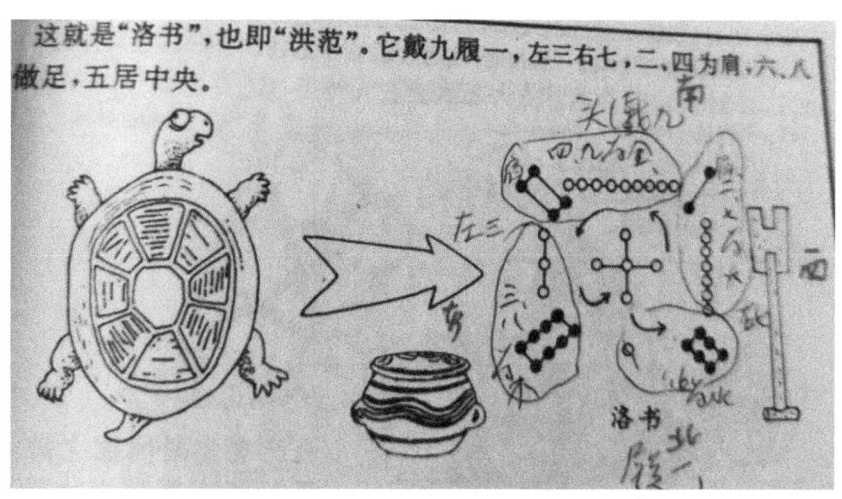

[24]

2.原文：洛书奇偶数相合的道理是：一与六相含为水，二与七相含为火，三与八相含为木，四与九相含为金。因而从数字上看，六数在一数旁，二数在七数旁，八数在三数旁，四数在九数旁，五数在中央而不显十数。

[25]图手写文字整理：四九金，三八木，一六水。二七火。二为地，七为天。此乃洛书情况。

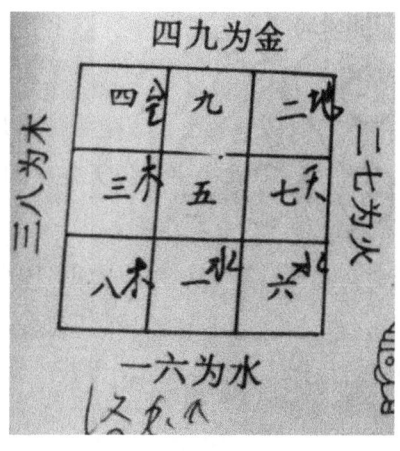

[25]

125

3.原文：这正含河图一得中五而成六、二得中五而成七、三得中五而成八、四得中五而成九的五行生成原理。

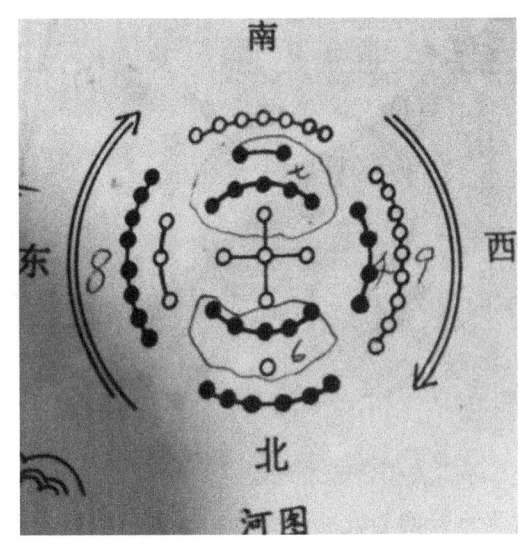

[26]

高按：[26]此为河图。图中手写文字整理：正右：东，黑点为8，白点为3；正上：南，黑点为2，白点为7；正右：西，黑点为四，白点为9；正下：北，黑点为6，白点为1；中央黑点、白点都为5。

P40：高按：这里讲述河图是五行相生，洛书是五行相克情况，为重要内容。

1.图[27]原文：河图之数从一至十，以生为体，是全数。洛书之数从一至九，以克为用，不含十，但除中央五象天外，四方四隅对待均成十。左旋相生，右旋相克。

手写文字整理如下：正左：为木，黑点为8，白点为3；正右：为金，黑点为4，白点为9；正上：为火，黑点为2，白点为7；正下：为水，黑点为6，白点为1；中央：为土，黑点、白点为五，为十。

《易经图典》释读与研究

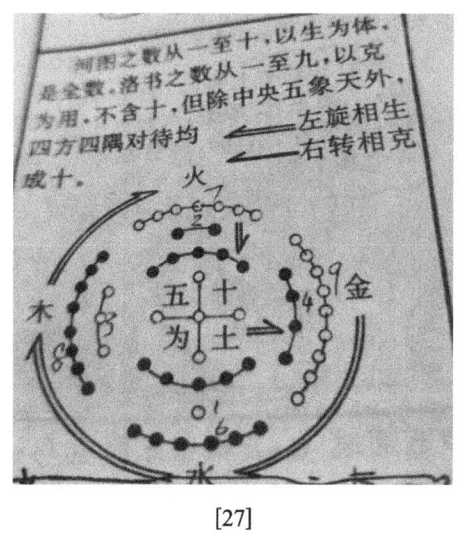

[27]

2.图[28]：正左方：东，白点为三；左下方：东北，黑点为8；三、八为木。左上方：东南，黑点为4；正上方：南，白点为九；四、九为金。右上方西南；右上方：西南，黑点为2；正右方：为西，白点为7；二、七为火。正下方：为北，白点为1；右下方：为西北，黑点为6；一、六为水。中央：为5，为土。高按：此为洛书图，与王子国《土鲁窦吉》[29]中的"洛书"内容相同。

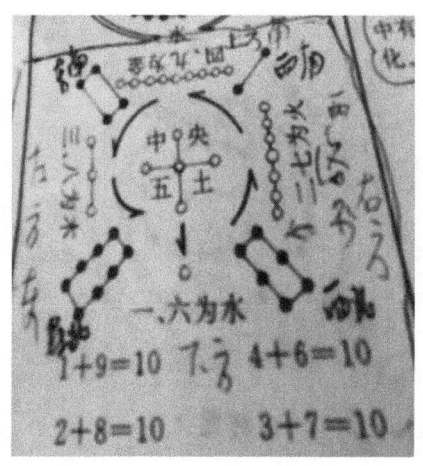

[28]

127

3.高按：[30]为洛书旋转方向图。洛书数字为120。

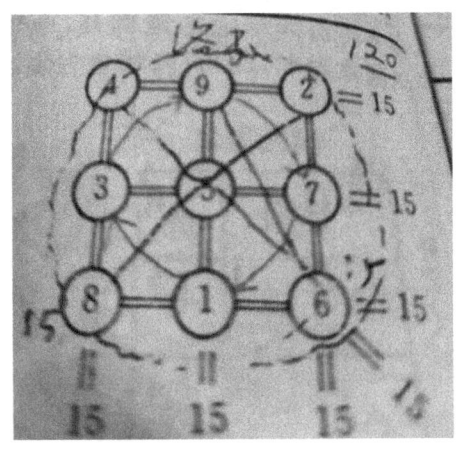

[30]

P41：[31]手写文字整理：正左：一三得三，东，阳数，白点为三。正右：三九二十七舍二十得七，西七，阳数，白点为七。正上：三三得九，南九，阳数，白点为九。正下：三七二十一，北一，阳数，白点为一。西"秋"，申酉为坎（七），猴鸡（72天）；西北为"艮"，为戌（狗），是地户，为鸡猪（18天）；北是"子"，为"夜"72天。

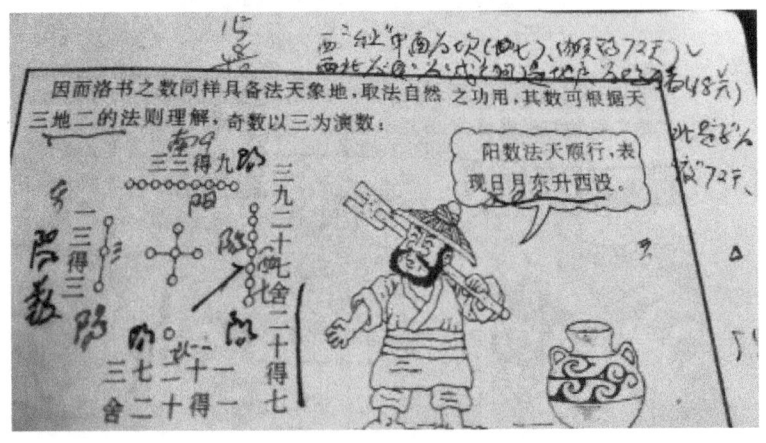

[31]

128

[32]手写文字整理：东北为足（震）为8，是子寅（鼠虎）18天；东为春，为三为离（早上），是寅卯（虎兔）72天；西南巽二，马猴未申18天。

[32]释读：左下：二四得八，为东北，阴，黑点为8；左上：二二得四，为东南，阴，黑点为4；右上：二六一十二，舍十得二，为西南，阴，黑点为2；河道向东行；右下：二八一十六，舍十得六，为西北，阴，黑点为6；中央5，白点5。

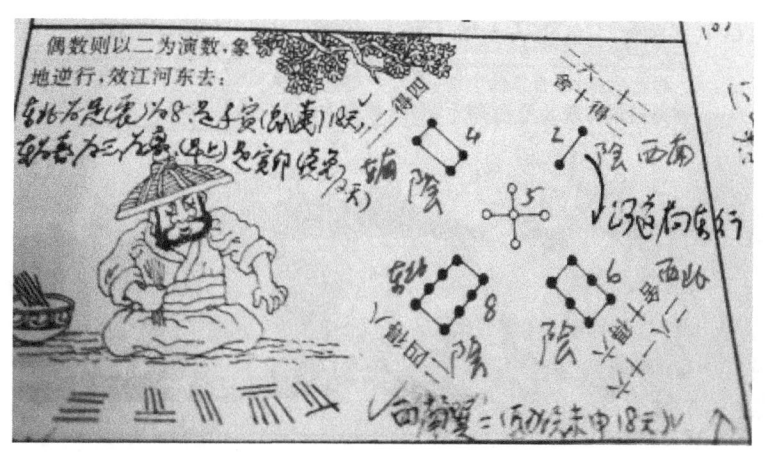

[32]

[32]手写文字整理如下：这是洛书。天三地八木。

正左：东（木）离，为3，天三；东（春），为三为离（寅卯）虎兔72天。

左上：东南（肩），东南（肩），为金，为兑，为4，为天门；东南龙蛇，中央土18天；（辰巳）。

正上：南，9，天九地四金；；为乾，天九（蛇马），乾。

右上：西南（马猴）18天，为2，肩巽，即西南巽等于马猴未申18天。

正右：西，坎，为7，天七地二火；西七为坎，猴鸡72天。

右下：西北，为6，地户，地六（水艮）。

正下：北，为坤，为1，天一（水）；天一地六水。

129

左下：东北，为足，为8，为鼠虎，为震，18天。

中央：为5。

此图旋转方向详见图中所画箭头。

夏：蛇马（巳午），是乾（九）72天。辰（龙）东南（四）为天门，18天，戌（西北，狗六）为艮，为地户（六）。东（丑）为震（鼠虎18天）。此表九、一、三、七即乾为南，为九是金。一是坤，是北，是水。三是东，是木，是离。七为西，是火，是坎。这些和东南、东北、西南、西北的排列与王子国《土鲁窦吉》第67、68页内容相同。[33]图为"阴阳气旋图"，与王子国《土鲁窦吉》第121页的"罡煞十月历图"有关。

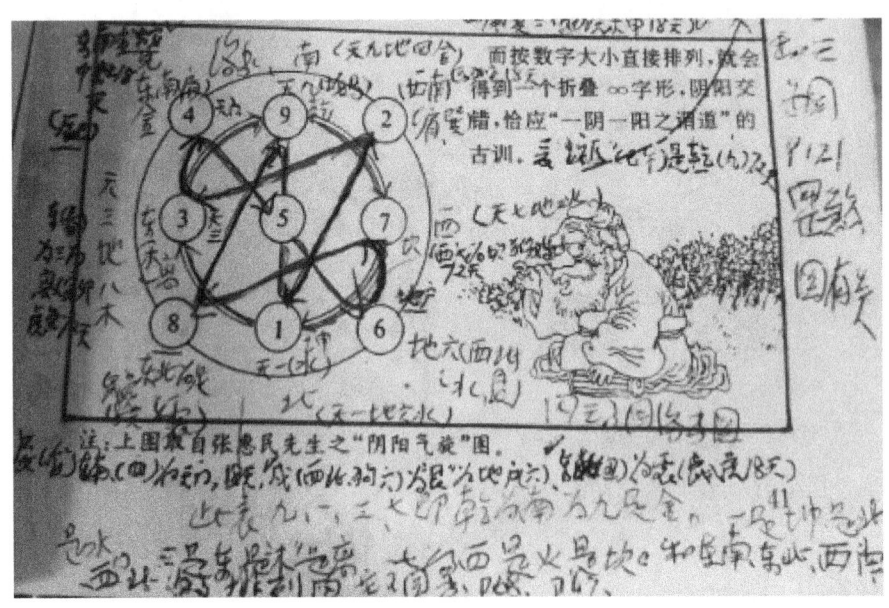

[33]

附：王子国《土鲁窦吉》第121页罡煞图：

《易经图典》释读与研究

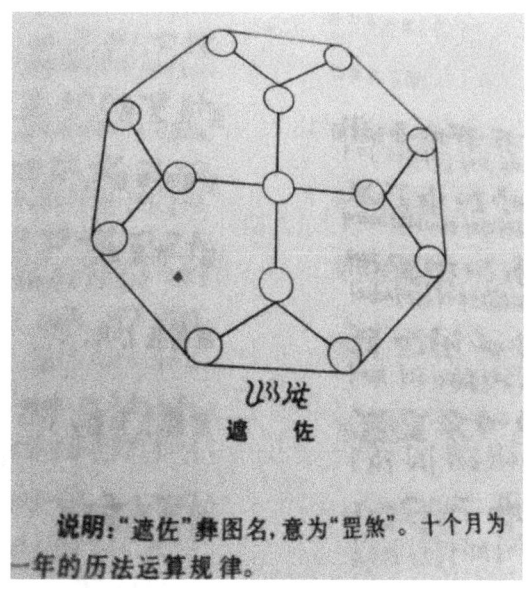

说明："遮佐"彝图名,意为"罡煞"。十个月为一年的历法运算规律。

[34]

P42：1.原文：与此同理，洛书又是一年、及一日无光地热的记录，以一日而论，图中的奇偶诸数又可做如下解释：奇数为天光，偶数为地反馈的热气。

高按：这里讲述奇数天光和"其数为二"即西南为巽偶数、地热、反馈数。

2.原文：东方日初升，这时天有三分光，故其数三，地承日光在西南，反馈二分热，故其数二。上午10－11时，日临中五，天有五分光，故其数五，地承日光在东南方位，反馈四分热，故其数为四。

高按：这里讲述10－11时为辰巳（辰巽巳），即东南为"兑"为四来历。图[35]手写文字整理：

正左：东（春），虎兔，离，白点为三。

左上：东南，兑，龙蛇18天；四分光；黑点四。

正上：上南九：蛇马，白点九。

右上：西南巽，巳马，地二，黑点二，马猴18天，二分。

正右：西七，白点七，西七为坎，为猴鸡72天。

131

右下：西北，鸡猪18天，黑点六。

正下：北一，白点一。

左下：东北，黑点八，鼠虎18天。

中央：五，白点五。

高按：此为洛书。洛书太阳东方初升为三（三分光），对应西南则为二分热；中午时，天有五分光即中央土为五，对应东南方则为四分热。

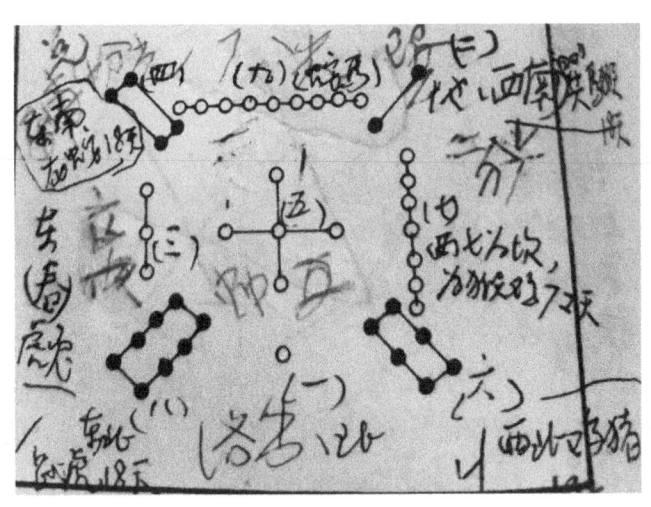

[35]

P43：图[36]1.原文：中午时日在正南，地在东北，天有九分光，故其数九，地有八分热，故其数八……高按：东北为"震八"来历。手写文字整理：

正左：东方，天，三分光，虎兔，白点三。

左上：东南，蛇兔，18天；中央土"龙"，东南是兔蛇18天。

正上：南九，天，乾，日正南，白点九，九分光，蛇马，中午，上南九，夏季丙丁火（蛇马）二个月72天。

右上：西南，马猴，黑点二。天数25，地数20，合为45。

正右：天西，白点七，天七（西），猴鸡72天。

右下：西北，鸡猪，黑点六，艮。

132

正下：南，天，白点一。

左下：东北，黑点八，鼠虎，震，地在东北。鼠虎，中央土，"东北"牛地鼠虎18天。

东北为震八来历。天三、天七合成十（少阳），地四、地六合为十，为老阴，西北为艮为六来历。西是七，是秋，猴鸡72天。

中央：天，五，白点五。

地六为西北。中央土狗地西北（鸡猪）18天，"东北"牛地18天。地在东北18。地六为西北（鸡猪）18天。地二和地八合为十（少阴）。高按：此为洛书数字来历。

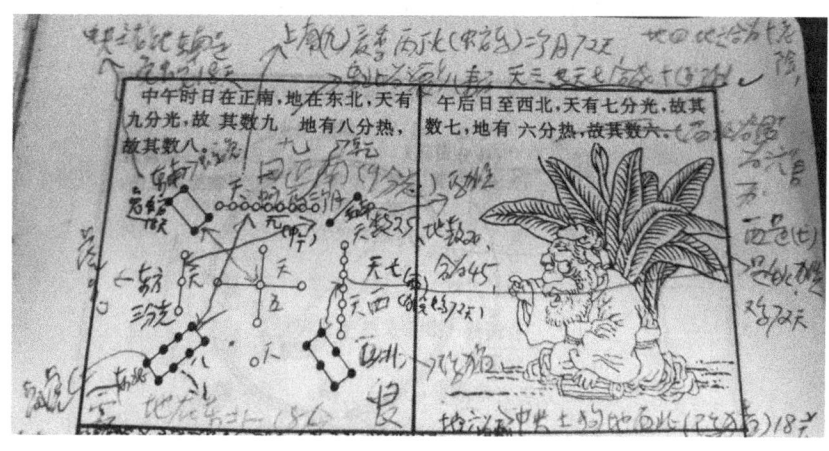

[36]

2.原文：入夜后，太阳转入地下正北方，此时天只有一分光，故其数一，地转中宫，其时全无热气，所以中宫只有天数五，而无地十之数。

3.原文：天至辰而临中五（开天门）。地转戌而转中宫（闭地户）。这就是《黄帝内经》以辰为天门，戌为地户的道理。

[37]手写文字整理：正左：辰，天门；顺时针转左上为辰巳，为东南，为龙蛇，中央。巳顺时针转正上为午，为乾（日天），为9，为夏，巳午为蛇马。再顺时针转右上为未（二），二为西南，为马猴，午未申为马猴。再顺时针转正右为酉，酉为坎（西），为晚夕，申酉为秋。再顺时针转右

下为戌，戌为地户，地户为艮西北，再转亥，酉戌亥为西北，为鸡猪（中央）。再顺时针转正下为子，子神为夜，为北，为坤，子亥为冬。再顺时针转左下为丑，为寅，子丑寅为东北鼠虎。再顺时针转卯，卯为离，早上，卯寅为春，为东。剩下戌（狗）、辰（龙）、丑（牛）、未（羊）不在内。肩牛央土。

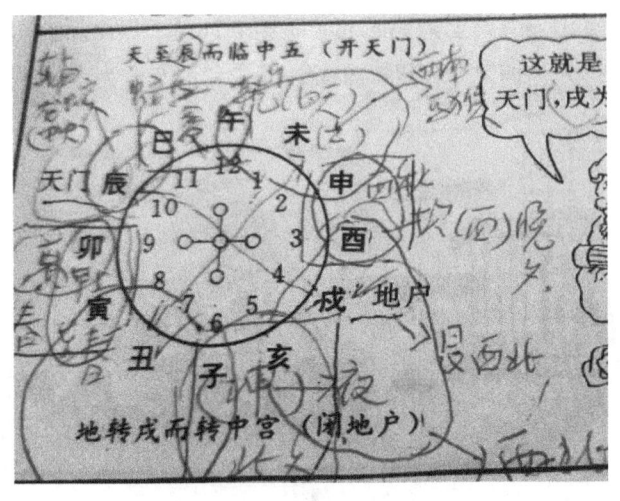

[37]

P44：高按：此乃洛书九星图。参看本书P40—41洛书图。1.原文：古代遗传下来的《洛书九星图》中，又将洛书与夜空中九个方位最亮的星座作了这样的联系。（九星被用作北斗斗柄的参照物）这以后夏商周各代便根据河洛的体用关系，及各自对先天易经的感悟，分别变化出《连山》《归藏》和《周易》，称为三易。古三易均以"八表同昏"之法，也即河图洛书的原理为依据。

2.[38]释图：此为洛书图。正左：白点为三，河北；左上：白点为四，四辅；左下：白点为八，华盖；正上：上南，九，白点为九，天纪；右上：二，白点为二，虎贲；正右：七，白点为七，七公；右下：六，白点为六，天阴；正下：北，一，白点一，北极；中央：白点五，玉帝座。

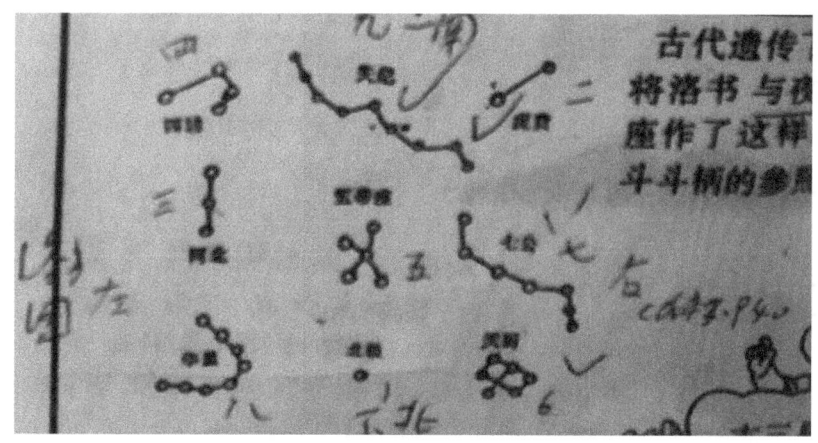

[38]

P45：原文："八表同昏"是古人以八表测方位，定节气的求精之术，其法同中有异。连山易以周天28宿参方圆之理，故每边为七，径亦为七。7×7=49（合于大衍之数）；圆三 7×3=21；周四 7×4=28（二数相加，亦合于大衍之数）8×8=64（恰合于易之卦数）。

[39]释读：此为连山用七用八图（夏代）。正左：东，三；左上：东南，四；左下：东北，八；正上：南，九；右上：西南，二；正右：西，七；右下：西北，六；正下：北，一；中央：五，径7。

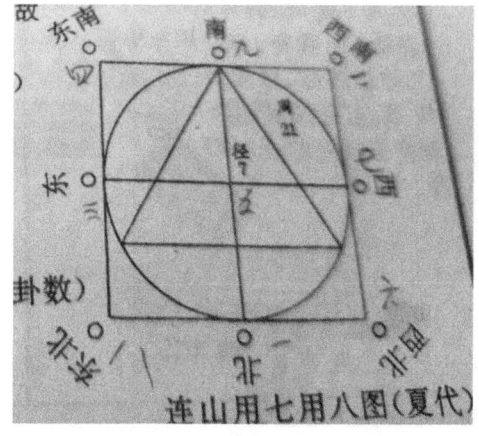

[39]

P47：先天八卦和后天八卦对应情况，也就是先天八卦和后天八卦的关系。

图[40]释读如下：此为先天八卦变和后天八卦原理图。

高按：外圈为先天八卦，内圈为后天八卦。

1.先天八卦：正左：东：离，三；左下：东北，震，八；右上：东南，兑，四；正上：乾，南，九，夏；右上：西南，二，巽；正右：西，坎，七；右下：西北，艮，六；正下：北，坤，一。

2.后天八卦：正左：东，震；左下：东北，艮；左上：巽，东南；正上：南，离；右上：西南，坤；正右：西，兑；右下：西北，乾；正下：北，坎。

中央：先天八卦和后天八卦都是五。

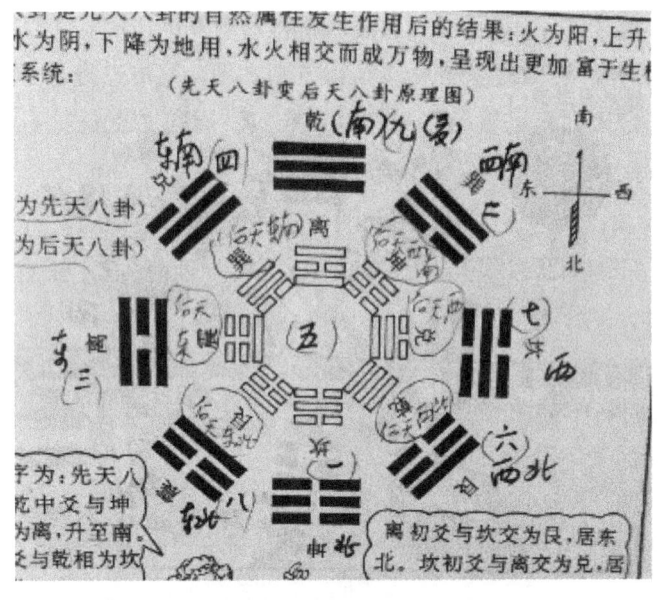

[40]

P48：高按：此乃先天八卦、天干地支配合情况。

1.原文：先天八卦以震巽为主，用以表示生长：乾金生坎水，艮土生兑金，离火生坤土。象征先天主生。

136

《易经图典》释读与研究

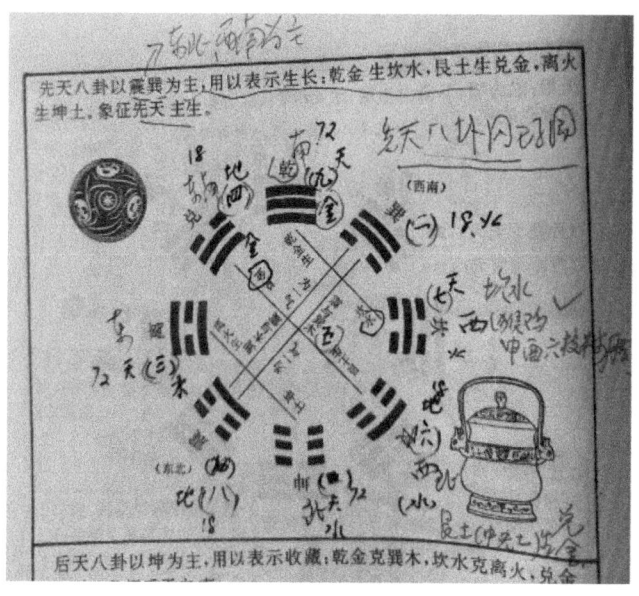

[41]

高按：先天八卦以震巽为主，即以东北、西南为主。先天八卦和王子国《土鲁窦吉》[42]"鲁苏"图内容相同。

图[41]释读如下：

正左：东，离，（三），木，72天。

左上：东南，兑，，地，（四），金，18天。

左下：东北，震，（八），地，18天。

正上：南，乾，（九），天，金，72天。

右上：西南，巽，（二），火，18天。

正右：西，坎，（七），天，火（坎水，猴鸡，申酉，在贵州六枝古彝文典籍里被称为"树脚"）。

右下：西北，艮，（六），地，水，18天。

正下：北，坤，（一），天，水，72天。

中央：（五）。

艮土（中央土）生兑、金。

附：王子国《土鲁窦吉》第67页"鲁苏"图。

137

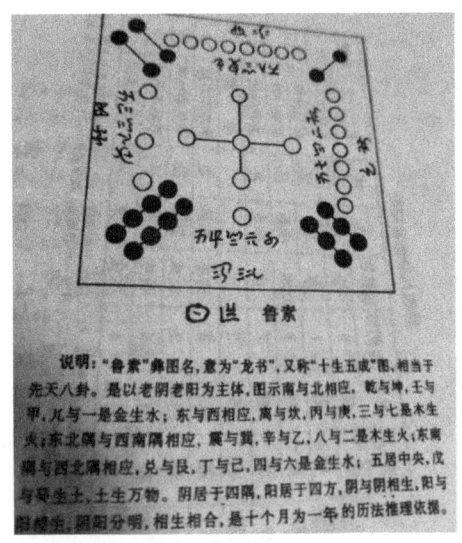

[42]

2.[43] 高按：此为后天八卦图：原文：后天八卦以坤为主，用以表示收藏；乾金克巽木，坎水克离火，兑金克震木。象征后天主克。

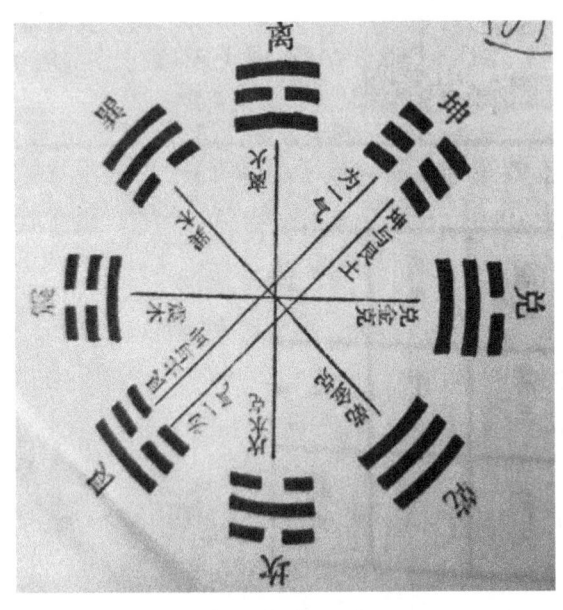

[43]

P50：高按：此乃八卦纳甲、二十四节气和28宿及十天干、十二地支、十二生肖配合图。

1.原文：北方一、六为坎水；东方三、八为震巽木；南方二、七为离火；西方四、九为兑乾金；中央五、十承上启下，为坤艮土。

图[44]释读：（1）大圈：正左：东，震木；左上：巽木；正上：南，离火；右上：坤土；正右：西，兑金；右下：乾金；正下：北，坎水；左下：艮土。

（2）小圈：正左：东，黑点8，白点3；正上：南，黑点2，白点7；正右：西，黑点4，白点9；正下：北，黑点6，白点1；中间：白点黑点都为5。

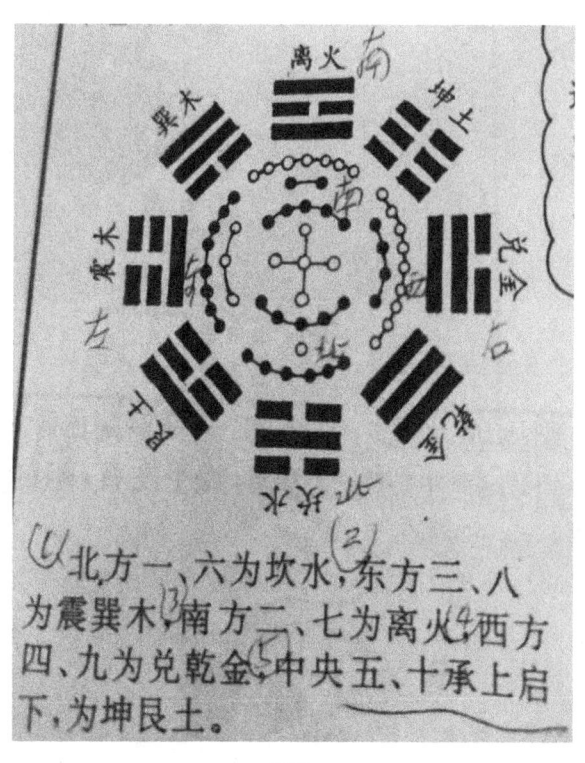

[44]

2.高按：注意图[45]和《宇宙人文论》之"宇宙生化总图"[46]

进行对比阅读。

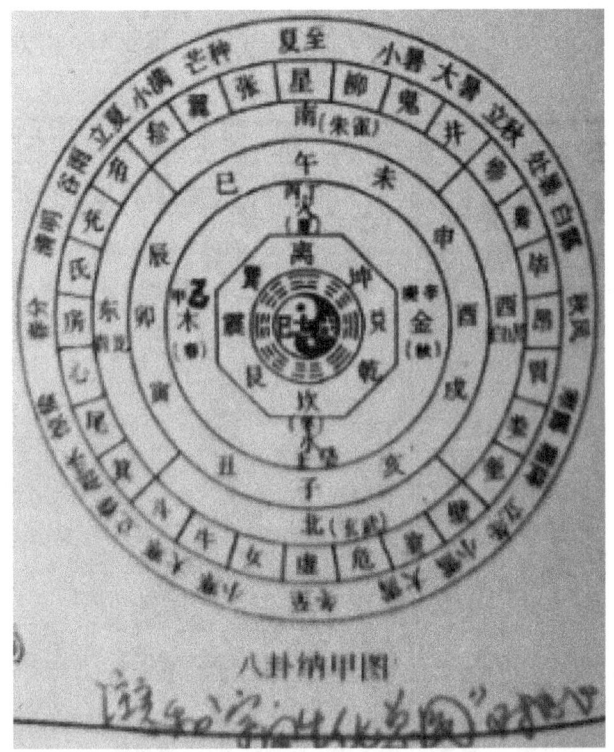

[45]

P54：[47]图：1.原文：《易·说卦传》中，以八卦所取自然界的象征，引申开来，在周易64卦中，每一卦都涉及取象，故取象成为其思维及说理的基本内容。

2.高按：此八卦方位图为河图，和王子国《土鲁窦吉》第68页彝族八卦综合简表有关。

《易经图典》释读与研究

[47]

附：王子国《土鲁窦吉》第68页《彝族八卦综合简表》

[48]

P221：原文：长夏，即春夏秋冬各季的最后18天。

高按：此乃十月历长夏18天来历。四季凑成中央各18天，这季夏（两个月）仍为72天。即18天×4=72天。

141

P240：月份和节气。高按：图[49]为特写，表上的节气均和《宇宙人文论》之"宇宙生化总图"内容即24节气和十二月各节气完全一致。

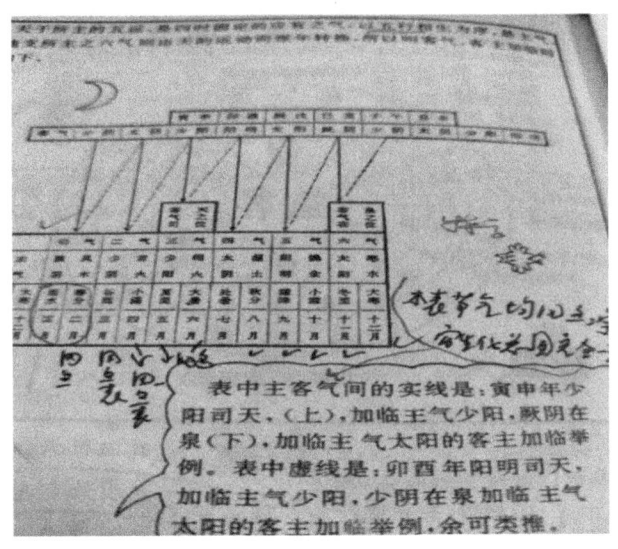

[49]

P129、240、261、263、279、119内容都和彝文典籍里面记载的日出、日入图一致。具体如下：

P129：原文：阴阳反复，是自然的法则。在消息卦中，阴爻自姤卦发生，至复卦一阳复来，前后经过七个爻，将爻比作一日，所以说"七日来复"。阴极阳生，由这一卦起，阳刚复始，所以有利于积极行动。

高按：图[50]中，正月和彝文正月（彝文正月读作 亇 ）完全一致，12月为彝文申（彝文申读作 mo ）月，九月相当于彝文毕宿九月（具体参看本书第119页）。另外，注意这页"七日来复"与十二消息卦有关，以及"正月为泰"情况。

《易经图典》释读与研究

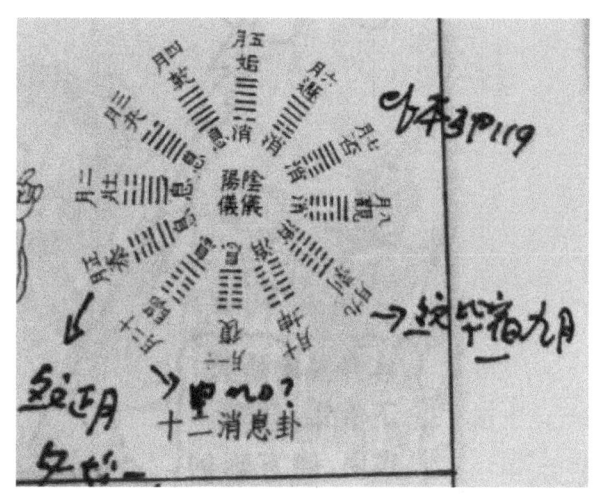

[50]

P261：图[51]中：1.原文：与"子午流注"同源而出的"灵龟八法"则是以奇经八脉和八穴为基础，八脉八穴分属九宫八卦，并按逐日逐时的干支来推算开穴，所以又名奇经纳卦图。

2.手写笔记整理如下：

（1）正方形部分：最上三格分别为：东南，巽（四），临泣通带脉；南，离（九）；列缺通任脉；西南，坤（二），照海通阴跷脉。中间三格分别为：东，震（三），外关通阳维脉；中央（五）；西，兑（七），后溪通督脉。最下三格分别为：东北，艮（八），内关通阴维脉；北，坎（一），申脉通阳跷脉；西北，乾（六），公孙通冲脉。

（2）圆圈部分：正左：寅1月、卯2月、辰3月；顺时针转正上：巳4月，午5月，未6月；顺时针转正右：申7月、酉8月、戌9月；顺时针正下：亥10月、子11月、丑12月。

高按：[51]图仍为王子国《土鲁窦吉》的洛书图，包括该书第262、263页图都是洛书月份图。

143

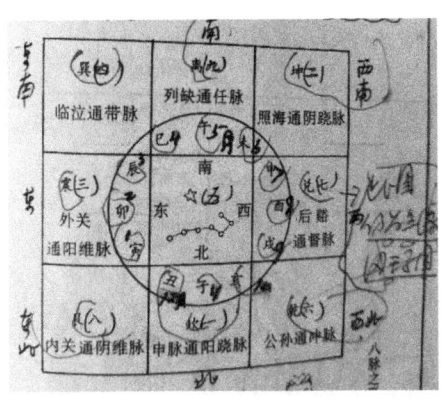

[51]

P263：原文：十二壁卦又称十二消息卦，它是取《易经》六十四卦中十二个特殊卦形，配以每年十二个月（纯太阴月），以反映四时、八节、十二月等阴阳消长规律，亦以阴阳损益来表示人体精气神的盛衰变化。"壁"字的古意为"圭"和"君"，圭是测日工具，"君"则以示其统领万物。

高按：[52]戌九月，剥，剥为毕宿。参看该书第262页图。这里，寅一月，卯二月，辰三月，巳四月，午五月，未六月，申七月，酉八月，戌九月，亥十月，子十一月，丑十二月。此图仍为彝族洛书图，和王子国《土鲁窦吉》中洛书图相同。

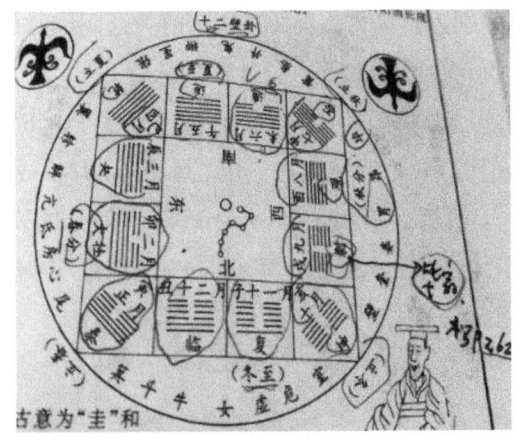

[52]

P279：1.原文：（1）将它们按"左旋隔八，右转隔六""右转隔八，左旋隔六"的顺序，即将这组音由低到高的顺序排列起来，就是十二律（图中"下生"为"损"，上生为"益"）。十二律各起四声，五声长短之序为宫商角徵羽，五音相生则是宫徵商羽角。（2）[53]图为黄钟以本宫为位而起四声，即黄钟宫；太簇商、姑洗角、林钟徵、南吕羽五声，为三分损益的前四次所得；若林为宫，则南为商，应为角、太为徵、姑为羽，是林一宫之声，其他类推。所以黄钟之声作，而林钟之声应，大吕之声作，而夷则之徵应，即所谓同声相应。

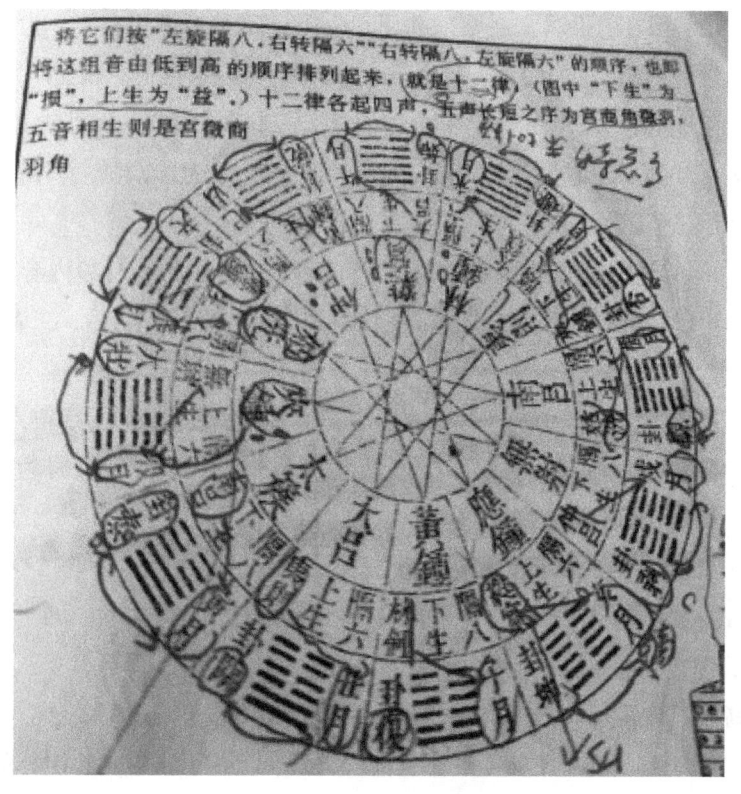

[53]

2.[53]释图：图中红笔箭头为高加乐所画。手写文字整理：（1）林钟对应子月（卦复）。（2）夷则对应丑月（卦临）。（3）南吕对应寅月（卦

145

泰）。(4) 无射对应卯月（大壮）。(5) 应钟对应戌月（卦夬）。(6) 黄钟对应巳月（卦乾）。(7) 大吕对应午月，卦姤。(8) 大簇对应为月，卦遯。(9) 夹钟对应申月，卦否。(10) 姑洗对应酉月，卦观。(11) 仲吕对应戌月，卦剥。(12) 蕤宾对应亥月，卦坤。

此为特急写。亥月即猪月。蕤宾的彝文读音为"su"，猪牛用的猪亥对觜宿（蕤宾）和彝表（《宇宙人文论》之"宇宙生化总图"）一致。林钟：太簇、上生，隔六，再卦遯未月，由太簇到未月，遯到未月。这是"未""toʃ"来历（其中"toʃ"为彝文"未"的国际音标，"遯"乃彝文音译记字）。

P119：[54]图手写文字整理如下：左下：正月，寅（春），为泰；正左：二月（卯），大壮；左上：三月（辰），为夬；四月（巳），为乾；正南：五月（午），姤；右上：六月（未），为遯。高按：遯即彝表（《宇宙人文论》之"宇宙生化总图"）西南为巽，巽的彝文读作toʃ，遯为彝文toʃ的音译记字。

七月（申），否。高按：此图为日落图，对比该书P129内容。本表同彝表（《宇宙人文论》之"宇宙生化总图"），七月称"申"，二者一致，对应觜宿，觜宿的彝文读音为 suʔbu，即"否"的译音。

八月，为"酉"，为"观"。对应胃宿。高按：这个又和《宇宙人文论》之"宇宙生化总图"的八月为"酉（日落点）一致"。彝族称八月为"酉"，亦称"观"，对应胃宿 zei（豹），gui 为观的译音。

九月（戌），为剥，彝汉一致；十月为"亥"，为"坤"，彝汉一致；11月为"子"，为"复"，彝汉一致，称"复"，彝文的"坤（坤读作 buʔ，复冬至译音。）"；12月，为"丑（临）"。

高按：1.丑为12月，彝汉一致，即丑属于震卦咧临的译音。

2.P119图表和古彝文典籍《宇宙人文论》之"宇宙生化总图"的十二月情况一致。

3.[54]是日落图，参看本书P129内容。

4.注意八月为"酉"，为"观"，12月为"丑"和八卦对照。

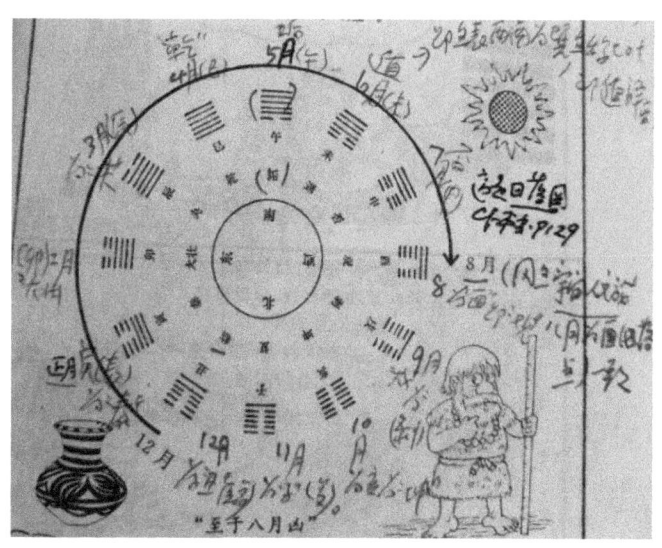

[54]

P262：原文：明庶风为东方之风，意指万物尽出，经房、氐、亢角诸宿，时在卯辰，律应夹钟，姑洗。清明风居东南方，吹拂万物，经轸、翼、张、星、柳诸宿，时在巳午，律应中品，蕤宾。景风居南方，阳道著明，阳盛丁壮之时，经鬼、井二宿，时为午来，律应林钟。凉风居西南，主地，夺万物之盛气，经参觜，毕、昂诸宿，时在申酉，律中夷则，南吕。广莫风为北方风，意为阳气在下，阴没阳而盛。经虚、女、斗、牛、箕诸宿，时在亥丑，律应黄钟、大吕。条风居东方，意为条治万物而出。经箕、心、房诸宿，时为寅月，律应太簇。阊阖风居西方，意为倡导闭藏，经胃、娄奎诸宿，时为戌，律应无射。不周风居西北方，主杀生，经壁、室危诸宿，时为亥，律中应钟。

高按：[55]图仍是彝族洛书图。

147

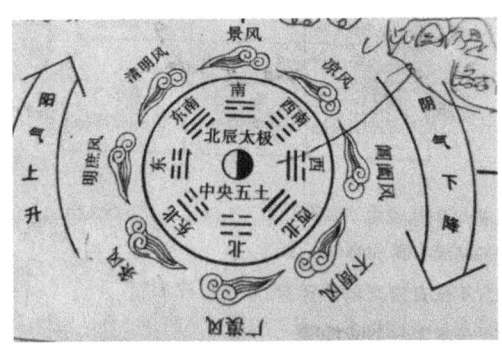

[55]

P230：

1.原文："天干"即天竿（圭），"地支"即竿枝（表之投影）。高按：天干、地支立表测日影。

2.原文：物候历法即指古人根据草木鸟兽、自然现象定时节的记岁方法。图中为十二消息卦，每一卦代表一个月，每卦六爻，每爻主一候，一候为五日，一年分为七十二候，共三百六十日。高按：此为七十二候来历。七十二候是干支法的三百六十日。

P237：1.原文：与天干相配的地支是古人占斗机而制，然后归五行所属，这是在地。与五行相配：亥子为水，寅卯为木、巳午为火、申酉为金，辰戌丑未则象征"土居中央而统乎四维"。

高按：这是十月太阳历内容。

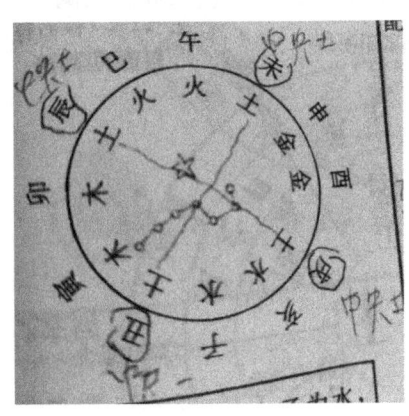

[56]

[56]图释读：其中辰、未、丑、戌都属于中央土。

2.原文：在天则为无形之六气，所以运气说中的五行归属亦随之而变，它是由同是天地（乾坤）而生的六子相配而成。

[57]图手写文字整理：正左：东，离，三；左上：东南，兑，四；正上：南，乾，九；右上：西南，巽，二；正右：西，坎，七；右下：西北，艮，六；正下：北，坤，一；左下：东北，震，八。

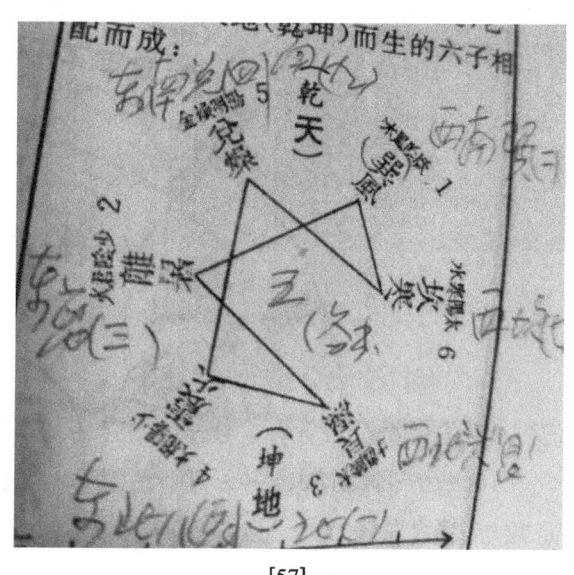

[57]

P268：高按：冬至斗柄指子（夜最长，昼最短）。原文：十一月冬至，斗柄指子，日行至28宿之尾宿。冬至日，日出辰初刻，入申正四刻，昼41刻，夜59刻，这一天昼最短，夜最长，阴气长至极点。

P240、264：卦图节气、日出、日落情况。

P240情况在上面已有阐述，现把P264[58]图日行百刻与二十四节气图示（左为日出时刻，右为日落时刻）释读如下：

（1）左：为中东（卯），夏至为日出点，顺时针至冬至为日落点；芒种为日入点，顺时针至小寒为日出点。（2）右：中西（酉），夏至逆时针至冬至为日出点；小暑为日落点，逆时针至大雪。

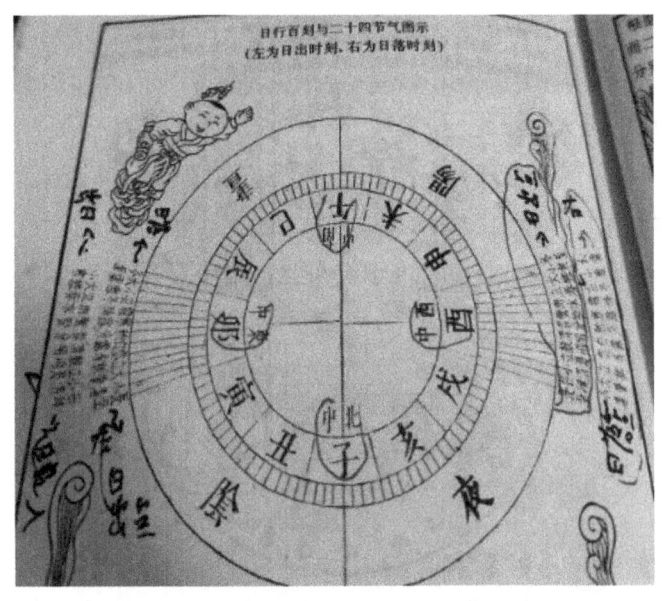

[58]

P228：

原文：1.河图法天，其数分成数和生数，其位为10，故称全数，生数为主，成数合之，10以内各数相加为55。河书之数55（天数）。2.洛书象地，其数分奇数与偶数，其位为9，以言其变，以四正之奇而统四隅之隅，9以内各数相加为45。洛书之数45（地数）。

高按：此乃河图象天，即彝族称"天生经"来历。洛书象地即彝族称"地生经"来历。

（三）

P69：原文：为什么命名为"乾"，而不直接命名为天呢？因为天是可见的形象，而"乾"则是指天的功能。乾卦的卦辞是这样说的："天的功能，是万物创始的根元，通行无阻，祥和有益，无所不正，而且执着。"如下[59]图：

《易经图典》释读与研究

[59]

高按：建木和九重天有关，是上古宇宙天地观念示意图。

P232：原文：五六相合，六多五少，少则动速，所以干支所呈现的实际上就是日地的空间物质效应，及其韵律消长的一般规律。天作用于地，地作用于天。

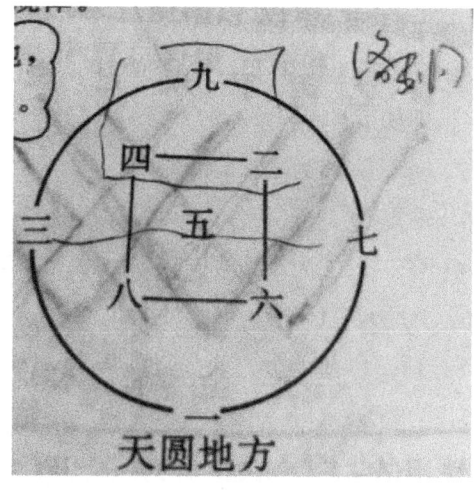

[60]

151

高按：[60]图为天圆地方图，和洛书内容相同。

P231：高按：这里有讲述十月历，天干地支排法：

1.原文：从天用干，则五日一候，五阴五阳而天之所以有十干，甲戊以阳变，已癸为阴变，是五的变化。如图[61]：

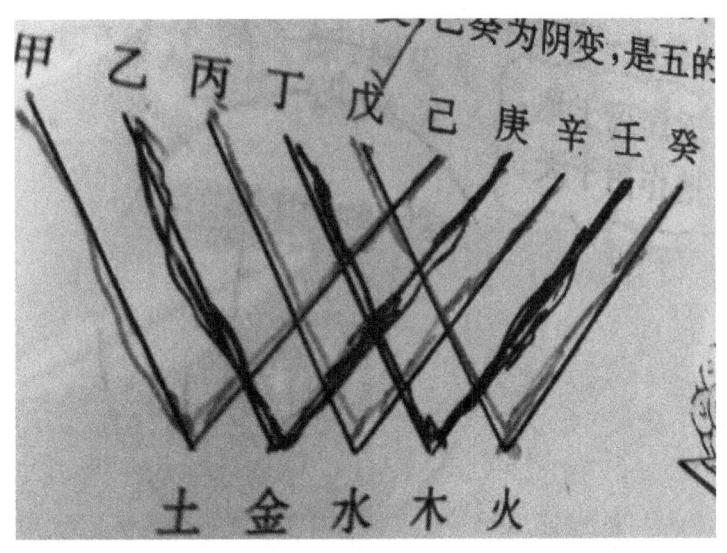

[61]

2.[62]图：（1）原文：从地用支，则六日一变，六刚六柔而地之所以有十二支，子巳以阳变，午亥以阴变，是六的变化。

（2）手写文字整理如下：

甲1、寅，乙2、卯，寅卯为木，春，东。

辰，土，5、6，季夏，（土）中央。

丙3、巳，丁4、午，巳午为火，夏，南。

未，土，5、6，为季夏，（土）中央。

庚7、申，辛8、酉，申酉为金，秋，西。

戌，土，5、6，为季夏，（土）中央。

丑5、6，为季夏（戊己土），土，中央。

壬9、亥，子10、癸，壬癸为北，冬，水。

《易经图典》释读与研究

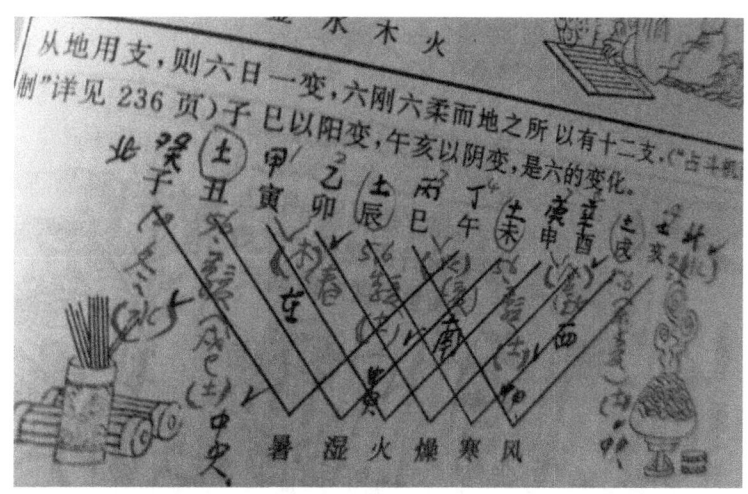

[62]

P31：高按：太极图为原始天文图，和二十四节气有关。

原文：这一极具象征意义的太极图，在远古同时又是人们通过立竿见影来分四方，辨冷热的实测图，也即原始的天文图。

P105：高按：[63]图为十二消息卦和各卦名对应情况。

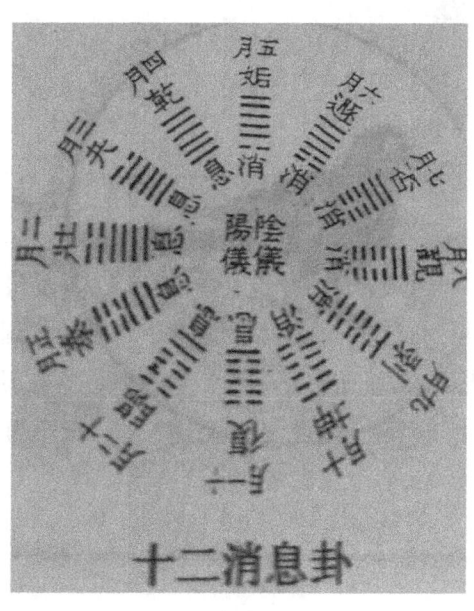

[63]

153

P215：高按：[64]图为金木水火土、方位和星名。

分类	内容	五行脏象	肝象木	心象火	脾象土	肺象金	肾象水
天象	方位		东	南	中	西	北
	季节		春	夏	长夏	秋	冬
	气候		风	热	湿	燥	寒
	星宿		岁星	荧惑星	镇星	太白星	辰星
地象	五虫		毛	羽	倮	介	鳞
	五畜		鸡	羊	牛	马	豕
	五谷		麦	黍	稷	谷	豆
	五果		李	杏	枣	桃	栗
	五色		青	赤	黄	白	黑
	五味		酸	苦	甘	辛	咸
	五臭		臊	焦	香	腥	腐
人象	五脏		肝	心	脾	肺	肾
	五藏		血	脉	营	气	精
	脉象		弦	钩	代	毛	石
	五音		角	徵	宫	商	羽
	五官		目	舌	口	鼻	耳
	五体		筋	脉	肉	皮毛	骨
	五液		泣	汗	涎	涕	唾
	情志		怒	喜	思	悲	恐
	七声		惊呼	笑	歌	忧哭	呻吟
	五字		嘘	呵	呼	呬	吹
	六性		雅	明	直	刚	聪
	五事		恭	急	智	从	伎
	十二官		谋将军	神明君主	周议	治节相傅	巧强智谋
社会象	五常		仁	礼	信	义	智
	事		肃	哲	圣公	乂	心
	五八正		慈	忧豫	蒙	气僭	急
	八五咎		狂			正	

[64]

（四）零散笔记整理

P5：原文：1."卦者，圭也。"圭即圭表，为《易经》得以诞生的基本工具。……最早对此进行追述的是成书于西汉的中国第一部数学专著《周髀算经》，其理论依据是盖天说，传说为伏羲所创，周公继承于殷商，所以叫"周髀"，髀即股，这里指表。高按：这里天顶为南。

154

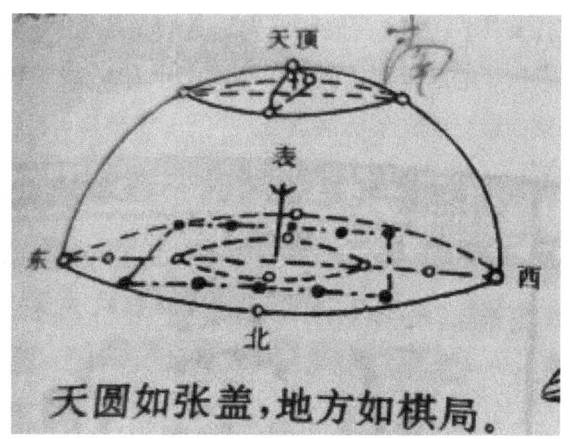

[65]

2.勾即表竿的投影，弦是表顶至地面的斜边，为便于以勾股定义进行计算，所以古人以八尺（或八尺的倍数）作表的长度。表高八尺，证明古人已发现和掌握了勾股间的规律。

高按：勾三股四弦五。其中勾为标杆的投影，弦是表顶至地面的斜边。如[66]图：

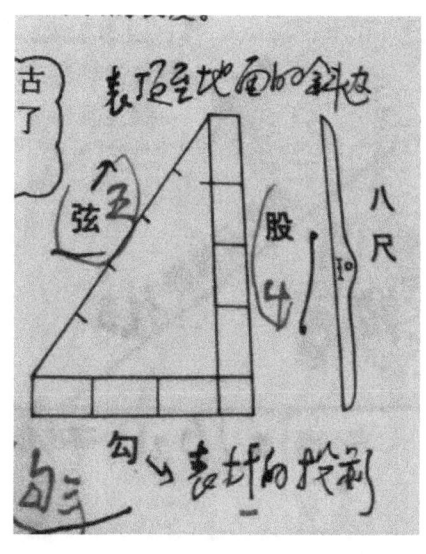

[66]

155

P6：1.[67]图：(1)原文：他们首先确定的是冬至和夏至，冬至这一日日影最长，为一年的起算点，测定一个回归年为365.25日，再参照日月交会等自然现象，最终确立了历法。(2)手写文字整理：八尺圭表为股四；午（南），夏至二，勾三；子（北），冬至一；冬至日投影为弦五。

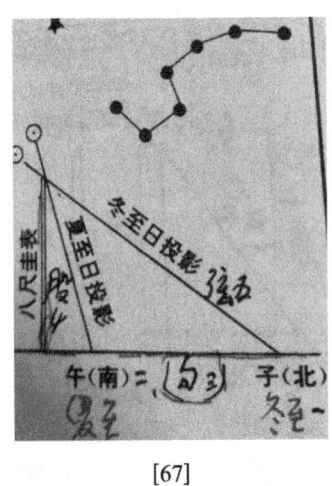

[67]

2.[68]图为河图数字。正左：黑点8，白点3；正上：黑点2，白点7；正右：黑点3，白点9；正下：黑点6，白点1；中央：黑点、白点都是5。

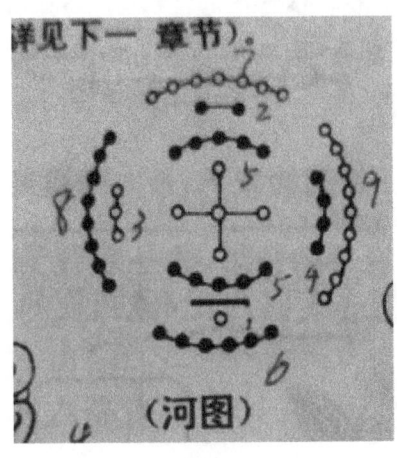

[68]

3.[69]图为洛书数字。正左：白点3；左上：黑点4；正上：白点7；右上：黑点2；正右：白点9；右下：黑点6；正下：白点1；左下：黑点8；中央：白点5。

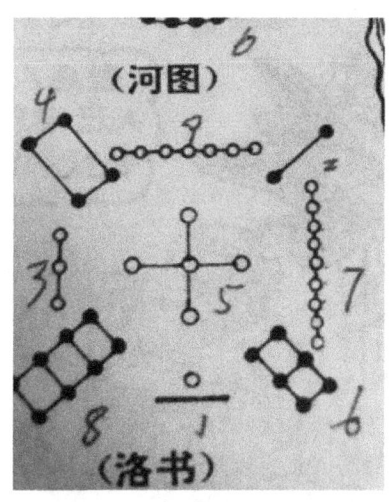

[69]

P266：原文：五月中气的夏至节，斗柄指午，太阳行至28宿的参宿，日出寅正4刻，入戌初刻，昼59刻，夜41刻，所以这一天昼最长，夜最短，为阳极阴生之时。

高按：这个内容和彝族历法一致，详见《宇宙人文论》封底之《宇宙生化总图》。

P267：原文：秋分八月中，斗柄指酉，太阳行至28宿的翼宿，秋分日，日出卯正初刻，如酉正初刻，夜50，昼50，昼夜长短相等。

高按：这个内容和彝族历法一致，详见《宇宙人文论》封底之《宇宙生化总图》。

P269：原文：天体空洞，视之又旋转不定，于是古人以立春为准，这一天夜半可看到柳星二宿位于南天正中，而亢角诸宿位于东方，觜参诸宿位于西方，牛女诸宿位于北方，因而赋形命名的。

[70]图释读：正左：东方苍龙七宿；正上：南方朱雀七宿；正右：西

方白虎七宿；正下：北方玄武七宿。其中，柳星在南方，为立春；牛、女在北方，为大暑；角、亢在东方，为清明、谷雨；觜、参在西方，为冬至、大雪。"☽"为彝文月亮的"月"字[71]。

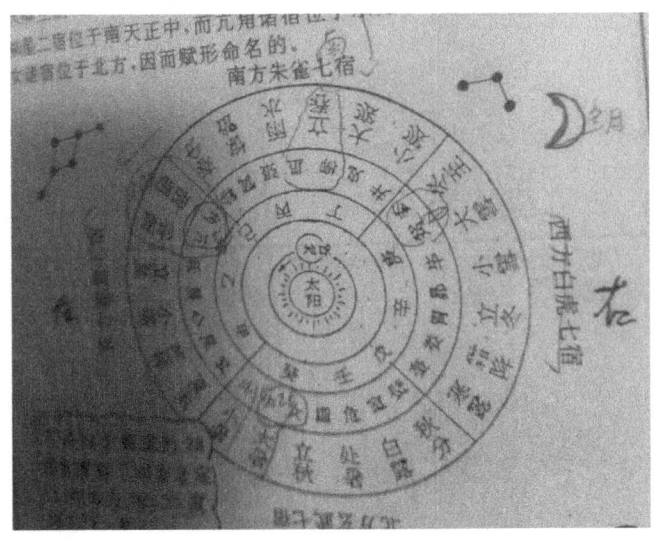

[70]

注释：

[1]周春才：《易经图典》，北京：中国文联出版社，1998年。

[2]原文为整理者所加，是为了读者便于更好地理解文本所涉内容。

[3][4][7][8][9][10][11][12][13][14][15][16][17][18][19][20][21][22][23][24][25][26][27][28][30][31][32][33][35][36][37][38][39][40][41][43][44][45][47][49][50][51][52][53][54][55][56][57][58][59][60][61][62][63][64][65][66][67][68][69][70]均选自《易经图典》，图上手写数字或文字均为高加乐手迹。

[5][6][46]马学良、陈英、罗国义：《宇宙人文论》，北京：中央民族学院出版社，1982年，封底。

[29][42]王子国：《土鲁窦吉》，贵阳：贵州民族出版社，1998年，第67页。

[34]王子国：《土鲁窦吉》，贵阳：贵州民族出版社，1998年，第

121页。

[48]王子国:《土鲁窦吉》,贵阳:贵州民族出版社,1998年,第68页。

[71]本文档凡前面已经整理的部分如后面内容重复,则合并整理。

《易图源流》[1] 释读与研究

（一）

P122：二十八星宿卦气卦候详图[2]。

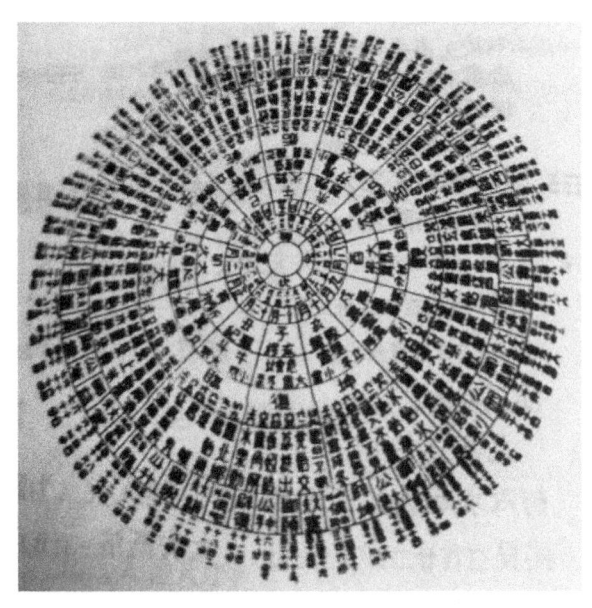

[2]

高按：此[2]图有"子"为大雪、冬至和中孚（公，冬至）名称来历，为特别重要内容。

P42：尧舜历象日月星辰敬授人时图。

《易图源流》释读与研究

[3]

高按：此[3]乃尧舜时天文、节气、二十八宿及月份、生肖对照图。其中八、九、十、十一、十二月所有内容同彝表（即《宇宙人文论》[4]之"宇宙生化总图"，下同），为特别重要内容。

P84：六十四卦名称和各月份及十二生肖对应情况。高按：此为特别重要内容。

P95－97：六十四卦名称与天、地、山、水之关系。高按：此为特别重要内容。

P127－128：京房八卦和六十四卦各代世系名称。高按：此为特别重要内容。

161

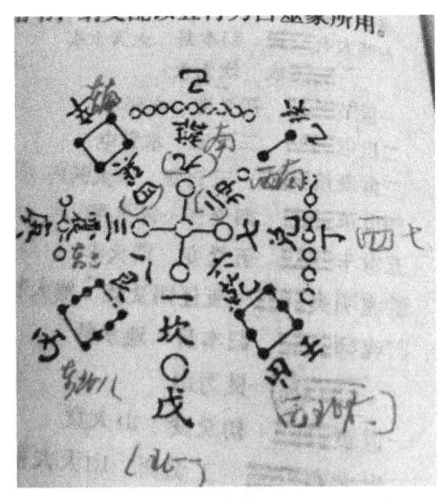

[5]

[5]图释读如下：正左：东，震，三，庚；左上：东南，巽，四，辛；左下：东北，艮，八，丙；正上：南，离，九，己；右上：西南，坤，二，乙癸；正右：西，兑，七，丁；右下：西北，乾，天，六，甲壬；正下：北，坎，一，戊；中央：五。

P150：[6]图释读如下：正左：东，震，三，为龙门；左上：东南，坤，四，为风门；左下：东北，艮，八，为蛇门；正上：南，离，九，为马门；右上：西南，巽，二，为地门；正右：西，兑，七，为虎门；右下：西北，乾，六，为天门；正下：北，坎，一，为云门；高按：此为特别重要内容。

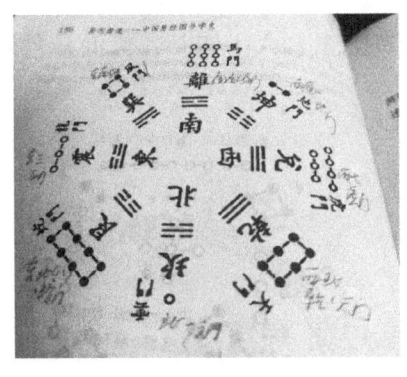

[6]

162

P207：原文：孟春之月，其日甲乙，其数八。立春盛德在木，迎春于东郊。孟夏之月，其日丙丁，其数七。立夏盛德在火，迎夏于南郊。季夏之月，中央土，其日戊己，其数五。孟秋之月，其日庚辛，其数九。立秋盛德在金，迎秋于西郊。孟冬之月，其日壬癸，其数六。立冬盛德在水，迎冬于北郊。

高按：此乃十月太阳历情况，特别重要。

P312：[9]图释读如下：（1）冬至对应蒙需。彝表：冬至对应虚宿；mzysz1 [7]为彝文虚宿的国际音标，"蒙需"为彝文虚宿的音译记字，这里彝、汉一致。（2）秋分对应渐艮。彝表：秋分对应胃宿，zeiqus [8]为彝文渐艮的国际音标，"渐艮"为彝文胃宿的音译记字，这里彝、汉一致。（3）小暑、大暑对应鬼宿，鬼宿对应损解。彝表：小暑、大暑对应鬼宿，[10]为彝文鬼宿的国际音标，"损解"为彝文鬼宿的音译记字，这里，彝、汉一致。

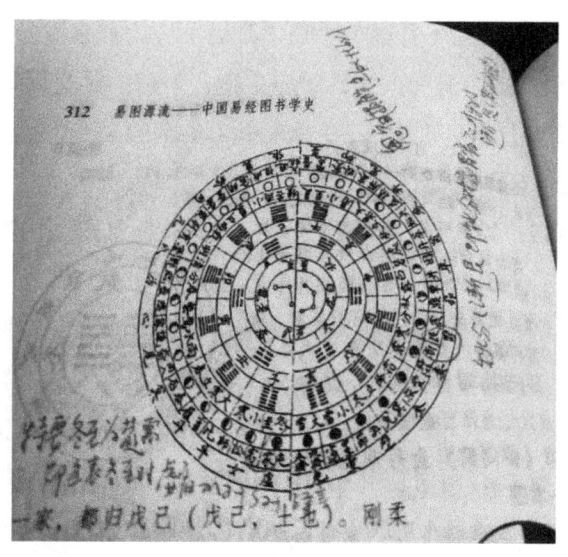

[9]

P320：高按：此[11]图乃牛宿翻译成"升谦"来历。

163

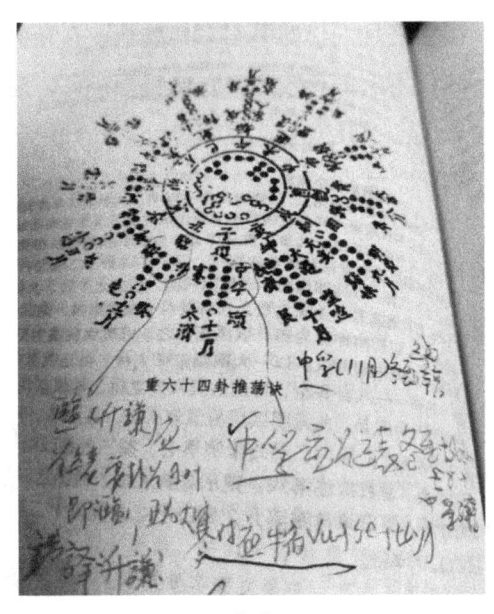

[11]

具体释读：（1）临（升谦）。临（升谦）应为彝表震卦，震的彝文读音为▓[12]，即"临"；丑为大寒，对应牛宿，牛宿的彝文读音为▓[13]，译"升谦"。（2）中孚（11月）。在彝表里，冬至的读音为▓[14]，"中孚"应为彝文冬至的音译记字。

P344—345：原文："《皇极经世》十二会卦象图"内容实际上就是二十四节气和二十八宿对应情况。（1）小暑对应恒巽。高按：小暑对应柳宿，同彝表。柳宿的彝文读音为：▓[15]，恒巽为彝文柳宿的音译记字。（2）原文：雨水对应既济。高按：彝表中，雨水对应心宿，心宿的彝文读音为：▓[16]，既济为彝文心宿的音译记字。（3）原文：谷雨对应兑履。高按：彝表谷雨对应亢宿，亢宿的彝文读音为▓[17]，履兑为彝文亢宿的音译记字。（4）原文：白露对应蒙师。高按：彝表白露对应毕宿，毕宿的彝文读音为▓[18]，即师蒙，为彝文毕宿的音译记字，不作"蒙师"。（5）原文：立秋对应讼困。高按：立秋的彝文读音为▓[19]，讼困为彝文立秋的音译记字。（6）原文：高按：冬至对应虚宿，虚宿彝文读音为▓[20]，蒙需为彝文虚宿的音译记字（具体参看第312页）。

《易图源流》释读与研究

（7）原文：立冬对应蹇艮。高按：立冬的彝文读音为 ░░░[21]，谦艮为彝文音译记字，谦艮为戌。

（二）

P.641：高按：此[12]图乃六十四卦和十二生肖配合节气图。[12]手盘图氏释读：（1）"妄"可能是彝文"大雪"的音译记字（彝文"大雪"写作░░[22]，读作 Vui ðət[23]，妄可能是 Vui 的音译记字），"观"和"剥"互通。（2）大过、鼎、恒《周易卦图解》[24]作"小暑"，未初。可以参阅本书第42、134、148页等相关内容。

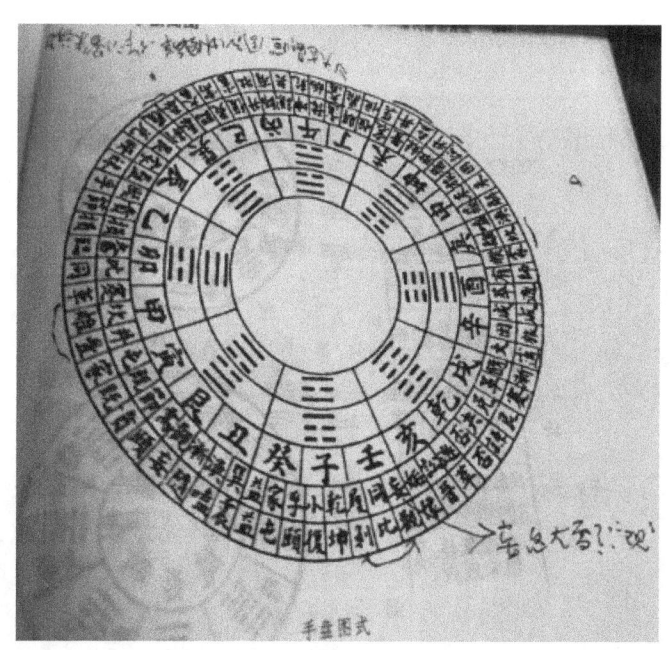

[25]

P655：高按：这页有星纪、析木次和十二生肖情况。

165

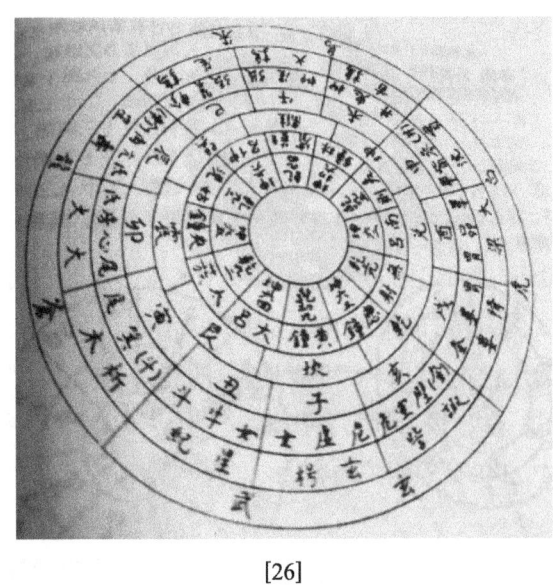

[26]

P654、658：高按：此乃六十四卦节气图，和彝文记载的内容完全相同。

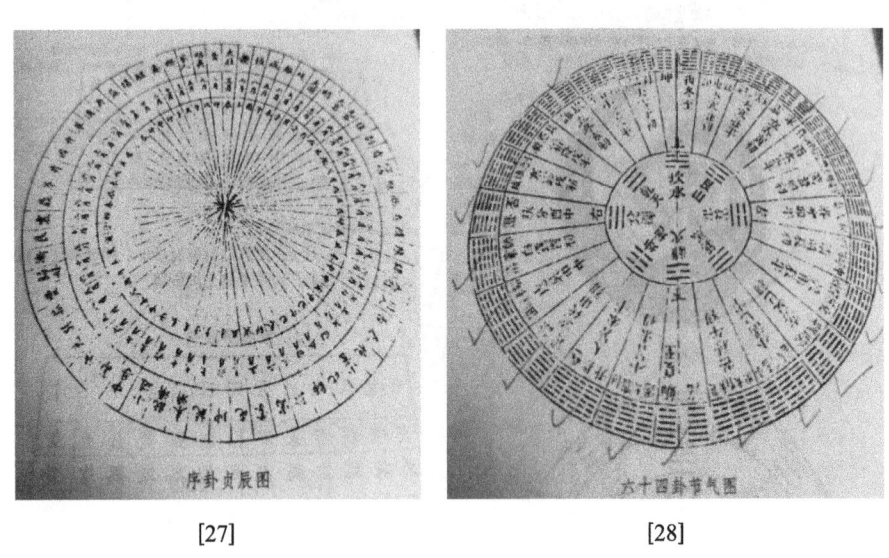

[27]   [28]

P69：商代刻在青铜盉上的"人面龙身"太极图案。高按：此为重要内容。

P182：高按：唐洛书九宫图，可以参考该书第219页内容进行对比阅读。

P209：[29]图解释：正左：白点为3，黑点为8；正上：白点为七，黑点为2；正右：白点为9，黑点为4；正下：白点为1，黑点为6。

高按：此[29]乃西汉杨雄河图方位数字，和彝文所记载的相关内容相同。

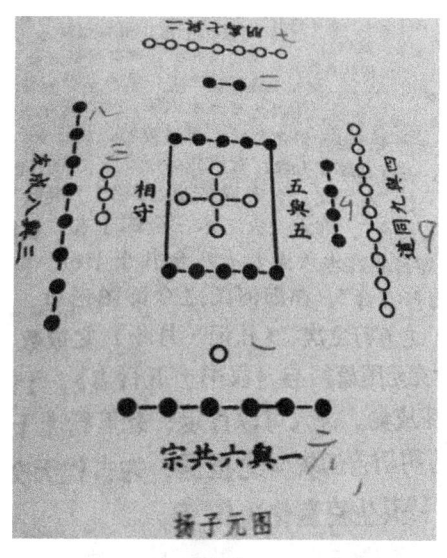

[29]

P237：高按：此[30]乃连山易河图洛书，为非常重要内容。

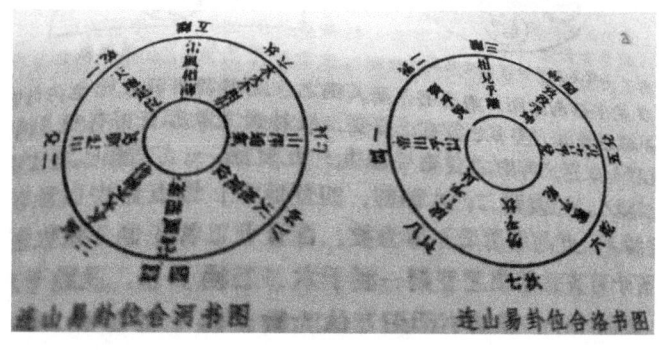

[30]

167

P518：高按：注意亥有：大壮、夬、泰；戌有：履、大有、需；兑有：归妹、中孚、履兑；未有：离、革、豫、晋、观。

P519：高按：注意丑有：涣、未济、渐艮、小过；寅有：谦、旅、艮、无妄。

P550：高按：此[31]图乃太极后图。释读如下：（1）立秋巽（立巽秋）。彝表：巽（读作 t o ┤[32]）卦未、坤、申，坤居中，仍为巽（读作 t o ┤[33]），为立秋。这里彝、汉一致。（2）秋分坎（秋坎分）四九金。彝表：坎（读作 ら ┤[34]），庚、酉、辛，其中酉为秋分。这里彝、汉一致。（3）（立震春）。彝表：震（读作 玉 ┤[35]），丑、艮、寅，其中艮仍为（读作 玉 ┤[36]）即立春。这里，彝汉一致。（4）立冬艮（立艮冬）。彝表：艮（读作 h ┤[37]），为戌、乾、亥，其中乾仍为（读作 h ┤[38]），即艮，为立冬。这里彝、汉一致。

[31]

P607：[18]图释读：寅为立春，丑为雨水。

高按：此图有讲到立春、雨水彝、汉之差别。彝表：寅为雨水，艮为立春；震（彝文读音为 玉 ┤[39]）卦为丑、艮、寅，其中艮仍为 玉 ┤[40]，为立春。

《易图源流》释读与研究

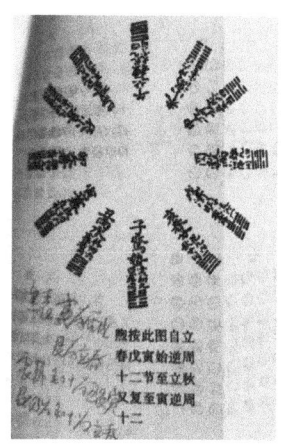

[41]

P639：高按：这里有讲到观、比、剥为大雪来历。[42]图手写文字整理如下：（1）图中的"壮"为"大壮"，"有"为"大有"。（2）图中"午"为"乾姤"，《周易六十四卦精解》[43]说的是夏至为"午"，为"乾姤"。（3）坤复为子，为冬至。这里，彝、汉一致，其中坤的彝文读音为 bu+ [44]。（4）图中观、比、剥为"壬"，为大雪。大雪的彝文读音为 Vui8ə1 [45]。（5）图中萃、晋、豫为小雪，小雪的彝文读音为 Vuinə1 [46]）。有关大雪、小雪情况还可参看《周易卦图解》[47]第692页相关内容。

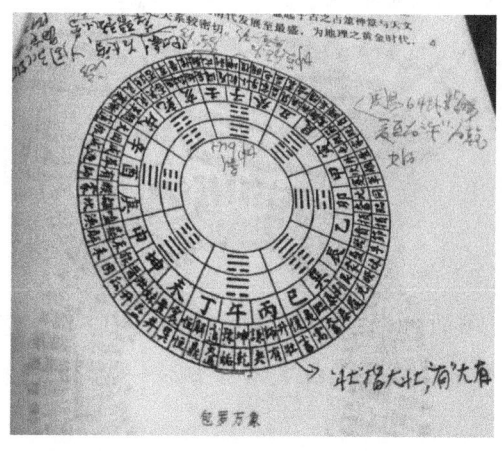

[42]

169

P654：高按：此页"序卦贞辰图"的月份、节气彝、汉对照有差异。

（三）零散笔记整理

P48：尧舜时已知从二至二分点，推定十二月二十四节气、二十八星宿。

高按：此为特别重要内容。

P310：高按：[48]图为升降图。其中亥为"渙"。彝表：亥属戌乾亥，是艮卦，艮的彝文读音为 ha+ [49]，即渙的音译记字，此为"渙"来历，意即亥属于艮卦，即渙。此为特别重要内容。

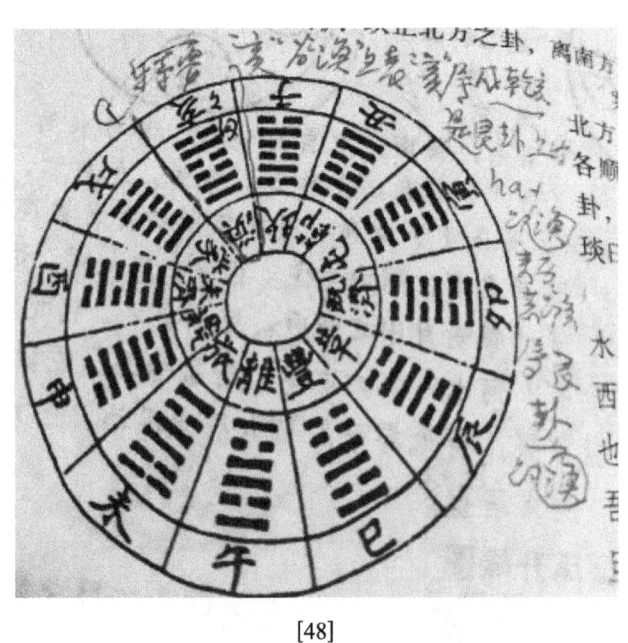

[48]

P401：高按：下面[50]图为八卦司化图。其中，癸对应师蒙。彝表中，癸（小寒）对应女宿，女宿的彝文读音为 [51]，师蒙为彝文 的音译记字。

170

《易图源流》释读与研究

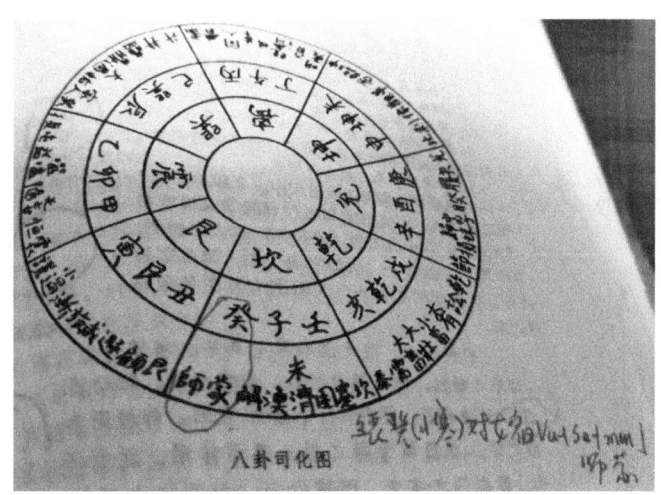

[50]

注释：

[1]徐芹庭：《易图源流》，北京：中国书店，2008年。

[2][3][5][6][9][11][25][26][27][28][29][30][31][41][42][48][50]都选自《易图源流》，图中手写文字为高加乐手迹。

[4][22][23][45][46]马学良、陈英、罗国义：《宇宙人文论》，北京：中央民族学院出版社，1982年，封底。

[7][10][12][13][15][16][17][18][19][20][32][33][34][35][36][37][38][39][40][44][49][51]为高加乐手迹。

[8][14][21]为整理者手迹，因为高老师写的不清楚或涂写严重。

[24]施维：《周易卦图解》，成都：巴蜀书社，2003年，第204页。

[47]施维：《周易卦图解》，成都：巴蜀书社，2003年，第692页。

[43]严有毂：《周易六十四卦精解》，沈阳：万卷出版公司，2007年，第129页。

《大荒四经》[1]释读与研究

（一）

《大荒四经》即《大荒东经》《大荒南经》《大荒西经》《大荒北经》。

P192：三星堆神树上有鸟、兽、龙、蛇。高按：三星堆神树上有鸟、兽、龙、蛇情况和古彝文记载的神树内容相同。

P198：原文：不少学者早已注意到，《天问》与《山海经》有很多相同的内容。这里仅列举一二：应龙何画？河海何历？鲧何所营？禹何所成？昆仑县圃，其尻安在？烛龙何照？长人何守？一蛇吞象，厥大何如？启棘宾商，九辩九歌，何勤子屠母，而死分竟地？女娲有体，孰制匠之？胡终弊于有扈，牧夫牛羊？上述屈原提出的问题，在《山海经》里均有所记述。

高按：屈原《天问》很多内容在《山海经》里均有记述，这是重要内容。

P199：原文：《离骚》与《山海经》相同的内容：《离骚》描述的帝高阳（颛顼）、鲧、启、羲和、崦嵫山、鸾皇、高辛（帝喾）、巫咸、不周山、西海等，在《山海经》里早有记载。

高按：《山海经》有颛顼、帝喾等的记载，为重要内容。

P202：原文：《山海经》一书早在公元前516年，就被王子朝送给了楚国，成为楚国密藏典籍，因此屈原有机会研读《山海经》、熟读《山海经》。高按：这是重要内容。

P123：原文：有鱼偏枯，名曰鱼妇，颛顼死即复苏。风道北来，天乃大水泉，蛇乃化为鱼，是为鱼妇。颛顼死即复苏。高按：颛顼"鱼妇"即蜀王鱼凫。

P103：原文：西海渚中，有神，人面鸟身，珥两青蛇，践两赤蛇，名曰弇兹。

高按：弇兹"人面鸟身"，珥蛇，践二蛇，这是重要内容。

P51：原文：南海渚中，有神，人面，珥两青蛇，践两赤蛇，曰不廷胡余。

高按：这里有讲述不廷胡余，为重要内容。

P90－91：原文：1.《大荒东经》记有六座日月所出之山，它们依次是（自东南向东北）大言山、合虚山、明星山、鞠陵于天山、猗天苏门山、壑明俊疾山。与之对应的是《大荒西经》记述有六座日月所入之山，它们依次是（自西北向西南）丰沮玉门山、龙山、日月山、鏖鏊钜山、常阳山、大荒山。此外，《大荒西经》还记述有一座日月所出入之山，即方山，它们共同构成了蔚为壮观的天文观测台阵。

高按：这里讲述十二座日月出入之山和十二地支之关系，为重要内容。

2.木星是夜空中最亮的行星之一，它引起了我们祖先特别的兴趣，并由此发明了本星纪年法。木星又称岁星，木星每十二年绕太阳一周（现代观测值为11.8年），每年木星所在天空（太阳系）的位置都有一个专用的名称，称为岁名。《淮南子·天文训》记有一套发音奇怪的十二岁名，它们是摄提格、单阏、执徐、大荒落、敦牂（意为母羊）、协洽、涒滩、作噩、阉茂、大渊献、困敦、赤奋若。不难看出，这套十二岁名与十二座日月出入山的名称有相似和相近之处，一是它们的发音都相当古怪，不能排除源自音译的可能；二是两者之间有相近的发音，例如大荒山与大荒落，大言山与大渊献，合虚山与执徐，常阳山与敦牂（音脏）等。或许，《淮南子》所述十二岁名即出自《大荒四经》所述的十二座日月出入山。若此说成立，则表明十二座日月出入山，不仅仅是用来观测日月的运行，也包括对木星等星辰运行的观测，反映出我国古代曾经有过非常复杂的天文观测活动（十二地支以及十二生肖均源于木星纪年）。高按：上述可参阅

173

读本书第27、28、30、31、48、83等页相关内容。

附：第27页：原文：大荒之中，有山名曰孽摇頵羝，上有扶木，柱三百里，其叶如芥。有谷曰温源谷。汤谷上有扶木，一日方至，一日方出，皆载于乌。第28页：原文：有神，人面、犬耳、兽身，珥两青蛇，名曰奢比尸。此处经文记述的奢比尸与汤谷相邻。在《海外东经》中亦记有奢比尸（又名肝榆尸），其特点为大耳，所在方位为东北隅，与东南方的汤谷并不相邻。第30页：原文：大荒之中，有山名曰猗天苏门，日月所生。有埙民之国。猗天苏门是《大荒东经》所记第五座观察日月东升的山。袁珂注："《类聚》卷一引此经作猗天山、苏门山，日月所出。"第31页：原文：有綦山。又有摇山。有䰠山。又有门户山。又有盛山。又有待山。有五采之鸟。东荒之中，有山名曰壑明俊疾，日月所出。第48页：原文：大荒之中，有不姜之山，黑水穷焉。又有贾山，汔水出焉。又有言山。又有登备之山。有恝恝之山，又有蒲山，澧水出焉，又有隗山。其西有丹，其东有玉，又南有山，漂水出焉。有尾山。有翠山。第83页：原文：西海之外，大荒之中，有方山者，上有青树，名曰柜格之松，日月所出入也。

P82—83：原文：《史记·周本纪》："周后稷，名弃。其母有邰氏女，曰姜原。姜原为帝喾元妃。姜原出野，见巨人迹，心忻然悦，欲践之。践之而身动，如孕者，居期而生子，以为不祥，弃置之隘巷，马牛过者，皆辟不践。徙置之林中，适会山林多人。迁之，而弃渠中冰上，飞鸟以其翼覆荐之。姜原以为神，遂收长养之。初欲弃之，因名曰弃。"

高按：帝喾之子被丢弃，牛马、飞鸟来保护，可参考彝文经典里面的"直括阿龙"故事，进行对比阅读和研究。

P60：原文："有国曰颛顼，生伯服"袁珂指出："疑经文当作'有国曰伯服，颛顼生伯服'，脱'伯服'二字。"此言甚是。吴任臣引《世本》云："颛顼生偁，偁字伯服。"

高按：这里有讲述有颛顼、伯服内容。"伯服"的彝文读音为"▉▉▉"[2]。

P62：原文：昆吾为古代著名诸侯国，今本《竹书纪年》夏仲康六年记有"锡昆吾作伯"。《世本·帝系篇》云:"陆终娶于鬼方氏之妹,谓之女馈,是生六子。孕三年而不育,剖其左胁,获三人焉;剖其右胁,获三人焉。其一曰樊,是为昆吾;其二曰惠连,是为参胡……

高按:这里讲述昆吾与夏"仲康王"有关。可与彝文经典中昆吾、曹黑头故事进行对比阅读和研究。

P25:原文:《史记·秦本纪》:"秦之先柏翳(伯益),舜赐嬴氏,生子二人,一曰大廉,大廉玄孙曰孟戏,鸟身人言。"袁珂认为舜与伯益均一人之化身,而伯益之后裔孟戏亦即此处经文所述舜之后裔戏。高按:这里讲述舜和伯益的关系,为重要内容。

P23:原文:有困民国,勾姓而食。有人曰王亥,两手操鸟,方食其头。王亥托于有易、河伯仆牛。有易杀王亥,取仆牛。河念有易,有易潜出,为国于兽,方食之,名曰摇民。帝舜生戏,戏生摇民。

高按:上述内容可与商史、彝史中相关世系进行对比阅读和研究。

P38:原文:玄女又称九天玄女,相传她传授给黄帝兵法,《太平御览》引《黄帝玄女战法》云:"黄帝与蚩尤九战九不胜,黄帝归于太山,三日三夜雾冥。有一妇人,人首鸟形,黄帝稽首再拜伏不敢起。妇人曰:'吾玄女也,子欲何为?'黄帝曰:'小子欲万战万胜。'遂得战法焉。"高按:《太平御览》引《黄帝玄女战法》提到黄帝时候的玄女又叫九天玄女,玄女曾帮助黄帝打仗和出谋划策,为重要内容。

P42:高按:《山海经》中的双手操蛇和珥蛇表示其为神人或英雄好汉,与出土文物珥蛇、操蛇、脚踏日月神有关,为重要内容。

P51:原文:南海渚中,有神,人面,珥两青蛇,践两赤蛇,曰不廷胡余。《大荒东经》记有北海海神禺京和东海海神禺貌,此处不廷胡余的形貌与禺京、禺貌几乎如出一辙,以此推知不廷胡余当是南海之海神,而其名则能出自译音。高按:这里讲述禺京和禺貌都是珥蛇、践蛇者,为重要内容。

（二）零散笔记整理

P2：原文：在古史传说里，少昊是先夏时期著名的部落，号称五帝之一。

高按：少昊为五帝之一，为重要内容。

P3：原文：今山东曲阜县城东有少昊陵。《拾遗记》卷一记有白帝之子亦即太白之精与皇娥在穷桑之浦坠入爱河，生少昊，因号为穷桑氏，又号为金天氏。少昊部落尊崇太白金星，金星为天空亮星，日出前现于东方则称太白，日落后现于西方则称长庚。

高按：这是重要内容。

P6—7：高按：这几页有讲述舜为妨国，"益"即舜，舜即帝俊，为重要内容。

P8：高按：这页讲述帝俊即帝舜、帝喾、帝颛顼，似非专指一人，为重要内容。

P34：这页讲述女和"月母"即羲和。女和（羲和）即观察日月运行的女巫，为重要内容。

P172：这页有讲述《山海经》成书时间：（1）春秋战国时期。（2）秦汉之际。

P173：高按：这页有讲述袁珂认为《山海经》的作者是楚地的楚人，或者与齐国学者邹衍九大州、九小州学术思想及其《终始》《大圣》之说有关，为重要内容。

P173：原文：根据《吕氏春秋·先识》记载："夏太史终古见桀迷惑，载其图法奔商；商内史向挚见纣迷惑，载其图法奔周。"高按：这页有讲述终古为夏太史，为重要内容。

P174：这页有讲述《左传·定公五年》记载：周王朝王子朝被杀于楚，为重要内容。

P180：这页有讲述《山海经·五藏山经》是帝禹时代（公元前2200年）所进行的国土资源普查报告，为重要内容。

注释:

[1]王红旗、孙晓琴:《大荒四经》,武汉:武汉大学出版社,2011年。

[2]此为高加乐手迹。

《滇文化》[1] 释读与研究

P12：原文：地皇三年（公元22年）颁发的《大赦令》中也说："及北狄胡虏逆舆，泊（洎）南僰虏若豆、孟迁，不用此书……"高按：文中"若豆"可能是"鲁反"，而"孟迁"可能是"妙济"。

P140：原文："农神崇拜：石寨山出土的祭祀贮贝器上，有的在祭坛上陈列大鼓16面。"高按：石寨山贮贝器上有16面大铜鼓，这是重要内容。

P142—143：原文：滇国居民崇拜铜鼓，因为它原来是一种供许多人吃饭用的大型炊具。由炊具想到食物，进而和粮食联系在一起，后来又逐步演变为农神的象征物，所以有关农业的祭祀仪式中，自然少不了用铜鼓作崇拜对象。如石寨山20号墓出土一件盖上雕铸有祭铜鼓场面的贮贝器，以器盖的对称双耳为中线，将参与祭祀者大致分作两部分：右侧一组共14人，其中二人抬一肩舆，舆作步辇状，抬者双手各持舆杆的前后两端，作慢步行进状。舆中坐一滇国妇女，双手扶于舆斗前沿，此人衣着华丽，当属主祭者无疑。舆前一妇女跪地，正向舆内的贵夫人作行礼打躬状。舆后一人肩负包袱，跟舆行走，另一人双手持物，似为主祭者之随从。围绕肩舆四周尚有骑马护卫者二人，提篮者一人，头顶籽种篮者一人，肩荷铜锄者一人，手持点种棒者一人，手捧物者二人，另有犬一只。左侧一组共18人，其中有砍去头颅者一人，铜鼓旁站立者一人，跪地者二人，披毡者一人，手捧食盒者一人，双手抱头痛哭的妇人一人，缚于木牌待杀者一人。另有扛物者、双手抱物者、提篮者、骑马者及其他执事人员多人，都是与祭祀活动有关的人。以上两组人物中间有三个重叠而立的大铜鼓，为整个祭祀场面的崇拜对象。

高按：贮贝器上左方18人，右方14人，其中有一人砍去头颅，另有一人披毡。贮贝器上还有一人缚于木牌上待杀，这与贵州古彝文典籍记载相同。

P144、148：原文：动物崇拜：滇国境内多沼泽，湖泊（如滇池、抚仙湖、星云湖、杞麓湖、阳宗海、异龙湖等），附近又有茂密的森林，经常有野兽和毒蛇等凶猛动物出没，对滇国居民的生命财产构成巨大的威胁。因此滇国时期除崇拜农神外，也崇拜动物，尤其对威胁人畜安全的虎豹及毒蛇、鳄鱼等更加畏惧，由畏惧进而乞求、崇拜，所以祭祀动物之神，保护人畜安全的宗教仪式便应运而生。滇国青铜器上亦多此类图像，如石寨山1号墓出土一件盖上雕铸祭铜柱场面的贮贝器，铜柱中段盘绕两条大蛇，张口露齿，十分凶狠；柱顶端立一虎，凝视远方，虎视眈眈，柱下段横绕一鳄鱼，双目鼓圆，令人望而生畏。铜柱的右侧立一木牌，一裸体男子双手反缚于牌上，其发辫系于牌后。木牌之右前方坐一人，左足锁于木枷，动弹不得。另有一人双手反缚跪于地、一人手足被捆，由两个滇族男子拖拉至祭祀场所。以上四人很可能为祭祀活动中待杀的人牲，他们都是被滇国俘获的辫发"昆明"人，与祭铜鼓场面中用辫发俘虏作人牲的情况相似。……杀人祭祀：前述石寨山出土的祭铜鼓和祭铜柱贮贝器上，均有用活人作祭品的杀人祭祀场面。其中有的被裸体捆绑在祭祀场所的木桩上即将被杀；有的双手被缚、双脚锁在木枷中等待被杀；还有的双手双脚被缚，由二人拖拉至祭祀场所准备杀死；也有的已被杀害，其无头尸体躺在地上。以上被杀者都是头蓄辫发的"昆明"人，他们中有的可能是被滇国战士掳掠来的奴隶，有的很明显是战俘。

高按：祭铜柱的柱顶有一虎，柱上有二条大蛇，柱下有一鳄鱼，共有4人被缚待杀以祭祀，这是重要内容。

P146：原文：如石寨山3号墓和6号墓出土的铜铸房屋模型中，在墙壁的正面均设有小龛，龛内供一椎髻男子头像，一望而知是滇国主体民族的形象。在此头像的下面放置铜鼓一面，也有的在璧龛下置一长方形案，案上陈设许多祭品，案周围都是参与祭祀活动的人，有跪者、舞蹈者和吹葫芦笙者若干人。过去有的研究者认为，璧龛内所供人头是在举行"猎头祭谷"仪式，龛内的人头是猎来的头颅，就像近代佤族的"人头桩"一样，都是为乞求人畜平安，谷物丰收。我认为此图像所表现的并非"猎头祭谷"，而是在举行祭祖仪式。墙壁小龛内供的男子头像是祖先神灵的象征，子孙后代的崇拜对象。……另外我国古代的祭祀仪式，通常"祭于内者为祖，祭于外者为社"。滇国时期凡祭祀农神、山神和水神等，都是在室外特设的祭坛上，而祭祖仪式则是在室内举行的，与中原古代祭祀仪式相同。祖先崇拜在近代云南少数民族中仍普遍存在。如景东县太忠地区的彝族群众，每家的屋内都挂一张用笔画的若干人像，都是他们早已过世的历代祖先，主人会很熟悉地告诉你，哪个人像是第几代祖先，叫什么名字及其主要业绩。安定地区的彝族家中死了人，就用蜂蜡捏成小人放在布袋内，供在家中的楼上，逢年过节都要祭奠一番，表示对他们祖先的怀念。这和滇国居民在墙壁上设一小龛，将其祖先头像供在龛内祭奠的情况十分相似。

高按：这就是彝礼。石寨山铜房小房中供一椎髻男子头像，这是重要内容。

P146—147：原文：生育崇拜不仅反映了古代民族对发展社会生产、增加社会财富的强烈愿望，也表现了人类对自身繁衍和人丁兴旺的美好要求。当人们还意识不到男女媾合在人口繁殖中的决定作用时，图腾感生神话便应运而生。如古代夜郎国的竹生传说和哀牢夷的龙生故事等，都是性生观念确立前，感生神话流行时的产物。当性生观念形成后，男女媾合的现实取代了图腾感生神话，于是生殖崇拜便伴随着古代民族希求人丁兴旺的愿望而逐步盛行。毫不夸张地说，由感生说向性生说的转化，是古代民族认识自身过程中的一大飞跃，而这一飞跃意味着人类认识事物在不断深化，不断提高。滇国青铜器上有几处表现男女媾合的图像，有的出现在祭祀场所，如石寨山12号墓出土的祭祀贮贝器上，有男女二人依墙而立作交合状；也有的作为装饰品供人悬挂，如李家山墓地出土一件铜扣饰，其上有男女二人媾合图像。这就是我们通常所说的性崇拜或生殖崇拜，反映了滇国居民希望人口增加，财富增多的普遍心态。

高按：这里讲述滇国性崇拜和生育崇拜，是重要内容。

P147：原文：

剽牛祭祀：滇国青铜器图像中，有几处反映的是剽牛祭祀即将开始的场面。如石寨山墓地出土一件铜扣饰，其上有四个戴冕形冠的人，想必为主持祭祀的巫师。其中二人按牛背，一人紧握牛尾，另一人持绳数周，一端系于右侧的圆柱，一端缠绕牛腿。柱作伞盖状，顶上盘绕一蛇，当属崇拜对象。

高按：石寨山4人杀牛祭祀铜扣饰的"祭柱"上，柱顶盘绕一蛇。这是祭祀杀牛情况的记述，四妇女头饰同彝族。

P148—149：原文：滇国祭祀场面中，多有奏乐和舞蹈者参与。这大概就像《史记·乐书》中所说："大乐与天地同和，大礼与天地同节。……故祭天祭地。明则有礼乐，幽则有鬼神。"《史记集解》曰："自天子至民人，皆贵礼之敬，乐之和，以事鬼神、先祖也。"可见在我国古代祭天地、鬼神及祖先的仪式中，多有礼乐敬和。古代滇国和我国内地一样，在祭祀场所亦多有吹葫芦笙和击打铜鼓、錞于者。如石寨山12号墓出土的祭祀贮贝器上，在众多参与祭祀者中间立一木架，架上悬挂铜鼓一、錞于一、一个演奏者席地而坐，双手各执一锤，一手击铜鼓，一手击錞于。又如石寨山3号、6号和13号出土的铜房模型中，都在举行祭祖仪式。其中3号墓房屋内有击铜鼓者三人，吹葫芦笙者一人，舞蹈者四人；6号墓房屋内有吹葫芦笙一人，舞蹈者二人；13号墓房屋内有吹葫芦笙者一人，击铜鼓者一人。以上祭祀中多有音乐、舞蹈相和，反映了镇国居民对被祭祀神灵的敬仰，既陈以祭品，又享以舞乐。

高按：《史记》中以乐、舞祭天地鬼神，这是重要内容。

P149—150：原文：滇国巫师：由于巫师的特殊职能和半人半神的奇特身份，所以其装饰和言行上都显得与众不同，尤其在作法布道时更是如此。如石寨山出土一件鎏金铜扣饰，其上有四个似巫师之类的人物，头戴筒状尖顶帽，帽上饰带柄的小圆花，帽后下垂长带两条，均着长衣，右手摇铃，左手挥舞于胸前，口微张，似在说教。也有的巫师虽衣着奇特，但形象与一般人无异。如石寨山出土铜鼓上刻画着一个所谓的巫师，头戴兜帽，顶上饰毛发一束，下沿有四条飘带，颈部饰成排的羽翎和下垂的兽

181

尾，两手横执弓，作驱鬼状。还有的巫师面目狰狞可怕，大嘴利齿，双目鼓圆，长发直竖，腿绕兽尾，一手持刀，一手提人头，两足下蹲作旋转跳跃状，似在斥鬼。

高按：这里讲述滇国巫师状况：有的一手持刀，一手提人头。这是重要内容。

P152：原文：西汉中、晚期，滇国的马具与马饰更加完备，除原有的马鞍、络头、辔饰继续使用外，又新出现了防护战马身躯的马铠及更便于骑乘的马镫。如李家山墓地出土一件西汉晚期的刻纹铜片，铜片上有一跃马疾驰的骑士，头蓄尖形发髻，身披毡子，酷似近代的彝族男子形象。

高按：李家山墓地出土西汉晚期的刻纹铜片，上面是彝骑士、椎髻、披毡。

P154：高按：这页有讲述滇国战士一手提人头，脚踩无头尸体，是重要内容。

P155：高按：这里讲述滇战士一手提人头，并一手牵绳，绳上系一身背幼童的妇女和一牛二羊图，是重要内容。

P156—157：高按：这两页有讲述铜戈鐏背上有鱼、鹿、虎、牛、猴、熊、野猪情况，是重要内容。

P158：原文：在阔叶形铜矛中，有一件蛙式铜矛的造型十分奇特，此矛刃部后端及鐏上铸一浮雕的青蛙，两前肢弯曲成双环耳，后两肢下蹲作起跳状。……石寨山柳叶形铜矛中，特别值得一提的是吊人铜矛，此类矛刃部后端两侧各雕铸一个被吊着的裸体男子图像，双手反缚，似为受刑之人。

高按：这里讲述滇青蛙铜矛和吊人铜矛情况，是重要内容。

P159—160：原文：剑刃后端有阴线刻的一虎，虎作卷尾回首状。……三式为扁圆空心剑柄，圆剑首，一字形剑格，柄上有双旋纹、弦纹及三角形齿纹图案。剑刃两侧有细线刻的人与老虎的搏斗图像，猎手骑于虎背，右手执剑刺虎，虎回首紧噬猎手之肩部，一小猴拖住虎尾。高按：这里讲述铜剑上人与虎的搏斗场面，未说明是杀虎。

P160：原文：……7号墓的一件为立体人形柄，大嘴巨目，牙齿外露，服饰奇特，一手执剑，一手持刀，似巫师作法。高按：对这个立体人形柄的说明应该更详细才好。这里讲述大嘴巨目"巫师一手持刀，一手持剑"情况，是重要内容。

P161：高按：这页有滇铜钺上的水鸟衔鱼和猴衔蛇等，是重要内容。

P164：高按：这里有讲述滇铜弩机上刻有"舞阳""□十三年"等铭文，为重要内容。

P166 原文：李家山墓地发现一件鸟兽纹铜臂甲，为滇国青铜器中纹饰较生动的一件。……甲面有细致的线刻花纹图案，为虎、豹、熊、猴、鹿、野猪、鸡、鱼、虾、蜈蚣、蜥蜴、蜜蜂、甲虫等十余种鸟兽纹。

高按：这里讲述铜臂甲上有鱼、虎、猴、猪、蜥蜴等，是重要内容。

P167－169：这两页讲述贮贝器上各种战争情况，为重要内容。

P170：原文：剽牛：滇国青铜器图像中，有几处反映剽牛仪式即将开始的场面。如李家山墓地出土一件铜扣饰，其正面图像之右侧立一柱，上粗下细，顶端有一平台。柱侧立一牛，牛身上披挂着有花纹的纺织品，牛角上倒悬一幼童，双脚被缚，想必与牛一起作为祭祀用品。

高按：这里讲述祭祀剽牛铜扣饰，牛角上挂一孩童，双脚被缚，为重要内容。

P173：原文：竞渡：滇国境内河流纵横，湖泊众多，沿岸滨湖之民，竞渡之风特盛。石寨山出土的一件铜鼓上铸有竞渡图像，船作长条形，中间较宽，两端稍窄，船头尾上翘甚高，船下有游鱼及水鸟。此竞渡船上共15人，除一人持小旗坐于船头作指挥外，其余14人分为7组，每组二人并肩横坐，手中各持一桨作划动状。

高按：这里有讲述铜鼓上的竞渡状况、人数、鱼和水鸟，为重要内容。

P174：原文：饰羽翎：滇国青铜器上有许多饰羽翎的人物图像……凡饰羽翎者多属巫师、舞蹈者和武士，都是一些身份比较特别的人。过去有的研究者多称此类形象的人为"羽人"，显然是不妥当的，因为我国古代有"羽化登仙"的说法，只有想象中的神仙才是"羽人"，也才能登入仙境。滇国青铜器上所谓的"羽人"，实际上是饰羽翎的人。云南少数民族至今仍有许多饰羽毛或羽翎的人。如西双版纳的哈尼族支系爱尼人，小姑娘和青年妇女的帽子上多有一束染色的鸡毛；傣族小伙子喜欢在头顶的包布或毡帽上插两支孔雀羽毛。饰羽翎的少数民族，有的与某种神话传说有关，多数是为了美观，它和其他金银首饰一样，都是一种装饰品。衣饰尾：滇国青铜器图像上，有的人衣服的后襟很长，似长尾垂地；也有的背上披一件带毛的兽皮披肩，尾巴下垂至臀部。……我认为古代所说的"尾濮"，实际上就是滇国青铜器上那些衣服后襟很长，或身披兽皮披肩，尾下垂至臀部的濮人，"长尾巴"之说纯属无稽之谈。

　　高按：这里讲述竞渡"羽人"的不同意见，是重要内容。

　　P175：高按：这里有讲述"穿胸蛮"和哀牢夷，这是装束的分歧。

　　P176：高按：石寨山和李家山出土的耳环特大，垂至肩部，这是"儋耳蛮"称呼的来历。

注释：

[1] 张增祺：《滇文化》，北京：文物出版社，2001年。

《中国彝族史学研究》[1]释读与研究

（一）

P264：原文：在古代中国，与中原一带的"重器"鼎一样，西南地区的铜鼓是国家权力和社会权威的象征。在云南省楚雄彝族自治州的万家坝出土有铜鼓，"其年代为6900±90年，为目前世界上出土的最早铜鼓"。彝族是最早制造和使用铜鼓的民族之一，有《物始纪略（第三集）·铜鼓由来》为证："够阿娄、葛阿德两人，闲着无事时，去到铜矿山，矿山拾铜块，拾九驮铜块，用来铸铜鼓，铸大鼓小鼓，大鼓铸日像，小鼓铸月像，大鼓铸鹰像，小鼓铸虎像。男人作战，女人管事，作战凯旋日，打铜鼓藤鼓，打马杀牛贺，擂鼓响如雷，击钟如闪电，人吼惊苍天。铜鼓的根源，人们这样说，就是这样的。"

高按：这里谈及云南楚雄出土铜鼓上有鹰、虎、日、月，为彝族最早出土铜鼓。

P183—184：原文：《尼苏夺节·文字、伦理篇》记叙了远古的尼什搓如何同其他五位伙伴一起创造了彝文："在远古时候，还没有文字，更没有伦理。高高的天上，尼什搓出世。……尼什搓……三千金银花，变成三千字，写在竹片上，编成六本书。"

高按：这里讲述尼什搓把彝文字写在竹片上，为重要内容。尼什搓即夜郎王多同时候的史官，也就是夜郎史佐。

P188：原文：用青的颜色绘耀日的像，用红的颜色绘皓月的像，用白的颜色把苍天描绘，用黑的颜色把大地描绘。相距很远后，舍够沽老人，

185

发明了黄色，从此以后，够斯艺、葛笃诺两人，绘制美的画，恒始楚、投乍姆两人，丧场挂那史，由巧手绘画……天地间事物，画在那史上，把死者安慰。

高按：这里讲述文中恒始楚、投乍姆都为多同史官，那史画在夜郎时候已有。

P227：高按：这页有讲述发现西汉时候昭通文物故"堂狼彝印"。为重要内容。

P230—231：高按：这里讲述火济碑上有记载妥阿哲联合诸葛孔明攻打"孟撒"事迹。火济碑上的"孟撒"可以和王子尧、刘金才《夜郎史传》中相关内容进行对比阅读和研究。

P210—214：高按：这几页讲述贵州毕节彝文翻译组王继超等彝文专家用彝文解读西安半坡、临潼姜寨等出土文物上的陶文情况，为重要内容。

P214—223：高按：这几页讲述贵州彝文专家王正贤、王子尧对贵州中水出土的45个彝文的释读情况，为重要内容。

P233：高按：这页有讲述如下重要内容：（1）六枝彝文碑《拦龙桥碑记》有记载"古阿勒液"为"北盘江支流"。（2）"佐姆"义为高原，即梁子。

P91：原文："彝族先民认为，天上的星宿与人间一样，也有等级之分，《彝族源流·座次论》载："天臣努娄则，清天上神座；天布奢武图，地布署洪遏，清理天地间神座，清理君王神座，清理瞿塔邓，策举祖来坐；清理空空能，恒度府来坐；清理希米娄，恒仇诃来坐；清理希度能，投皮耐来坐；清理吐娄栋，恒彼余来坐；清理舍梯栋，投毕德来坐；清理恒叟古，桓始楚来坐；清理够叟艾，够阿娄来坐；清理葛里投，葛阿德来坐；清理希米娄，给吉幡娄坐；清理希度能，给洪咪能坐。""在五地中央，左为君座，右为臣座，顶为布摩座，周围民众座，中间男女座。"

高按：彝族尚左，上首为师座。桓始楚即史佐，为重要内容。

P124：这页有讲述祭祀多同史官和南诏官制，为重要内容。

P125：这页有讲述彝族崇拜先祖，碑文中列出王名，具体有慕齐齐、默阿德、勿阿纳、妥阿哲等。为重要内容。

P130：这页讲述彝族先民还比较早就发现了天然气或石油，为重要内容。

P38—39：原文：1.实勺时代兴起了人死请布摩念经荐灵的习俗。……在实勺前，人死实行野葬，将尸体丢在野外，这种方式造成很大的危害。"一片臭气熏，头发鸟做窝，白骨野兽啃；尸体的魂魄，到处吓唬人；尸体的邪气，去把人伤害。惨状不忍睹，惨景不忍瞧。"为了改变这种不良状况，从什（实）勺时开始，兴起了祭奠，"人死要埋葬，人亡要祭奠。老人死去了，要把丧幡做，还要做咯补，要把牲牲杀，热闹来发丧。老人的功绩，一定要颂扬，世间人死了，经过发丧后，死魂不吓人，死邪不害人，丧者的魂魄，平安归阴府"。2.实勺时代兴起了"则溪"（仓）的社会制度。

高按：这里讲述实勺时代兴起埋葬和仓库制，为重要内容。

P32：1.原文：传说尼能时补天补地，"尼能八神布，驯服逆龙，治伏乱虎，探索着治天，探索着治地，炼铁补天地，炼铁象青鹰，四极与天连；又制作铜，积制铜技术，把天修到顶"。高按：这里讲述尼能时降龙伏虎情况，为重要内容。

2.原文：彝族文字产生于哎哺中期，是够斯艺创造并使用了文字。

高按：这里讲述彝族文字的产生，为重要内容。

P53：原文："军师布鲁莫，布六祖天阵。四布摩四阵，布四阵来战。"高按：这里讲述彝族笔母为军师，参加打仗，为重要内容。

P44—45：1.原文：父权制经过长期的、激烈的斗争，终于战胜了母权制而确立起来，整个社会也就逐步地从母系社会进入了父系社会。

高按：这里讲述母权部和父权部的斗争，为重要内容。

2.原文：《彝族源流》卷12记载，在米靡时代的幡娄窦时，"祖摩布"乏嗣而由窦度继承，这并非米靡氏族的幡娄窦无后代，而是其政权被窦度氏夺去了……

高按：这里谈及多同，但没有弄清真假，实际上，幡娄窦即多同。

P46：原文：在这场大战中，由于动物的助战，举偶氏打败了其他部落联盟的军队,"偶氏派九人,点着九把火,索氏派八人,点着八把火,烧高山的鲁,鲁山兵溃败,烧平坝的朵,朵坝兵溃败","塞君塞阿武,拖着九百骑,往洪鲁赫趣,逃之夭夭","迷觉往右逃","亨氏往左逃",举偶氏取得了巨大胜利。

高按:这里讲述麓㠂和昆吾之战,文中的"鲁""朵"即麓㠂。

P47:原文:奴隶还有谱系:巧优额—优额恒—恒阿武—阿武谷—铺武尼,里阿铺—铺阿沓—沓诺额—诺额开—开阿纣,开斗姆—斗姆偬—偬图育、偬举勾—举勾额直—额直撒娄—撒娄阿泰—阿泰阿史—阿史姆直—姆直咪史—咪史阿铺—阿铺阿额—阿额阿颖—颖阿侯—侯雅武—阿武吐—吐皮楚—史楚纣—纣诺娄—诺娄笃—笃阿祖—阿祖阿补—阿补阿确—阿确鲁那。高按:这里讲述奴隶谱系,为重要内容。

P48:1.原文:"天上六目莫,仇诃君侍奴;地上八目莫,毕余臣侍奴;如群星闪耀,实楚布摩蓄奴。"高按:这里讲述史官史佐蓄奴,为重要内容。

2.原文:《华阳国志·蜀志》记载杜宇时期已是奴隶制时代。在杜宇时期,当时的蜀国已有固定的国都,即"移治郫邑",就是以今天的郫县作为其都城。

高按:这里讲述杜宇时期,四川郫县是国都,为重要内容。

3.高按:这页有提及蜀国的统治范围,涉及宜宾。

P54:原文:六祖在迁徙过程中,不断与其他民族或本民族其他支系发生战争,掠夺奴隶,"捉来有三群,强居有百数",建立和发展了奴隶制度。战争的进行,造成了各个民族、部落之间"械斗起纠纷",如默祖之后的第17世孙俄松比额时代,向鄂部后裔的汶姓发动进攻,攻占了汶家的城池,俘虏了汶君汶阿纳及其部属,并将其作为自己的奴隶。在六祖时代,奴隶制度得到了进一步发展,据《彝族源流》卷16记载,奴隶阿确鲁那有6个儿子,成为六祖的世袭奴隶,"确鲁那六子,跟随六位主。洛那阿吉,跟乍周雅吉,洛那阿安,跟随武阿安。洛那额濮,跟随糯娄濮,洛那阿侯,跟着恒雅侯。洛那额毕,跟随阿德毕,洛那阿德,跟随默德施。洛那氏六子,世袭为六祖奴。"到隋唐时代,随着云南南诏国的建立和贵州水西政权的建立，彝族的奴隶制发展到鼎盛时代，此后便开向封建制社会过渡，而四川凉山地区的奴隶制一直存在到20世纪50年代初。

高按：这里讲述奴隶史，为重要内容。

P49—50：高按：这两页讲述天上的等级是人间等级制的折射和反映，等级名称亦相同。君、臣、师、民去世后，骨灰盒也不同，为重要内容。

P52：1.原文：笃慕娶妻后，迁到照阿已夺（现云南东川），在这里祭奠了祖灵。又迁到木阿殊昭（现云南昭通），在这里，3妻生了6子，即彝族六祖。

高按：高按：这里讲述照阿已夺是东川，木阿殊昭为昭通，为重要内容。

2.高按：这页还有对笃慕婚配时的不同译法。

P256：原文：仇诃皮耐君，建九重银屋，造九重金屋，策举祖、恒度府来住；彼余毕德臣，造六重银屋，盖六重金屋，努娄则来住；始楚乍姆师，修三重银屋，见三重金屋，奢武图、洪哲舍来住。高按：这里讲述君臣师造屋按三六九进行，为重要内容。

P257—258：原文：蕴藏着矿石的古代十座山是："一是亩独山，二是阿纳山，三是中特山，四是仔打山，五是俄明山，六是德祖山，七是龙可山，八是朵白山，九是戈沟山，十是基鲁山。"高按：这是讲出土矿产情况。其中德祖山就是德晋山，德晋山坐落在晋宁；基鲁山就是峻浪山。

P395—396：高按：这两页中，一说布阿洪是两宋人，又说是写《夜郎史传》的人，有矛盾。

（二）

P373：1.高按：哎哺时期，布楔巨先知写下尼能史、实勺史的彝文书，成为彝族史学家的早期代表，这是重要内容。

2.原文：南北朝时期，彝族出现了一位杰出的史学家举奢哲，他的治史理论即使与《文心雕龙·史传》的作者刘勰相较也毫不逊色，主要体现在他史学理论的《论历史和诗的写作》一文，早于《史通》二百余年。高按：这种说法存疑。

3.原文：古代彝族比较重视女性的作用，女性很早就参与了历史的编写工作，早在哎哺时代就有"女整理历史"的记载，在她们中出现了女文史家恒颖阿买提。在南北朝时期又诞生了与举奢哲齐名的女史家阿买提。高按：这种说法存疑，错在把一人当二人来说事了。

4.阿堵尔朴、布达厄筹、布阿洪、漏侯布哲等人都为彝族史学的发展和中国古代史学理论的进步做出了重要的贡献。高按：这种说法存疑。

P256：原文：根据彝文古籍中的记载，古代彝族社会在哎哺时期就形成极具特色的社会物质文明，其标志就是相当成熟的金属炼制和纺织业，并形成以"德晋"即今云南晋宁为中心的铜铁冶炼业和以"能沽"即今四川成都一带为中心的织锦业。高按：这里说德晋就是云南晋宁，为重要内容。

P248：原文：《物始纪略（第二集）·"吐"分七勾则》记叙了能沽等16国的情况。……蒙唢迁甸，在蒙唢国边境，投帕洱海，在葛鲜国中；都是武氏国。北方四武国，垓垓大城，在窦尼国上方；蔼扎大城，在德晋国中，能沽大城，在能沽国边，都属武国地。

高按：（1）这里有"德晋国"的说法。（2）这里说的"投帕洱海"即滇池。

P378：高按：这里讲述巨先知和阿买妮（南北朝时期）著述的彝文书有《彝族诗文论》《祭天大经书》《祭龙大经书》《做斋大经书》《天地的产生》《降妖捉怪》《侯塞与武锁》《黑娄阿菊的爱情和战争》等，为重要内容。

P396—397：高按：这两页有讲述布阿洪写《夜郎史传》，为重要内容。

P260：高按：这页有赶毡蔡谱系。赶毡蔡的彝文读作Vurd[2]。

P281—284：原文：在彝文字典籍的发展史上，则有一位年代早于秦始皇、实现了民族统一并划一规范古彝文的支嘎阿鲁王。云南、四川的彝文文献都记下了支嘎阿鲁出生前，他的母亲因空中鹰血滴在身上而请布摩查书断吉凶……支格阿鲁是一个孤儿，从小历尽艰辛，被称之为"巴若"，即弃儿的意思。……他曾向一位身着黑披毡的老汉讨教，知悉了自己的根——父亲、母亲、图腾与族谱。黑披毡老汉告诉他："天郎恒扎祝，是太阳的精灵，白鹤是他的化身，就是你的父亲；地女啻阿媚，是月亮的精灵，杜鹃是她的化身，就是你的母亲。雄鹰是你的父亲，是鹰翅把你覆大，马桑是你母亲，乳汁哺你长大，盼你胸怀龙虎志，造就济世才，父母壮志未酬，未竟大事由你理。"取出幅白绸，交支嘎阿鲁："阿鲁留心看，这幅白绸上，有你的身世，还有你家谱。"支嘎阿鲁哟，把白绸摊开，白绸上写着："武僰人勒家族，和天地起源，跟苍天大地，同时间形成。"勒一代，勒叟吾二代，叟于觉三代，觉雅织四代，织恣恒五代，织恣恒时代，恒君长多子，一叫兹播娄，做仇珂君长，一叫恒扎祝，奉天君之命，开创新的地，淑女啻阿媚，嫁给恒扎祝。生个斯若，称它作巴若，还没换名字。……治理南方滔天的洪水，是支格阿鲁业绩中的一件大事。……支格阿鲁终于完成了72部的统一大业，被拥戴为王。……为了巩固统治，支格阿鲁进一步完善了君、臣、师的政体形式。

高按：这是直括阿尔史。直括阿尔就是直括阿鲁。

P337—338：原文：据《赊豆榷濮 叙祖白》载，布祖慕阿克传至糯罗特时，因其弟糯且保丢失祭铃于湖中，"兄弟起纷争"，"能否长相住，求问请毕摩，毕摩心不善，借机来勒索。……毕摩请不到，兄弟不能和"，结果且保搬迁出去，另外创业。高按：（1）这里讲述云南的奎博鲁夯之争和师的调解。糯罗特即鲁夯，糯且保即鲁奎博。（2）师（布摩）是将军，可以参考夜郎出土文物情况进行对比研究。（3）这是《史赊六祖》（六诏史）。参见第369页注释49《赊豆榷濮 叙祖白·彝族六祖（布部）》。

P333：原文：布摩在彝族社会拥有"师"的特殊地位，所以他们有专属领地。

高按：布摩有领地，唐代南诏国亦是如此。

P336—352：高按：这几页讲述师（布摩）的职能：辅政功能、祭祖及其他宗教职能、文化的积累与传播职能、史官职能等，为重要内容。

P182—183：1.高按：这里有陈士林所认为的彝文创造者情况。

2.原文：成书于清嘉庆二十四年（1819）的云南禄劝、武定彝文古籍

《夷僰榷濮》则记载："彝族做斋时，分族守宗桶，彝语天地声，禄劝来传授。"

高按：这里提到的是清嘉庆二十四年（1819年）云南彝文书籍记载的彝文创作者情况。

P346：原文：有彝族谚语云："金银作毕酬，子孙会富贵；骏马作毕酬，子孙会英勇；衣服作毕酬，姑娘长美丽；粮食作毕酬，五谷会丰登。"高按：应区分布摩和巫师职能的不同，巫史是史官，不同于一般的巫师。彝族讲究送马给师骑。

P243：高按：这页讲述有关河流，为重要内容。

P264：高按：这里讲述宜宾茶叶的发现、培植和功用，为重要内容。

P176—178：高按：这几页讲述《白狼歌》情况，为重要内容。

P189：原文：从现存的彝文古籍来看，书中配画，画反映传说和史事的情况相当多，可谓一传统的特点。高按：这里讲述彝画特点，为重要内容。

高按：第196、207、211、223、226、231、267等页讲述彝文产生年代。原文：1.第196页：推算出洪默哲距今约7653年左右，这就是初始古彝文发明的时间。2.第207页：彝文对古代陶文的释读情况。3.第211—212页：西安半坡陶文释读情况。4.第223页：贵州省威宁彝族苗族自治县的刻画陶文是古彝文情况。5.第226页：《蜀王本纪》说："蜀左言指的就是古蜀语言。"6.（1）第231页：原文：孟撒似可理解为姓孟的汉人（高按：这种说法存疑）。（2）：《妥阿哲记功碑》是迄今发现用彝文錾刻记事的年代最长的实物。第267页：原文：根据彝文古籍的记载，古彝文发明于远古哎哺世系的早期，推算时间约距今7500年（高按：这种说法存疑）。

P224：高按：这页讲述笃慕在昭通发展的情况，为重要内容。

P233：高按：这页讲述南宋开庆元年贵州六枝郎岱拦龙桥彝碑情况，为重要内容。

P236：原文：（成化钟）钟面四周各有一副八卦，八卦四周的云、雷纹夹有两对"日""月"图案。高按：这里讲述明成化钟上的日、月图情况，成化铜钟上有穿青人。

P279：原文：彝中尽不同，黑彝和白彝、缭彝和濮彝。不居一地方，语言也不同，同行一斋理，彝斋祈祖佑。高按：这里讲述彝语支名。

P334：原文：在彝族社会中，布摩的重要职能是续史、修史，是名副其实的史臣。……这里的呗瓦是指默部默齐齐后裔博尼陇卓家的专职经师，而果蒙则是指向祖灵还愿祈祷的祭史，论述历史是他们的职责。高按：这里讲述祭师的本职，为重要内容。

（三）

P310：原文：俄索折怒是"六祖"中第五支布部祖先米克克的第46代孙，也是宋代贵州彝族乌撒部的著名君王，曾四方征战，拓地千里。《俄索折怒王》记其从小就受到严格的教育和训练，他"六岁进布吐，读完《咪古》九十九，学了《努沤》百二十"。高按：文中的"米古"就是"文史书"的意思，也即《白古通》；"努沤"就是"雅颂"的意思。

P311—314：高按：这几页讲述国内外各单位所藏彝文典籍情况，为重要内容。

P90—91：高按：这两页有如下重要内容：1.这里有讲述星座有隶属、等级关系，不能搞错。2.原文：《彝族源流·座次论》载：天臣努娄则，清天上神庙；……清理恒叟古，恒始楚来坐……高按：文中的"恒始楚"为多同史佐。3.高按：耻克匹尼必即"必选星座"。4.高按：这里有讲述天上星八万四千颗，和人的毛发八万四千根相同。5.高按：这里有讲述天360度与人骨360节对应。

P92：原文：彝族先民在长期的观测天象的过程中，认识了天上的很多星宿，并分别安上了名字。他们观察到，天上有九大行星即九颗陀尼星，分别是雨露星、交合星、马桑树星、穗壮星、羊耳树星、呼气星、摇晃星、洁白星和高禾星。

高按：这里讲述天上有九大行星即九颗陀尼星为重要内容。

P96—100：原文：每当冬季傍晚观察，斗柄正下指时，正值大寒；夏季傍晚观察，斗柄正上指时，正值大暑。在此大寒前后和大暑前后的这两个节日，便是彝族十月历一年中的两个星回节，北斗斗柄刚好转了两个180°，夏季的星回节便是彝族的火把节（也称"过小年"），冬至的星回节就是过十月年（也称"过大年"）。高按：这几页讲述彝族十月太阳历情况，为重要内容。

P102：原文：《彝族创世史·人类的起源》中说："天覆地又转，白鱼与红鱼，黄鱼与黑鱼，还有那绿鱼，慢慢地演化，日渐变成猴，变成绿色猴，变成红色猴，变成黄色猴，变成白色猴。……大猴生小猴，猴群在繁衍，结伍成队走。猴子行走时，四肢地上爬，行走不方便，抬头立起身，双脚学走路，一时难站稳，站立又摔倒。……猴子渐演变，变成了人样。"

高按：这里讲述猴子（猿猴）变成人，为重要内容。

P106—107：原文：彝族先民认为，五行产生万事万物，人体也不例外，是由五行所生成，"凡万物万类，都源于五行，统属于五行，受五行制约"，"五行人之本"。地的五行是金、木、水、火、土，人的五行是心肝脾肺肾，人的五大脏器分属五行。五行中的金，就是人的肺；五行中的火，就是人的心；五行中的木，就是人的肝；五行中的水，就是人的肾；五行中的土，就是人的脾。彝族先民还认为，人体中也有八卦，并且人体中的八个部位和八卦相应，"八卦中的乾，为人的上部；八卦中的坤，为人的下部；八卦中的离，即为人的舌；八卦中的坎，即为人的耳；八卦中的震，即为人的肩；八卦中的巽，即为人的口；八卦中的兑，即为人的眼；八卦中的艮，即为人的鼻。"人体的内脏也有八卦，也与八卦相对应，"这宇宙八卦，对内脏系统，一卦表一样。还有些生理，八卦中的乾，为人的大肠，如十二层天，大肠十二指；八卦中的坤，为人的小肠，如二十四节气，小肠二十四；八卦中的离，为人的心脏；八卦中的坎，为人的肾脏；八卦的震，即为人的胃；八卦中的巽，即为人的肺；八卦中的兑，为人的肝，八卦中的艮，即为人的肝。"

高按：这里讲述五行、八卦与人体的关系，为重要内容。

P114—116：高按：这几页讲述云南彝族祭太阳、月亮、星星情况，为重要内容。

P118：原文：祭神树的时间是每年鼠月（公历11月）鼠日的子时到夜半时分。

高按：这里讲述祭神树，为重要内容。

P120：原文：在彝族的图腾崇拜中，最重要的图腾是龙、虎、鹤和鹃，认为龙、虎是民族的祖先，自己是龙的传人，君长的家支系是龙种、龙子龙孙。《彝文金石图录》中所收载的各种碑文中有此类记载，《李氏墓碑》载："我的祖父啊，……由于他是龙转化到世间来的，不宜于久居世上，就骑着白龙马，离世而去。"《蚂蚁河桥碑》载："仙根龙种的列祖列宗和受祖宗教养的孙子们，先祖糯耿乃龙的传人，他降临世间，好像神仙推车送来。"这是对龙的崇拜。在《彝族源流·艾鲁谱系》里记载了一个神话传说，艾鲁是尼能的后裔，"尼君长之女，叫伦克舍依"，她去啥糜默侯洗绸线、浣丝纱，遇见了一条小黑蛇，而蛇变成了一个小伙子，他对伦克舍依说，"我不是蛇，我是吉录神，受至尊派遣，策举祖派遣，到天下凡间，作婚配龙，作传宗接代龙"。他们俩就相结合，生下了一个小孩，即艾鲁氏的祖先。这个神话表明了艾鲁氏认为龙是自己的祖先，自己是龙的传人，并对龙加以崇拜。……在《普兹楠兹》中还有一节《祭龙经》，里面写道："善龙保佑人，善龙护父子，善龙护母女，善龙护子孙，善龙保鸡食，善龙保猪畜，善龙保庄稼，善龙赐福禄。"所以要祭祀龙。

高按：这里讲述龙的传人和邛卢情况，为重要内容。

P121：高按：这页讲述祭龙日期，为重要内容。

P122：原文：南诏王室蒙氏家族是现今巍山彝族在唐代时的祖先，南诏13代王名均是彝语音，译成汉意大都与"龙"有关系，如细奴逻的汉意为"长龙"，逻盛的汉意为"黄龙"，盛逻皮的汉意是"金龙祖"，皮逻阁的汉意为"龙祖回来了"，阁逻凤的汉意是"龙回宫"，世隆的汉意是"草龙"，隆舜的汉意是"龙长"，舜化贞的汉意是"嫁龙"，等等。

高按：这里讲述南诏13代王都与龙名称有关，为重要内容。

P123：高按：这里讲述彝族认为虎产生一切，虎是天地万物的祖先。为重要内容。

P123—124：高按：这里讲述武定彝经《十大名将》里面有记载飞

禽走兽参战为重要内容。

（四）

P230—231：原文："撒""啥"在黔西北彝文古籍中，先是指外族，后来则专指汉族，孟撒似可理解为姓孟的汉人。高按：这里说火济记功碑的孟撒是东汉时期从内地迁来的南中大姓孟氏或孟姓汉人，存疑。

P232：高按：这页讲述济火纪功碑的年代考证，为重要内容。

P302：原文：《净魂超度》提到了彝族先人的书神："很古的时候，亥咪尼玉嫫，早上不取水。晚霞晖晖时，来取添罗（即添罗侯：指滇池）水。"

高按：这里有讲到滇池，为重要内容。

P237—238：高按：这两页讲述明嘉靖《禄劝镌字崖》彝文碑意译内容，非常重要。

P241：原文：东方的武陀尼兴起兵患，把他镇服了，如洪水退后再现平原，水上如鸭儿浮游一般往来运租赋。

高按：高按：这里的"武陀尼"即"穿青"。穿青的彝文读音为 , [3] "武陀尼"为彝文"穿青"的音译记字。

P249：高按：这页有讲述古彝文《夜郎境手司印》和贵州发现的彝文西汉擂钵。这个夜郎境手司印为夜郎将军铜印。

P304、305、307：高按：这几页都有谈及多同史官恒始楚，为重要内容。

P256：原文：仇诃皮耐君，建九重银屋，造九重金屋，策举祖、恒度府来住；彼余毕德臣，造六重银屋，盖六重金屋，努娄则来住；始楚乍姆师，修三重银屋，建三重金屋，奢武图、洪哲舍来住。高按：这里讲述君九重殿、臣六重殿、师三重殿，为重要内容。

P290：1.高按：这里有彝文典籍和汉文书籍"四方撑天柱之神"和"玉皇"称谓之彝汉对照，为重要内容。

原文：云南彝族古籍《尼苏夺节·文字·伦理》记尼什搓等六人发明

文字后，即将他们发明的3000个字"写在竹片上，编成六本书"。

高按：文中尼什搓即多同史佐，这里讲的是多同史官发明文字。

3.高按：这页还讲述彝族能工巧匠将天下美景、那史、历史典故等画在牛皮、马皮、羊皮、猪皮等上面，为重要内容。

P306：原文：（彝族）《治国书》记述了东汉光武帝时开基贵州慕俄格政权的彝族君主勿阿纳与大臣谈论如何治国安邦的事，臣宰史益咪阿佐在谈话时引用了书中古人言论："第二位贤臣，史益咪阿佐，开口语温和，陈述其政见：君掌万年权，宜有治国纲。上古恒奢哲，他曾经说过：'掌权治疆域，善政奠基业。贤者居官位，愚者作民人。君令施不灵，君威显则灵。君民相爱戴，君策要显灵。万物天地成，远民尽归依。'"高按：这里讲述贤者举官位，愚者为民，为重要内容。

P297：原文：天上星主来，所有书带来，送给笃慕读，阿普笃慕啊，天天看圣书，日日学道理。读了圣书后，知道季节分，月有大合小，日有长河短。高按：这里讲述笃慕时代有书和文字，为重要内容。

P299：1.原文：在纳铁城居住酋长俄木招来8个聪明人学经书。

高按：这里的纳铁城即今云南昆明。

2.原文：吟诵古老歌，不能有缺欠，若是不会唱，就像城堡中，特尼（特尼：彝语音译，指汉族）老太婆，富贵又荣华，金银满坛罐，粮食堆满仓，绸缎装满柜。金银绸缎粮，究竟有多少，她却讲不清。高按：这里说托尼（注：原文为"特尼"）是汉人，为重要内容。

P300—301：高按：这几页有如下重要内容：1.《裴妥梅尼—苏嫫（祖神源流）》对该书以前的彝文创作有不少的记叙。2.白彝笔母世系。3.向死者献饭、菜、酒、肉等的顺序。

P302：高按：这页有清光绪时笔母当千总，抄写彝文典籍情况。

P303：高按：这里讲述抄写彝文典籍《彝族氏族部落史·酋长祭祀奴役俘虏》：1.得抄写费一件皮毡。2.抄写该书的时间为嘉庆十六年。

P304：原文：《物始纪略·颜色的由来》说：恒始楚、投乍姆时代（父子连谱迄今已500余代），用牛马猪羊皮画《那史》，作战凯旋时，用黑石和牛马猪羊血在岩上作画，大抵是表达对胜利的欣慰，对阵亡将士的悼念。

高按：用猪牛马羊血在岩上作画，表达作战胜利时的喜悦和对阵亡将士的悼念，此为特别重要内容。

（五）

P149—150：高按：这里讲述濮家和直括阿龙（阿尔）的故事，为重要内容。

P41：原文：雁乡的雁氏生女阿芝，阿芝又生女里扎，里扎又生女马结，马结又生女里莫，里莫生女紫兹，一直到蒲莫列衣……蒲莫列衣去看龙鹰、去玩龙鹰，龙鹰掉下三滴血，滴在蒲莫列衣身上，她因此而怀孕，生下了支格阿龙。

高按：这是直括阿尔的母辈世系。

P50—51：原文：《叙祖白》记载：在夏杰皇帝（实为部落联盟首领）时，他良心很不好，对人很不好，官气十足，性情暴躁，他吃饭不敬神，笼络富人，看不起穷人……推翻夏狗官。

高按：这里说的夏杰皇帝被推翻之事，待复查。

P58：高按：这页讲述益那勾纪家打仗情况，为重要内容。

P59：原文：在六祖时期，彝族的社会政治制度进一步发展，则溪制度进一步完善。布部第46代孙俄索折怒王（又名祖摩阿纪）时代，他设置了"九大则溪"，在莫则洛纳洪建立了第一则溪，在俄补甸吐设置第二则溪，在德珠杓嘎设置第三则溪，在六曲博果设置第四则溪，在笃洪木谷建立第五则溪，在耐恩设立第六则溪，在辞吐设立第七则溪，在女伍溢恒设立第八则溪，在笃洪纳娄设第九则溪（中央则溪）。这加强了奴隶制的统治力量。后世的罗甸水西政权还设立了12个则溪。高按：这里讲述乌撒王九大则溪，为重要内容。

P62—63：高按：这里讲述西晋时期水西在大方五指山建九层衙院，更具体地推行了一套完整而又严密的族权宗法"则溪制度"和"九扯九纵"官制，为重要内容。

P73：原文：这十睑完全分布在南诏国的腹心洱海周围一带，这些地区是南诏国政治、经济、文化最发达的地区，由南诏王室直接管辖，因而其行政建置也最为完善。节度也被称为宰度，由勾则即节度使管理。《彝族源流》卷11之《罗纪源流》有记载："划分了疆域，划分了土地，若不拜宰度，有地没人管，就怕无人管，恒赤赤宰度，恒赤和恒佑，一共三宰度，牟恒是第六。三勾则管六宰度。多同设宰度……"

高按：南诏节度不应翻译为"宰度"。

P16：高按：这页如下重要内容：

1.弇兹、和熊氏、瞿阳氏世系。详见下图[4]：

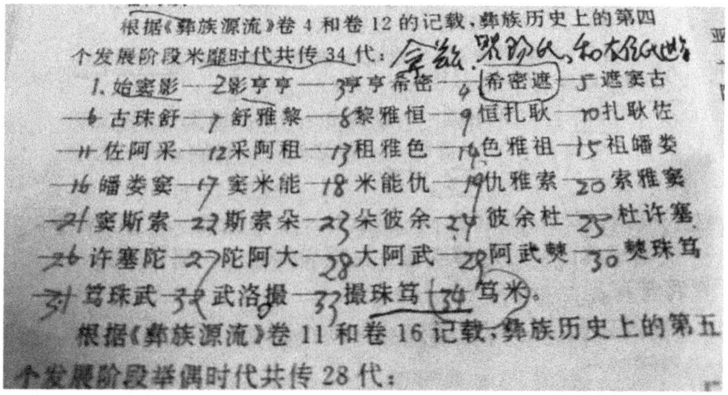
根据《彝族源流》卷 4 和卷 12 的记载，彝族历史上的第四
个发展阶段米靡时代共传 34 代：
1. 始窦影——影亨亨——亨亨希密——希密遮——遮窦古
——古珠舒——舒雅黎——黎雅恒——恒扎耿——扎耿佐
——佐阿采——采阿租——租雅色——色雅祖——祖皤娄
——皤娄窦——窦米能——米能仇——仇雅索——索雅窦
——窦斯索——斯索朵——朵彼余——彼余杜——杜许塞
——许塞陀——陀阿大——大阿武——阿武僰——僰珠笃
——笃珠武——武洛撮——撮珠笃——笃米。
根据《彝族源流》卷 11 和卷 16 记载，彝族历史上的第五
个发展阶段举偶时代共传 28 代：

[4]

2.夏代昆吾世系。详见下图[5]。

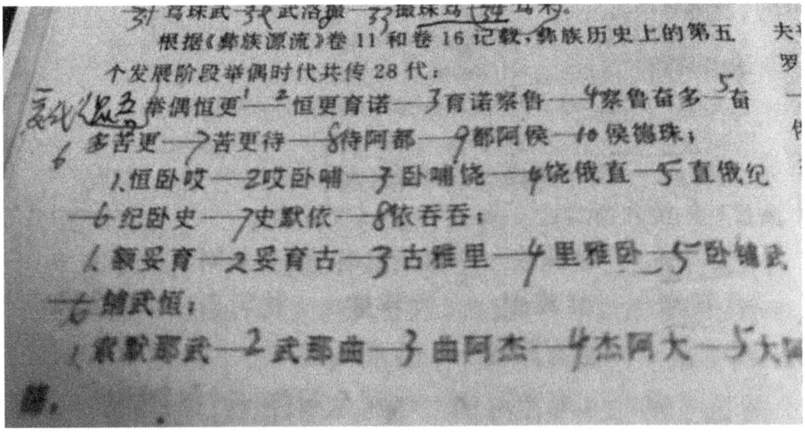

[5]

P17—19：高按：这几页讲述四川凉山古侯世系，从武阿卧开始，共计134代。莫阿惹世系是101代。表明四川的记载比贵州口头流传的更详细、更远长。

P21—22：高按：这里是南诏世系，共99代。南诏世系也就是细奴逻世系。具体内容详见原著，为重要内容。

P248：高按：这里讲述武氏16国、笃尼国及洱海等情况。投帕洱海即滇池。

P249：原文：《夜郎境手司印》也是较早的古彝文实物，原印失于"文革"浩劫中，但从夜郎国的历史来看，该印至少在公元前111年夜郎国设置牂柯郡时就已存在，往上则可推溯到战国时期。高按：从夜郎将军铜印看，夜郎在战国时期已经存在（公元前111年），为重要内容。

P257—258：高按：这两页讲述如下重要内容：1.麓荨开矿。2.十座山名。

（六）

P10—14：高按：这里讲述艾卜（哎哺）360代谱。为第一时期。

P14：高按：这里讲述尼能81代谱，为第二时期。

P15：高按：这里讲述什叟（实勺）80代谱，为第三时期。这里包含有南诏六诏舍庞世系。

P16：高按：这里讲述靡莫34代谱，为第四时期。这里是弇兹、瞿阳氏、和熊氏世系。

P16：高按：这里讲述昆吾（举安）28代谱，属于夏代，为第五时期。

P17－22：高按：这几页讲述：（1）六祖时期四川凉山134代谱，为第六时期。这个时期从笃慕的六子分支直到现在。（2）贵州（《西南彝志》）记四川101代谱。（3）贵州（《彝族源流》）记水西92代谱。（4）《彝族创世志·谱牒志（二）》记载了彝族六祖之一的毕（布）部世系谱102代。（5）《西南彝志》《彝族源流》和清代夏正所著《哀牢夷雄列传》记载细奴逻史99代谱。（6）《彝族源流》记载笮世系44代。

P23：原文：（彝族）连名谱系共717代，如果每代为20年，共1.4万多年，也就是说彝族距今至少有1.4万年的历史。

高按：彝族有717代，1万多年历史为错误说法。

P389：高按：这里讲述《奴主起源》《猿猴做斋记》等都是南北朝时期阿默尼（阿买尼）所写，为重要内容。

P248：高按：这页讲述成都、云南、贵州大地上曾经形成过号称为武米的十六个初始国家的联盟，其中有托尼国（动黏国）。

P292：高按：这里讲述贵州毕节、威宁有彝文皮书古籍为重要内容。

P294：高按：这里有成都托尼人造字的说法（整理者按："造字"为笔误，应为"造纸"）。

P92：原文：彝族先民在长期的观测天象的过程中，认识了天上的很多星宿，并分别安上了名字。他们观察到，天上有九大行星即九颗陀尼星，分别是雨露星、交合星、马桑树星、穗壮星、羊耳树星、呼气星、摇晃星、洁白星和高禾星。

高按：这里讲述九大行星和托尼星关系。

P92－93：原文：彝族先民还对二十八宿星的名称和属相给予了确定：时首星，名叫金画眉；丰满星，名叫猫头鹰；日头星，名叫青豹子；日手星，名叫萤火虫；日腰星，名叫红豹子；日尾星，名叫青狼子；停雪星，名字叫蟋蟀；晒雪星，名字叫蚂蚱；雪树枝星，名字叫蜗牛；雪树果星，名叫白蝴蝶；长颈星，名字叫白鹤；露丛星，名字叫红牛；露群星，名叫白獐子；豹角星，名字叫青狐；豹眼星，名叫红蝙蝠；豹嘴星，名叫青蝙蝠；豹腰星，名字叫红豺；豹脊星，名叫青杜鹃；豹尾星，名字叫黑鼠；有记星，名叫红獐子；雄刺猬星，名叫灰老鹰；龙曲星，名叫黑獐子；神树枝星，名字叫白猿；神树果星，名叫公绵羊；神树干星，名叫红猴子；天风星，名字叫玄鸟；太阴星，名叫黄獐子；山羊眼星，名叫花獐子。

高按：这里讲述彝族二十八宿的名称和属相，为重要内容。

P94－95：高按：这两页有讲述彝族在十一月过年和古历法情况，具体如下：1.彝族"十月太阳历"是世界上最早的历法，产生于伏羲氏时代即万年以前，并延续至今。彝族过新年是在废历十一月，他们以"鼠"为正月，"牛"为二月，顺序而下以至属"猪"为十二月。2.刘尧汉认为，夏朝使用的官方历法《夏小正》就是"十月太阳历"。

（七）零星笔记整理

序

第1页：原文：彝族先民在漫长的生存发展历史进程中，用自己发明创造的古老文字，清晰地记录下开发、生息至今700代人、文字使用500代人的历史，为后人留了下了浩如烟海的彝文古籍，据粗略统计，至少也有万部之多。

高按：文中"生息至今700代人、文字使用500代人的历史"，这种说法存疑。

前言

第2页：1.原文：随着时间的推移，在蜀洪水即秦、楚势力尚未深入西南之前，在当今四川、贵州、云南的广大地域内，彝族先民的武氏集团通过长期战争，先后征服了鲁朵、斯里、迷觉等部落联盟，终于建立起一个规模空前的奴隶制国家——武国，共辖有16个属国，这实属我国上古史上的一个创举。高按：这种说法存疑。

2.原文：彝族文明的又一个重大特征是古彝文的创制及使用。根据《西南彝志》《彝族源流》等彝文史籍记载，在距今400余代人之前，彝族先民即发明并完善了古彝文。目前所知，汉文史料关于彝文最早的记载与金文彝文均见于西汉前期，彝文石文见于蜀汉，彝文陶文见于战国时期，在彝族发祥地出土了与古彝文相伴生的距今7000年的青铜器。

高按：这种说法存疑。

第3页：1.原文：在经过初创时期之后，远早于秦始皇的支嘎阿鲁王在全民族的范围内统一规范了古彝文，为以后的发展奠定了基础。高按：这种说法存疑。

2.原文：此外，还有地位低于布摩的诸如摩史等类的专职史官，他们负责整理并宣讲历史典籍。高按：这种说法存疑。

3.原文：集前人之大成的最后一位号称举奢哲的史学家在世年代为齐和帝中兴二年（502）前后，其独具特色的史家理论自成体系，早于《史通》200余年，应是古代最早的一种史学理论。高按：这种说法存疑。

正文

P1：彝族的发祥地是云南的苍山、洱海周围及其滇池一带，即彝文文献所说的实勺等"天人"居住的代吐博、点苍山。高按：这种说法存疑。

P2－3：1.原文：据说在距今约9000年左右，哎哺氏族的一部曾沿金沙江向长江中游和向北发展，经今天的四川、甘肃、陕西、河南，一直到达东边的山东一带，并在那一带形成了史称东夷的百夷族群。高按：这种说法存疑。

2.约在公元前14世纪末时，彝族先祖希慕遮（也作孟赶，高按：此处存疑）率部从陕西南下进入四川，在蜀地发展。

3.约在春秋中叶（公元前7世纪中叶），由于蜀地发大水，希慕遮的第31代孙、彝族末代帝王笃慕率部弃蜀而入滇，与原留在滇地的彝族互相融合。笃慕，也称作笃米、居木、居木吾吾、祝明、仲牟由等，即是《华阳国志·蜀志》所载的杜宇。

高按：这里说春秋中叶蜀地希慕遮第31代孙笃慕入滇，笃慕即杜宇的说法存疑。

P4：高按：这页有说笃慕时期的洪水就是杜宇时期的洪水，这种说法存疑。

P5：1.高按：这页说杜宇迁到滇东北，为重要内容。

2.高按：这页有讲述米靡和米靡时代，米靡即多同。

3.高按：笃慕是春秋中叶人，杜宇禅位于开明帝，后经11代350年为秦所灭，为重要内容。

P6：1.高按：笃慕21世为东汉光武帝勿阿纳，则笃慕应为望帝杜宇时人，为重要内容。

2.原文：笃慕就从四川南部率部渡过大渡河，到了云南东北部的洛尼山。到洛尼山住下后，笃慕以对山歌的形式，娶了3位"仙女"为妻子，生了6个儿子，即彝族六祖：武祖慕雅苦、乍祖慕雅且、糯祖慕雅热、恒慕雅卧、布祖慕克克、默祖慕齐齐，并且实行了分支。

高按：注意把这里的叙述与六祖笃慕时的"四罢谷歌场（汉文所指地点）"的对比阅读。

P8：原文：《彝族源流·罗纪源流》记载了南诏的统治者建塔祭祀的情况，其祭祀的祖先也是从尼能到举偶，"在啥足邹谷，建造尼能塔；在多同诺几，建造什勺塔；在诺雅材省，建造米靡塔；阿着立里直，建造举偶塔。"

高按：这里的彝文南诏史建庙立塔内容为错误说法。

P9—10：1.原文：流传于川、滇大小凉山彝族区域的《勒俄特依》也记载了彝族的历史经历了居日、女里、拾舍、格俄、孟姆等时代。

高按：这里的居日即猴，女里即尼能，拾舍即实勺，格俄即举偶（昆吾），孟姆即靡莫。

2.原文：在凉山彝族社会中流行的《创世经》和《训世经》记载，在父系以前，彝族还有4个王朝共31代，均系母系社会，这4个母系王朝是尼奶—舍什—姑乌—媄弥。

高按：这里尼奶即尼能，舍什即实勺，姑乌即昆明，媄弥即靡莫。

3.原文：格俄在靡莫之前，参照其他彝文典籍，此处有误，应是靡莫在格俄之前。

高按：这种说法存疑。

4.原文：最后才有邛补家的人来做了20代呗耄。

高按：邛补为六祖家的毕摩，云、贵、川、桂四省、自治区的彝文典籍的记载基本一致。

P15：高按：南诏六诏舍庞世系见下图[6]，其中"什默采"和"扎耿启"世系就是南诏六诏舍庞世系。

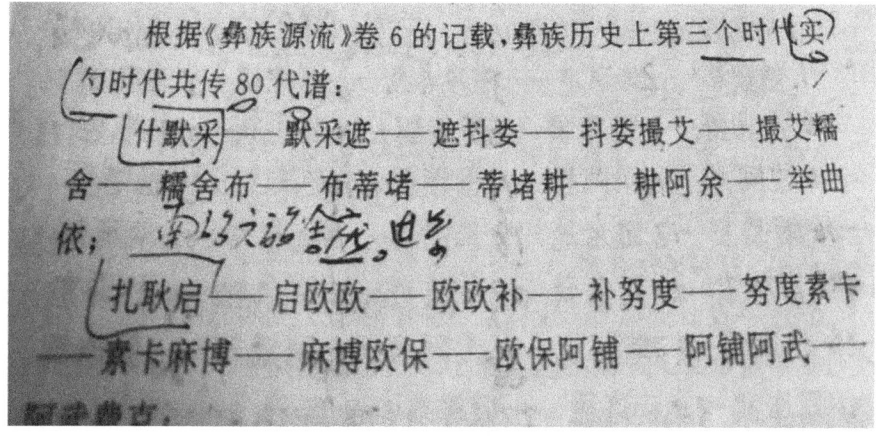

[6]

P174—176：高按：《后汉书》所录《白狼歌》共44行，其中翻译正确的句子有：1.《远夷乐德歌》：第1句"大汉是治"，第2句"与天意合"，第5句"闻风向化"，第7句"多赐缯布"，第10句"曲申悉备"，第11句"蛮夷贫薄"，第12句"无所报嗣"，第13句"愿主长寿"，第14句"子孙昌炽"。2.《远夷慕德歌》：第15句"蛮夷所处"，第16句"日入之部"，第17句"慕义向化"，第19句"圣德深恩"，第20句"与人福厚"，第28句"心归慈母"。3.《远夷怀德歌》：第32句"不见盐谷"，第39句"木薄发家"，第40句"百宿到雒"，第41句"父子同赐"，第43句"传告种人"。

P187：原文：采舍恒勒易，知识之父是，布爨举奢哲，智慧之母是，恒颖阿买尼，边看边录写……高按：这里的"采舍"即"进桑"。

P353：原文：镌刻于南宋开庆巳年（1259）的目前所知最早的彝文岩刻《拦龙桥碑记》，即为"阿思笃布的后裔三代家传的呗耄毕额穆撰写的"。

高按：这种说法存疑。

P374：1.六祖之前能够称得上史家的有多位。如啻赫哲、舍娄斗、布櫴举奢哲、恒颖阿买妮等。高按：这种说法存疑。

2.原文：《彝族源流》载："太上父母，互相配合，生了两苦蒙，两奢哲，……两奢哲，互相配合，生十大布摩，首推天布举奢哲，首推奢武图，有天地两威，是布中人杰，是布中圣贤。"高按：这里的翻译存疑。

P376：1.原文：《彝族源流·前言》也说，"无论是民间传说，还是彝文文献的记载，都说哎哺时代（以父子连名谱推算迄今已近500代）的著名布摩布櫴举奢哲写下了许多书。"

高按：这种说法存疑。

2.原文：《彝族源流》也载："哎哺传十代，到则咪两阿莫，……贤父收集华丽知识，良母论述美好的历史，秩序很完美。"由于彝族古代史家有著述而不留名的习惯，所以哎哺时代有众多女性参与了历史的整理与写作，但仅有恒颖阿买妮、恒亚阿买珠等最著名的女史家留下了名字。

高按：这种说法存疑。

3.原文：恒颖阿买妮，又称窦曲阿朵、恒伊阿默妮、恒颖阿迈俄等。

高按：这种说法存疑。

注释：

[1]东人达、马廷中、向中银：《中国彝族史学研究》，重庆：西南师范大学出版社，1995年。

[2][3]为高加乐手迹。

[4][5][6]摘自《中国彝族史学研究》，图中手写文字为高加乐手迹。

《古文字类编》[1]释读和研究[2]

第11页：▨[3]，这里表达的意思是甲骨文"▨"在考古发现的大禹碑上有，为俘虏的"俘"。

第21页：▨，这是高老师在这一页上的批注："商甲骨文不是最早的文字。"

第213页：▨，这是高老师在这一页上的批注："▨"为蝌蚪文"具"。

第560页：▨，这是高老师在这一页上的批注：金文"▨"在张如柏《三星堆玉器上的古蜀文字》和西南民族大学教授贾银忠寄来的有关佛像上有文字的资料里面都有，为"柳"的意思。

第604页：收集了"东"的26个不同写法。

第1148页："豕"就是"猪"的意思。

第1176页：▨，这里表达的意思是："赋"就是"寳"，而"寳人"就是"穿青"。

目录第24页：▨，这是高老师在这一页上的批注："鼎"已经找到472种不同写法。

第591页：▨ ▨，这是高老师在这一页上的批注："▨"在张如柏《三星堆玉器上的古蜀文字》和西南民族大学贾银忠教授寄来的有关佛像上有文字资料里面都有。

第54页：有考古出土的指南针上面的"北"，为特别重要内容。

第60页：有"印"字，为特别重要的文字。

第62页：有"卯"的古体字。▨："卯"在《说文解字》里写作"▨"，▨为古籀文。

207

第68页：有"兒"和"失"的古体字。

第72页：为特别重要内容，有"父"的不同写法。

第77页：为特别重要内容，有"反"的不同写法，有"叔"和"友"的古字。

第79页：为特别重要内容，有"取"的古字。

第82页：为特别重要内容，有"事"的古字。

第83页：为特别重要内容，有"吏"的古字。

注释：

[1]高明：《古文字类编》，北京：中华书局，1980年。

[2]由于书本残破，高老师的修改内容有丢失，只剩很少内容，实属遗憾。

[3]文档中的古文字除了《古文字类编》上的原文外，其余全部是高加乐手迹。

《图说汉字五千年》[1] 释读与研究

（一）

P4：原文：1. 1976年殷墟5号墓被发掘，出土了200余件青铜器，其中109件的铭文中都出现了"妇好"二字。根据墓葬中其他青铜器上的铭文推断，"妇好"即是甲骨文中所见商王武丁的一个后妃的名字。高按：这里有讲到刻有商代"妇好"二字的甲骨文，为重要内容，我的详细涂写见下面图[2]，其中出现最多的是"▨[3]"字。

2. 原文：殷代以后的周仍沿用了殷的甲骨文和金文。作为周代的文字，很早就发现了青铜器铭文。在商代，青铜器的铭文很短，仅有数字。进入周代以后，逐渐出现长篇铭文，铭文内容也和商代不同。随着宗教意识的淡化，铭文内容更多的是为了纪念天子授爵、赏赐土地、车马衣物等。清道光年间在陕西岐山出土的大盂鼎，铸造于周朝国力最强盛的康王时期，鼎内共铸有铭文19行、291字的长文。铸鼎人姓盂，是一名武将。铭文说：盂受康王封赏，即袭领父祖爵位，获赐车马、衣服以及1700余名领民。为此铸鼎，以示纪念。类似大盂鼎的还有毛公鼎等。高按：此为特别重要内容。

209

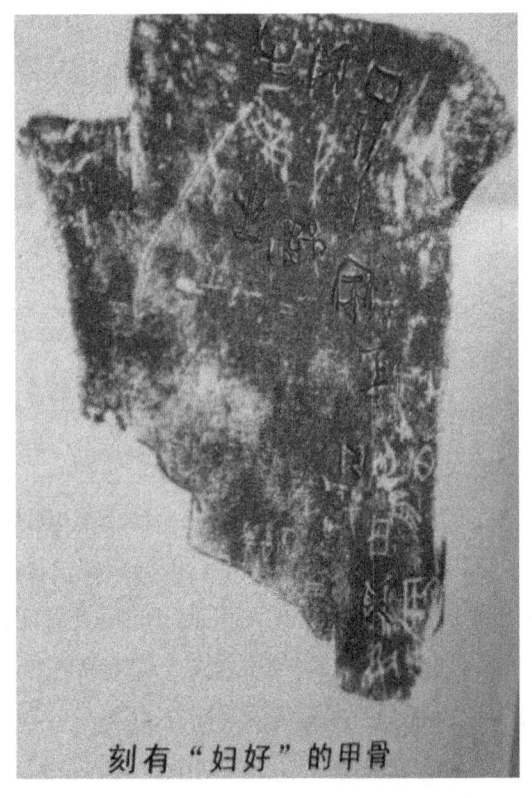

刻有"妇好"的甲骨

[2]

P100 — 122：高按：这些页都为描写自然现象的文字。

P116：高按：这是甲文"冬"字：_[4]。

P187：高按：这是甲骨文"王"字：_[5]。

P207：高按：这是"兵"的甲骨文、金文和篆文：_[6]"刀"的甲骨文、金文和篆文：_[7]。

P59：高按：这是"令"的甲文、金文和篆文_[8]。另外，这页"饕餮文"拓片中有文字如图中红笔所画。

《图说汉字五千年》释读与研究

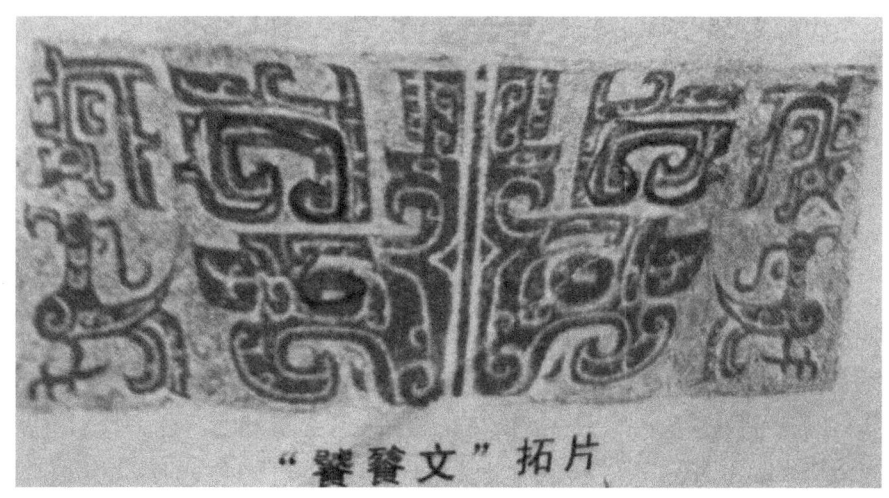

"饕餮文"拓片
[9]

P213：高按：这是"中"的甲骨文、金文和篆文： [10]。

P100：高按：这是"月"的甲骨文 [11]。这个 和彝文相同，此为特别重要内容。

P35：[5]图中的十二生肖、子丑寅卯甲骨文图像。

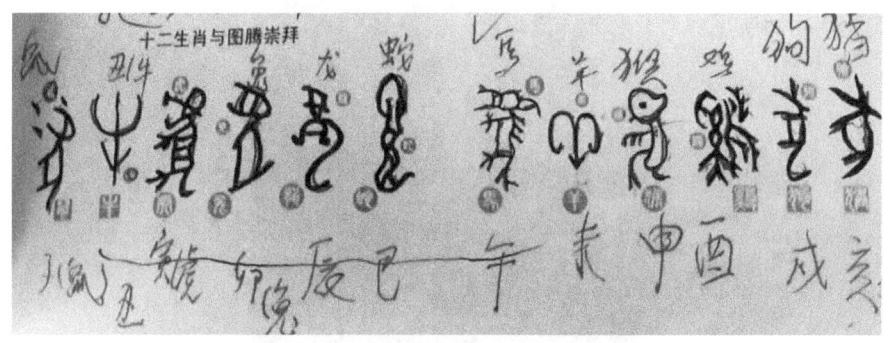

[12]

高按：上[5]图中，虎与《甲骨文小字典》第83页的"虎"基本一致，龙与《甲骨文小字典》第83页"龙"基本一致，牛与《甲骨文小字典》第14页的"牛"基本一致，兔与《甲骨文小字典》第164页的"兔"基本

211

一致，马与《甲骨文小字典》第160页的"马"基本一致，羊与《甲骨文小字典》第26页"羊"基本一致，鼠与《甲骨文小字典》"鼠"有较大差别，此为特别重要内容。

P196：高按：这是"兴"的甲骨文[13]。

P197：高按：这是"工"的甲骨文[14]。这个字与红岩碑文相同。

P150：高按：这是"林"的甲骨文""[15]。竹的甲骨文为"[16]"、金文为"[17]"。这里的、与彝文的"竹"字相同。

P94：高按："东"字的甲骨文、金文和篆文为[18]。

P33：高按："北"字的甲骨文、金文和篆文[19]。此为特别重要内容。

P41：高按：这页有甲文重要拓片和重要文字详见下图[20]。此为特别重要内容。

[20]

P43：原文：我国第一部甲骨文著作：《铁云藏龟》。高按：此为特别重要内容。

P45：原文："从"为人一前一后行走，它的甲骨文、金文和篆文 ![img][21]。

高按：此为特别重要内容。

P67：高按：下图[22]为特别重要内容。鼎上有文字鼎、王、臣、皇、子孙二字及永享用等，其中 ![img][23]为"子"，![img][24]为"孙"，![img][25]为"永"，![img][26]为"用"。

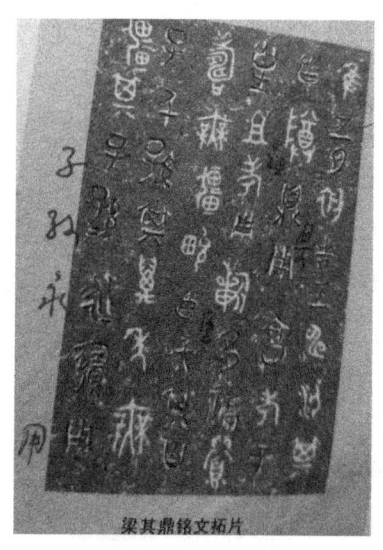

[22]

P70：鸟篆体。原文：鸟体书：战国时期，越王勾践的剑铭文字，是当时南方各国使用的书体。高按：此为特别重要内容。

P105：星字的甲骨文、金文和篆文 ![img][27]。高按：此为特别重要内容。

P107：水字的甲骨文、金文和篆文 ![img][28]。高按：此为特别重要内容。

213

P113：江字的篆文和隶书▦[29]，湖字的篆文和隶书▦[30]。

P121：川字的甲骨文、金文和篆文▦[31]。高按：此为特别重要内容。

P125：西字的甲骨文、金文和篆文▦[32]。高按：此为特别重要内容。

P144：木字的甲骨文、金文和篆文▦[33]。高按：此为特别重要内容。

P145：果字的甲骨文、金文和篆文▦[34]。高按：此为特别重要内容。

P147：草的甲骨文、金文和篆文▦[35]，叶字的甲骨文、金文和篆文▦[36]。高按：此为特别重要内容。

P157：禾字的甲骨文、金文和篆文▦[37]；米字的甲骨文、金文和篆文▦[3]字。高按：此为特别重要内容。

P156—179：为有关农林渔牧的文字。高按：此为特别重要内容。

P143—155：为有关花草树木的文字。高按：此为特别重要内容。

P68：这页的甲骨上有"甲""卜"。高按：甲、卜就是▦[38]，此为特别重要内容。

P42：高按：这页所载的甲骨片上多次提到"癸""未""卜""王占曰"等情况，此为特别重要内容。

P118：春字的甲骨文、金文和篆文▦[39]。高按：此为特别重要内容。

P138：秋的甲骨文、金文和篆文▦[40]。高按：此为特别重要内容。

P184：南的甲骨文、金文和篆文▦[41]。高按：此为特别重要内容。

（二）零散笔记整理

P6：吴昌硕临石古文[42]：

《图说汉字五千年》释读与研究

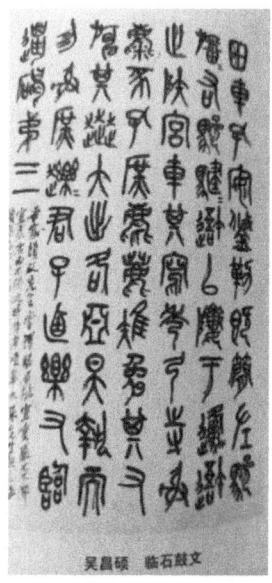

[42]

P7：高按：[43]图甲片上的文字：

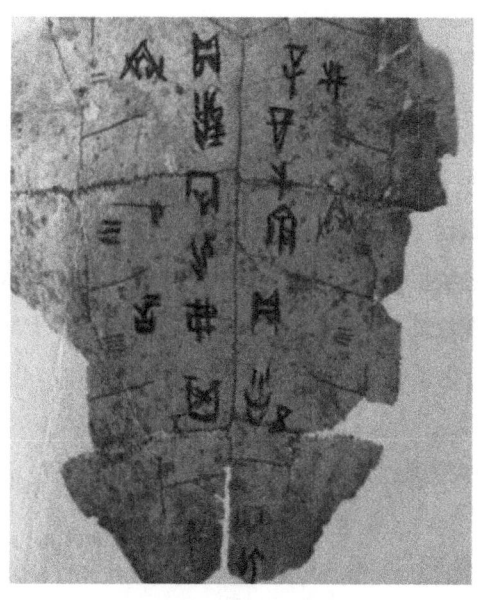

[43]

215

P18：高按：[44]图为后天八卦图：

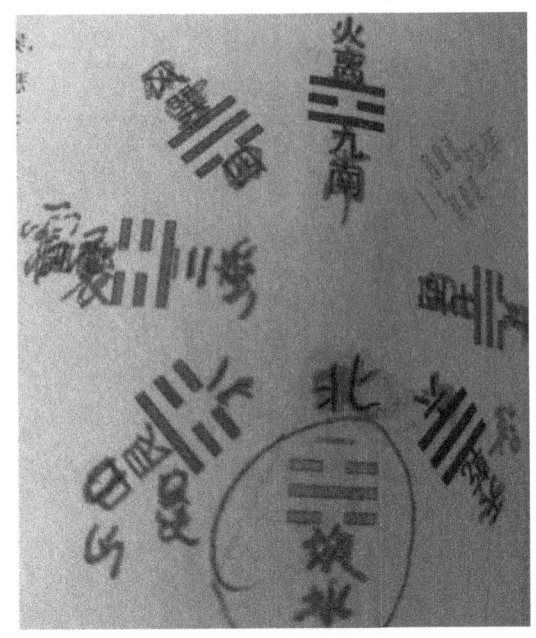

[44]

P19：原文：关于造字的传说，最早的就是"伏羲造字"。文字产生之前有个过渡阶段，那就是伏羲氏用来表示世界上各种客观事物的八卦符号，因此八卦符号是创造汉字的来源之一。《易经·系辞》中有这样一段话，大意是说伏羲氏大酋长太旦抬头观察天象变化、低头看到鸟兽蹄迹；近处就效法自身之状，远处就效法身外之物，从而画了八卦。八卦的符号代表了八种自然现象。任意两卦相合，就可以得到六十四卦，从而揭示了宇宙万物的演变。八卦符号和后来的文字有相似的地方，但八卦和文字没有直接的联系。有人认为，汉字中确有个别文字或偏旁源于八卦，但汉字不可能起源于八卦，它们是两种不同的符号。高按：此段文字讲述伏羲造字，为重要内容。

P20：高按：图[45]是河图，为重要内容。

《图说汉字五千年》释读与研究

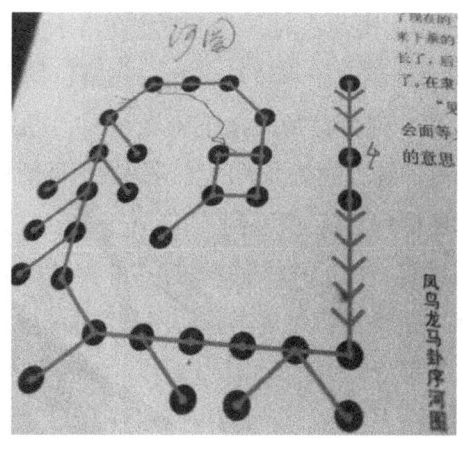

[45]

P21：原文：相传伏羲氏时代，黄河内跃出过一匹龙马。该马背上的卷毛形成一幅奇妙的数字图，伏羲降服了龙马并悟透了图中的秘密，从而创画了八卦。因负图的龙马自黄河而出，故该图称为"河图"。大禹在黄河边观察水情变化时，忽然看见河中出现一个人。此人白脸鱼身，自称是河精，捧给大禹一块大石头，上面居然是河图，这幅河图给人们提供了治理洪水的很多知识，大禹治水就方便多了。

高按：此乃河图情况，此河精就是"弥吉"河精。

P22：高按：本页特要：图[46]为洛书图。

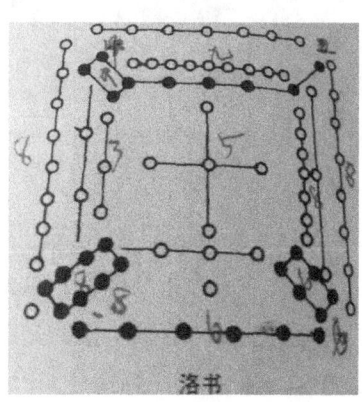

[46]

217

P23：原文：相传大禹治水时，有条黄龙在洛水中摇动着尾巴在前面引路，划地成为江河，疏通了水道。还有一只黑色的大龟，背上驮着青泥，跟随在黄龙后面，遇到洼地就放下青泥垫平，把人们居住的地方加高，那些垫得特别高的地方就是今天的名山，特别低的地方就是今天的大川。这只龟的背部还排列着从"1"到"9"九个数字。大禹悟透了其中的奥秘，制订了包括五行在内的《洪范九畴》，并据此划分天下为九州，因负书之龟出自洛水，故该图称之洛书。河图和洛书与太极变化关系密切，这应是最古老的文字符号。

高按：这里讲述洛书情况，为重要内容。

[47]

P24：原文：在我国古代有右尊左卑的说法，因为右手要比左手更有利更灵活，用处更多，所以往往右边指的位置是重要的。如"右姓"指的是大家族之姓，"右职"指职位高，"右戚"指的是跟帝王将相比较亲近的亲戚。高按：这是重要内容。

P27：高按：此乃龙虬庄遗址陶文，为重要内容。

《图说汉字五千年》释读与研究

[48]

P29：原文：西安半坡遗址出土的陶片记号多为纵线、横线或者两者叠加的十字形直线，而同属于新石器时代的黄河下游大汶口文化遗址出土的陶文，则接近于绘画文字。半坡遗址的记号是直线的组合体，大汶口的陶器使用曲线，形状接近于绘画文字。文字本来就起源于绘画，所以有的学者认为：这种图案应该属于汉字的原始形态——绘画文字。但是，它与半坡遗址相同，上面只刻有一个图案，没有形成字节，所以很难断定它就是文字。

高按：这是大汶口的绘画文字。

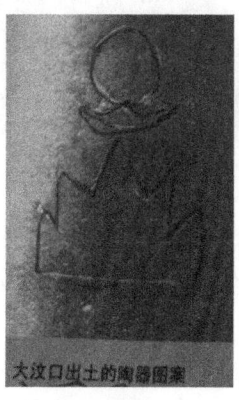

[49]

219

P51：原文：在甲骨实物上留下书写痕迹的笔。"笔"字在商代甲骨文中已经有了。甲骨实物上留下来书写的痕迹，迄今还可以看到的是当时史官的墨书或朱书。殷墟出土的一块陶片上，写着一寸见方大小的一个"祀"字，笔画肥壮，这说明，当时人们已经会造笔，用笔书写记事了。甲骨文中没有从"竹"的"笔"字，只有"笔"字初形，从造字的本意来看，这是执笔写字的形态。细管上绑上一些兽毛，即是最简单的笔了。从字形上看，古人握笔的姿势和今人差不多。从现在所见文献资料中看，到了秦代以后，才使用"笔"字。

高按：此为特别重要内容。

P52：高按：[50]为英国所藏甲骨文，为重要内容。

[50]

P57：[20]图为毛公鼎内的铭文拓片局部放大：

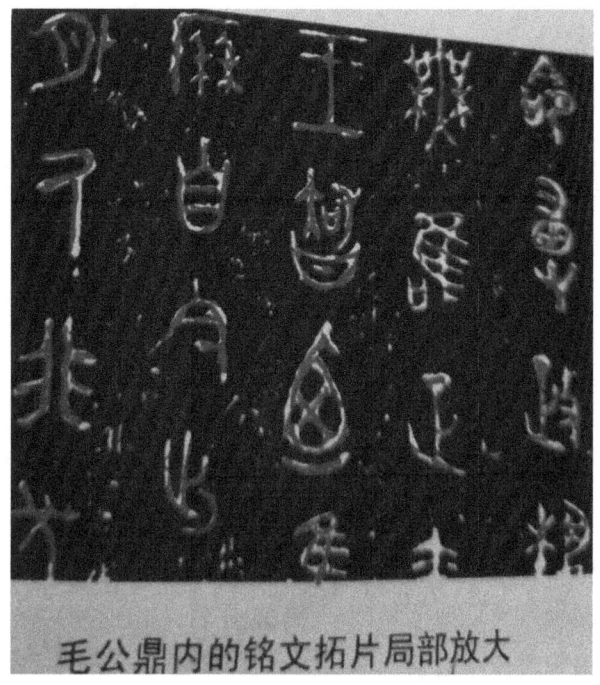

毛公鼎内的铭文拓片局部放大

[51]

注释：

[1]杨寒梅：《图说汉字五千年》，武汉：武汉出版社，2009年。

[2][9][12][20][22][42][43][44][45][46][47][48][49][50][51]摘自《图说汉字五千年》，图中很多文字经高加乐填写。

[3][4][5][6][7][8][10][11][13][15][16][17][18][19][21][23][24][25][26][27][28][29][30][31][32][33][34][35][36][37][39][40][41]都经高加乐填写。

[14][38]为高加乐手迹。

高加乐卡片笔记整理（有删节）

卡片1

第3页：高按：陈锋氏有"精神"的含义。

《彝族源流》[1]第5—8卷重要内容释读。

P378：▨▨▨▨▨[2]，是陈锋彝名，其中▨为"精"，▨为"神"，陈锋为彝文音译记字。

P13：高按：九宫即"九天"，彝文、彝音为▨▨▨▨[3]。八卦即"八门"，彝文、彝音为▨▨▨▨[4]。师人"武厄濯"探索九宫谜，琢磨八卦法。这是重要内容。

P17：高按：推究九宫、探索八卦，认识了天象。这是重要内容。

第4页：原文：据《纳西族的渊源、迁徙和分布》[5]一文：越析诏余孽"于赠"（高按：可能就是杨堕阿统）渡泸而北，"邑龙佉沙"，"谓之双舍"。"双舍"在今盐边县境，而"龙佉河"即今"龙罗河"。高按：这是云南情况，"龙佉沙"即"龙佉河"（今"龙罗河"），为重要内容。

第7—8页：南诏情况。

向达《蛮书校注》[6]重要内容摘抄与释读。

P276：原文："蒙俭、和舍等，浮竹遗胤。"（整理者注：参看唐代骆宾王《兵部奏姚州道破逆贼诺没弄杨虔柳露布》："逆贼蒙俭、和舍等，浮竹遗胤，沉木馀苗。"）

高按：蒙俭和南诏族也可能是一家。

P280：高按：诺览期，就是 $nolod_{\xi}$ [7]（彝音）的音译记字。大理即"阿着底（撒尼）"。

高按：下面内容是分析南诏衣着往行和中原关系。

路南圭山区撒尼人，据他们的长篇叙事诗《阿诗玛》上的叙述，他们的祖先是从"阿着底"迁来的，"阿着底"在今大理。

耕种属于"食"，纺织技术属于"衣"，盐属于人民不可缺的"无梁殿"式，建筑属于位，这都说明南诏和中原衣着住行关系。彝文 tsu [8]，就"盐（四川）"的意思。

第9—10页：高按：《六祖纪略》提到"龙种"情况，以下是重要内容。

彝皇是"祭师王"：一方面他是人世间的王，又一方面他是担任神职的信使，他有以教主和皇帝双重身份封山封水，以最高政治的人（建极、天尊）和又是最高教主（异牟巫）出现，以龙的化身自居（龙话我也话），生了九个龙子（沙壹），旗上画龙，衣袍绣龙，牛角酒杯雕龙。祭祀求掌权，为掌天下权，在苍洱彝重冲。

第11—12页：高按：人祖的女神名字、三星堆谱。

《二十世纪中国民俗学经典》[9]神话卷，第268页有提到：

1. 伏羲的母亲"华胥神"（参看《太平御览卷》8引《诗纬含神雾》）。
2. 炎帝的母亲"女登神"。
3. 黄帝的母亲"附宝神"。
4. 尧的母亲"庆都神"。
5. 尧的妻子"女皇神"。
6. 舜的妻子"登比氏神"。
7. 帝俊的妻子"娥皇神"。
8. 颛顼的母亲"女枢神"。
9. 颛顼的妻子滕坟"女禄"。
10. 重神、黎神及吴回神的母亲根水"骄福"。
11. 昆吾、参胡、彭祖、邻人、曹姓诸族的祖母神鬼方"女隤"。
12. 炎帝的孙媳——鼓、延、殳诸族之母阿女缘妇（注1）。
13. 禹妻"涂山氏神"。

14. 契的母亲"简狄神"。

15. 周始祖"姜原神"。

注1：见《山海经·海内经》鲧的妻子女嬉神。

第13页：三星堆史，历法彝、汉一致情况。

《中国神话通论》[10]165—168"黑帝"担任"中央大帝"的两条根据：（1）"星与日辰之位"都是"颛顼之所建"（《国语·周语》）。（2）令"重"两手托着天尽力往上举。令"黎"二手撑住地竭力朝下按，使天和地愈加分开，成隔绝状态，使人上不了天，神也下不了地，人神隔绝，各保平安，建立起宇宙新秩序，这就是颛顼"绝地天通"。

高按：颛顼为"中央大帝"之两条根据在彝文典籍里都有记载。

第14页：高按：贵州六枝彝族经师毛凤文家藏《指路经》记音本P62有 [11]，这里有可能是讲述"羲和与女姓女琦关系"。

贵州六枝彝经有记载："男椎髻，女辫发。"详细内容如下图[12]（注：这里的彝文没有写出原文，只有国际音标。汉文意思是："彝父天髻插，彝母红发辫立。"

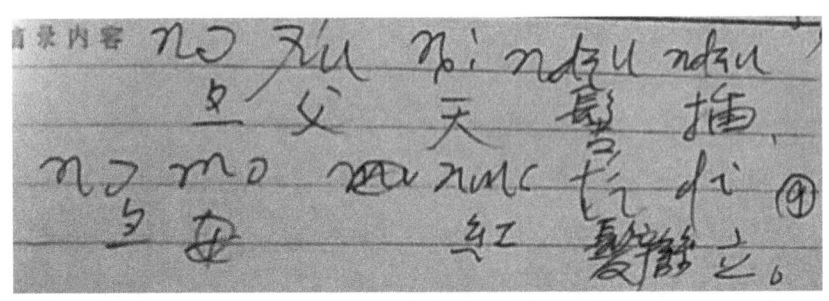

[12]

卡片2　贵州彝文

《西南彝志》（贵州大学复印本卷二）释读。

P35：高按：彝文"谈情说爱""耀水灵甘饮""光日耀月明""不饥不渴地""饥时荣粮养"（直译：荣粮露养食）等的彝文如下：

高加乐卡片笔记整理（有删节）

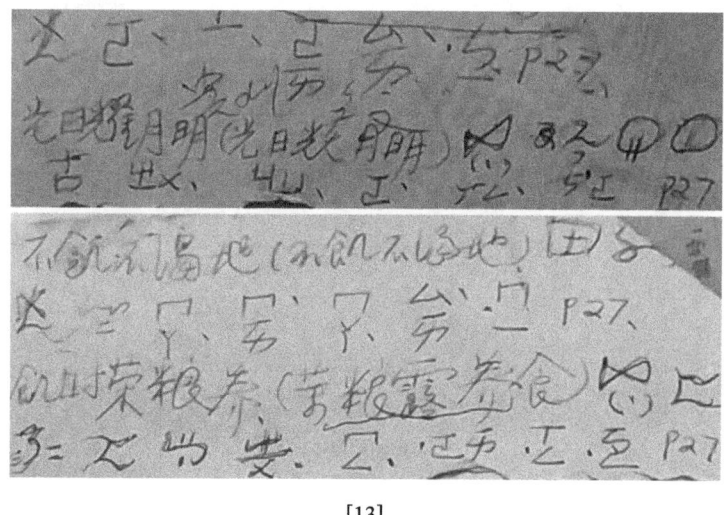

[13]

彝文版《人类历史全记》第11页：直那考69代 [14]。

卡片3

高按：贵州省六枝特区彝族经师毛凤文家藏记音本（ [15]）有如下内容：

P57：彝族做斋、解劫、解宽时，要用一个鸡来消灾消难，怕濮打脱跑掉。[16]为"昆明（同并）的"彝音。

225

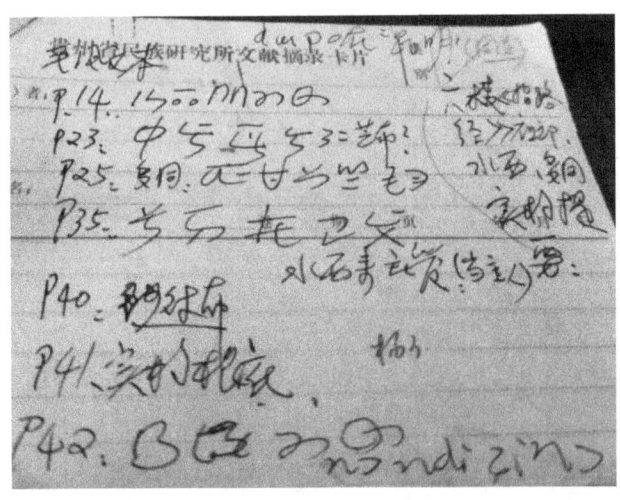

[17]

图[10]内容解释如下（纯彝文部分省略）：

六枝古彝文《指路经》毛凤文家藏本：夜郎、水西、多同、实枸提要：

P23：▨▨[18]可能就是芒布。

P25：▨▨[19]，即多同。

P35：▨▨▨▨[20]的意思是"水西来主管（当主人）"。

P40：阿德布。

P41：实枸根底。

毛凤文家藏记音本（▨▨[21]）（续）：

P75：做祭经书中的"开天门"情况。

P76：以羊祭天和"死埋死君王住"。

P79：青红（高按：可能就是濮人）想到天边地沿去住。

P81：君臣各有三道门住。

P86：太空也有君王。

P87：丝帛已到手吗？

《阿者乌撒兵马记》[22]"竹简指令"内容如下：

P53：▨▨▨▨[23]，为"苦帕"的彝音及彝文，原注即"令简"，

226

就是写在竹简上的指令。高按：彝文 ▢[24]，读作 ▢[25]，是"权""令"的意思，直译为命令的"令"。

卡片4 十月太阳历来历彝、汉一致情况

《彝族生化总图》[26]：星宿 ▢[27]，为朱鸟，鹑火次，为夏至，这种情况彝、汉一致。鹑火次为柳、星、张三宿，即《尧典》里面的昧星火，夏至。房宿、心宿均为大火星，房宿对应春分，心宿为商星。

羲和鸟历就是十月太阳历来历：殷商时以大火星（心宿）和鸟星作为划分春分和夏至的标准星的来历、根据和彝历对照情况，参看《孔子：被遗忘的古代科学家——易传与古代科学》[28]。张培瑜先生说："古代我国曾用大火、鸟星作为授时标准，大火、鸟星比较明亮，高度适中，它们的黄昏南中，在殷商时期是判定春分、夏至的标准星象（参见注2张培瑜：《殷代关于分至的知识和历年》[29]）。

鸟历是太阳历。陆思贤《神话考古》[30]对此鸟历作了专章研究，认为此鸟乃是太阳鸟，少皞、太皞得名鸟图腾柱用于立杆测日影（见该书第三章），可知此鸟历乃是太阳历。

高按：此为特别重要内容。

另外，帝俊、帝喾、帝舜一神而三名，都是殷人太阳神，因殷人崇鸟，他们又都转化成了凤鸟图腾神。[31]

所以，长沙子弹库楚帛书称"帝俊乃为日、月之行。"《山海经》言帝俊"司日月出入的同时，又使四鸟"，其《大荒东经》说：

帝俊生"中容"——使四鸟（《高按：彝族源流》里有彝文 ▢[32]，就是"中容"的音译记字，彝文典籍里也有使四鸟之说）。

帝俊生"晏龙"——使四鸟。

帝俊生"帝鸿"——使四鸟。

帝俊生"黑齿"——使四鸟。

帝俊生"娥皇"——使四鸟。

帝俊使四鸟即玄鸟氏、伯赵氏、青鸟氏、丹鸟氏，四者主司四时之

意，属太阳历。对于殷商人而言，太阳的人格化为帝俊，其图腾化则为凤鸟。《诗·商颂·玄鸟》也说："天命玄鸟，降而生商。"所以甲骨文中的"俊"均作"鸟首人身形"。

《离骚》也说："凤凰既受诒兮，恐高辛（高按：滇彝经中，高辛即十月历发明者）之先我。"高辛即帝喾。

《神话考古》P42：鸟纪十月太阳历，又是羲和十月太阳历（高按：贵州毕节王子国家藏古彝文典籍《天文志·历》，有羲和十月太阳历一段文章同此）。由鸟纪十月太阳历又是羲和十月太阳历，由鸟纪十月太阳历，出现了太阳和鸟相结合的鸟负太阳运行和羿射十日的神话故事。如《海外东经》和《大荒东经》所说："黑齿国、下有汤谷，汤谷上有扶桑、十日所浴。在黑齿北，居水中，有大木，九日居下枝，一日居上枝。有谷曰温源谷，汤谷上有扶木，一日方至，一日方出，皆载于乌。"古人把十月太阳历说成是十个太阳，说羲和把这十个太阳安置在东方汤谷（又作旸谷）的扶桑树上（高按：古彝文经典上的神树图同此），而且总是九日居下枝，一日居上枝，其中一个太阳被鸟负着飞向天空运转，并经由海底（称为沐浴）再回到桑树下枝，另一个太阳又由鸟负着飞向天空运转，并经由海底（称为沐浴），再回到桑树下枝，另一个太阳又由鸟负而飞出。鸟后来又变成了三足乌，并且出现在新石器时代出土的文物上（高按：该书第43页有图），一直到汉代都没有什么变化。中国古籍多记有日鸟合璧的神话，如《淮南子·精神训》："日中有踆乌。"高诱注："谓三足乌。"《论衡·说日》："日中有三足乌。"

《神话考古》P44：有冯时《中国天文考古学》图2—6河姆渡文化出土文物"日鸟图像"及"四鸟主时图"。《大荒西经》有"五彩鸟"三名，一曰皇鸟，一曰鸾鸟，一曰凤鸟（高按：这些在彝文经典里全有记载：凤鸟的彝名叫 Yu lur [33]，即"皇鸾"）。

高按：彝族"宇宙生化总图"：夏至为乾，乾的彝音、彝文为 [34]，方位为南，包括丙、午、丁，其中"午"为夏至，对应"星宿" [35] [36]，（鹑火次），这和前面提到的殷商时以星宿定为夏至，彝、汉一致。又彝表（"宇宙生化总图"，下同）离卦为东，离的彝文、彝音为

228

[37]，包括甲、卯、乙，其中"卯"居中，为"二月中"，为春分（[图][38]，"太阳升"）。春在彝表里跨越氐宿（寿星次，彝音为[图][39]）、房宿（彝音为[图][40]，即大火次，）和心宿（彝音、彝文为[图][41]，即大火次），心宿对应惊蛰，二月节（[图][42]），这里彝、汉基本一致。

卡片6 云南《宣威县志》彝、白族重要情况摘录
卷八之四"民族"条

附：白儿子和苗有火葬之习、用彝文和毕母（第1—23页）。

P1："夷人总说"条：邑之汉人皆客籍也，惟夷人原属土著，其种有四：曰黑、曰白、曰乾、曰黑乾。据滇系猓猡者卢鹿之认为《新唐书·南蛮传》中之东爨乌蛮与南诏世为婚姻，其种分七部落：……五曰卢鹿蛮，爨使君碑谓爨氏系出令尹子文，唐书云西爨自言本安邑人，七世祖为晋宁太守，中国……遂王滇中，据此则黑白二夷分派甚远，不同出于卢鹿部矣，古滇金石考谓今曲靖黑白猓猡皆二爨之苗裔也，二爨之裔既同以猓猡名，则因卢鹿而认为猓猡之说益不足据矣，但在他人之对称有时或从其创见，知有卢鹿部而于他部之名义未详，姑混称之曰卢鹿未可知也。

"黑夷"条：原系土州支庶土司家法除以长子代袭外，余子皆曰黑夷，为贵种，凡营长土目皆其类也，面微黑而形犷"浊"为彼族特征。

"白夷"条：旧志此项土人于夷种为贱，据《南诏野史》谓即西爨白蛮，《昭通县志》以为旧系夷目其家贫者居多，凡起居一切不敢与黑夷相攀，以唐书证之当蒙氏从西爨蛮实永昌时东爨以言语不通得不从，是西爨之从以语言相通故也，其后东爨复振而西爨遂弱，元仁宗时签爨僰军屯田曲桑乌撒，是时乌蛮强盛白蛮受其役，属不敢与抗亦固其所，又《沾益州志》谓白夷于诸夷中向化最先近城市者衣冠礼仪一如汉人等语与唐书被从永昌或得不从之故，适合是白夷实即西爨种也，邑中若茨营姬姓、扯卓龙姓、瓦路洼海姓及从前"木冬河"之"戈"姓等当即其种。

"乾夷"条：乾或作"刚"音之转也，俗谓之乾猓猡，呼黑白夷为主，见即跪拜侧向不敢坐。

"黑乾夷"条：居必深山密箐全不开化，其种又贱于乾夷，续通志称此种夷人惟宣威有之，余查其性行于职贡图所指之妙，猓猡相近亲者同系一种而称谓各殊欤。

"白儿子"条："白"一作僰，或曰即元时所签僰军屯田于兹者也，或曰汉赘于夷，其子孙别为此种，本境西区及西南区有之。

"黑夷"条：音浊而拙，与汉人语则通用汉话，其族互相问对则仍用夷话，夷话大概如：

天—"米"，地—"迷"，日—"擬机"，月—"罗博"，山—"白"，水—"雨"，江—"那雨"，海—"黑"，正月—"众项"，二月—"水项"，三月—"哈项"，4月—"懦项"，天晴—"米族"，天阴—"米登"，房产—"黑古"，楼—"忧"，门—"留基"，官—"庆助"，祖—"阿伯"，祖母—"阿达"，父—"阿日"，母—"阿姆"，子—"租"，孙—"希"，夫—"咱哇"，妇—"哗"，衣—"宾"，帽—"乌时"，鞋—"期乃"，裤—"树"，金—"蛇"，银—"兔"，铜—"鸡"，铁—"血"，米—"扯鬼"，谷—"扯色"，大麦—"租"，小麦—"舒"，饭—"假"，汤—"阿以"，肉—"究获"，头—"乌奔"，面—"业念"，耳—"脂波"，目—"那都"，口—"业补"，手—"腊扒"，足—"期扒"，善—"助"，恶—"马助"，孝—"补鸠莫舍"，友—"跐耀"，廉—"以脚粉争"，耻—"多波撒簸"，老—"暮"，少—"杀"，大—"厄"，小—"虐"，去—"领"，来—"列"，笑—"额"，哭—"恩"，一—"榕目"，二—"腻目"，三—"色目"，4—"须目"，写字—"思迫果"，做官—"庆的没"，骑马—"母则"，做事—"诸兹"。

高按：这些词汇白彝、乾夷、黑乾夷与黑夷读音相同。

P5："爨文"条：夷族旧用爨字，爨字形如蝌蚪，凡为字母一千八百四十号，曰"韪书"。纳垢酋之后阿田可所撰，事可见《马龙州志》，本境夷族惟"必磨"（一作"毕穆"）习之，余凡有州志上进者，类皆习用汉文，又查滇系乾夷种类在曲寻二郡。凡哨隘设兵，多以其种官府文书必为书爨字于后，乃知遵信等语是爨文之行使在乾嘉时诸夷中尤其普遍，也其种曰弱语言文字随而消灭可不惧哉兹于消灭殆尽之余，录存梗概备稽合方志论，撰言文者之参考爨字（整理者注：括号内为汉字读音和含意，有的只有汉字意思，无读音）：▨（个，平声），▨（堵），▨（勒，上声），▨（额，上声），▨（惹，上声），▨（额，平声），▨（资），▨（膈），▨（古），▨（惹），▨（书），▨（方），▨（麻），▨（呢），▨（哭），▨（使），▨（也），▨（音），▨（吐），▨（火），▨（欺），▨（书），▨（热），▨（山），▨（也），▨（锁），▨（密，平声），▨（朱，粮），▨（独），▨（柯），▨（贴），▨（苦），▨（写），▨（勒），▨（也），▨（锁），▨（策），▨（泥），▨（厄，上声）。

右爨文直书横看系由亡友董贯之先生（译一道玉溪人）所著《古滇土人图志》中临摹而来。

惜原著中未叙来历使人得作更进一步之研究，然吉光片羽赜书赖以不朽可宝也。

卷八之四：P7：苗文句法：首名词，次动词，自成一格。▨读作"那"，"多"之意；▨[43]读"那"，"问"之意；▨[44]读"那"，为"病"之意；▨[45]读"耐"，为"你"之意；▨[46]读"拿"，为"缝"之意。

我建木屋▨[47]，即我木取建屋加助词"▨"。

宗教之"黑夷"条：P8：夷族信鬼，所奉巫师有大小鬼主之别，今皆称为"必磨"，祸福仰其祈祷，所有爨字亦惟"必磨"习之，其人率多锢蔽，无政治思想，陵夷以至于今，强名所奉曰巫教，而实无教之可言也。

"苗子"：苗族所奉大概可谓之巫教，其巫师亦曰"必磨"（一作毕穆），世守其书，专为彼族禳祸祈福，与爨夷之有"必磨"同，要而言之，夷苗二族均不无特出之英文字语言旧皆极为发达而终不免同化于汉，失其本来之旧者无他，进取之心太薄而立足之点又未至也。

P17：礼俗："黑夷"条：男椎髻，头缠皂布，左耳带金银环，衣短衣，大领袖，着细腰带，女辫发盘于头，皂布缠之，饰以肥坠二端于后（以上服装），婚娶以牛马金帛为聘，及期女之父母，以带叶松树结庐门外坐女其中，旁列清水数缸，集亲族执瓢杓列械环卫，婿及亲族新衣里面乘马持械鼓吹至二家械而斗，婿直入松庐卫者杓水浇之，婿挟妇乘马疾驰走逐，而浇者益厉新妇在途中故作坠马状凡三，婿前而扶之亦凡三，入门，婿诸弟抱持新妇扑跌，人拾一巾一扇乃退，翁姑于是命以名。次日，用祝者引谒先祖，新妇披套头，执盥器，候舅姑洗沐七日乃止。于新族之来贺者，主人泡酒数坛聚而会饮，老者坐于其上，少者男女牵手罗舞而唱，一人吹笙，蹈之轮次饮酒，亦凡三五夜（以上婚礼）。病不医药，用必磨翻书叩算病者生年及获病日期，注有牛、羊、猪、鸡等畜，即照所注祀祷，之死则覆以寿毡罩以锦缎，不用棺木，缝大布帐，用五色帛裁为云物，谓之达天锦，生前所用衣物悉展挂于旁，亲朋既集则各执鸾铃一串蹈而歌，二足交互运动状如蝇，名曰蹉跙（高按：蹉跙可能就是彝音 ꀋꇬ[48] 的音译记字），顷之，群起绕帐，一人吹笙前导歌且舞，谓之"转噶（俗谓肉为"噶嘎"，此当系简称死者之尸）。既转而蹉，蹉已复转，如是者数，自言其先有客死于外者，子孙觅之得尸于树，鸦啄其肉殆尽，尸虫满于树下，为此者所以慰死者之心，遂害鸟使不生畏去腐虫避免厌憎，所谓礼缘情起者也。事毕，焚帐及附帐各物，打猪、牛、羊以祭，三五日举而焚之于山（以上丧葬之礼）。拣骨于器，藉以竹叶草根，用必磨裹以锦缠以彩绒置竹筒中，插篾蕈内供于屋角深暗处三年，附于祖供一木桶内，别置祖庙以奉之，谓之鬼桶，打牛、羊、犬祭其先，谓之祭鬼（以上祭礼）。夷之巫师曰"必磨"，能以鸡卜遇重要事，欲占吉凶，则取雄鸡雄者生刳二髀束之，细剖其皮骨，有细窍刺，以竹签相其多寡向背顺逆之形以为定断，或取山间草，齐束而拈之，略如筮法（以上占卜）。今鸡卜之法与汉、回、苗均有习之者，但不生刳熟而荐于神，既毕剖而视之，其重要部分在头与二髀，善占者其验如神葬，事近亦用棺变火花之旧矣，其他礼俗则因而未改。

"白夷"：旧志衣装悉如黑种，丧祭婚嫁亦同。

"乾夷"：衣装略同，惟不知洗面，脚不著履，居必高山深谷，自织麻布、羊毛粗褐火草布以为衣，性野悍，善捕猎，种荞以自赡，轻迁徙，不耐骚扰，稍不如意即合寨逃往外境，婚配以类，不通黑乾夷。

"黑乾夷"：男椎髻，头缠麻布，短衣，二耳带大铜圈垂至肩，跣足不履。女以毛褐细带编如筛罩，首饰以海贝砗磲，衣领亦然（以上服装）。婚配不用媒妁，男吹笙，女弹口琴唱和相调而合，归语父母，央媒行聘，择期接回（以上婚配）。死则裹以氍毹而焚诸野。

"白儿子"：P18：其俗在夷、汉之间，奉祖先，纯系夷法而男读书，女缠足，衣服礼仪一如汉制，旧志阙而不载，意者以白夷当之欤？但白夷从不缠足，不能相混。

"苗子" P18：居必依江河，不畏酷暑，男女装束类黑乾夷，女曲木蒙布为冠，彩绒为饰，着短衣，系布裙，跣足（以上服装）。每节序击铜鼓，吹唢呐，赛神欢饮（以上祭礼）。婚期，婿步行迎妇归，始置酒宴客，嫁于三月后具牛羊鸡猪之类送至婿家以为妆奁，婿家答以牛马布匹厚欸送归（以上婚嫁）。死则祭以猪羊氈裹而焚诸野（以上送死者）。

以上均彝族、白族情况。

卡片7 《彝族源流》9-12卷 云南 哀牢史

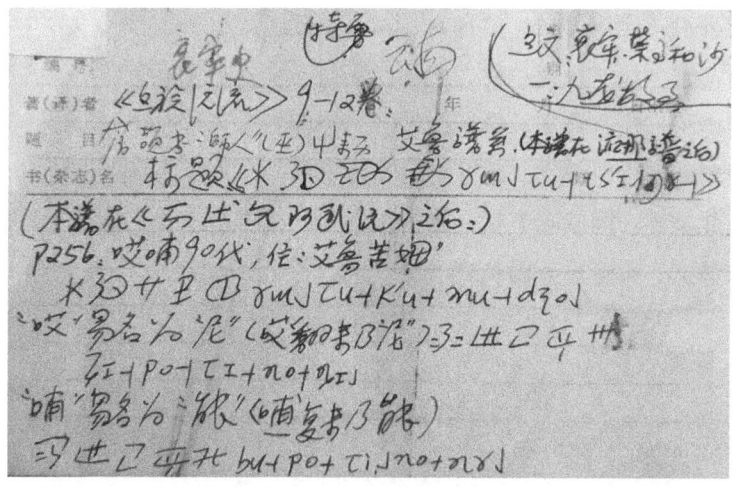

[49]

[18]图片内容整理如下：

高按：这里讲述彝文版哀牢、禁高、沙一和九龙故事。仓颉书、"师人"（巫）来历。师人（巫）的彝文为 [50]。

233

《彝族源流》第 9—12 卷重要内容释读

1.艾鲁谱系（本谱在液那谱系之后）。标题 ▬▬▬▬▬[51]（本谱在 ▬▬▬▬[52] 之后）。

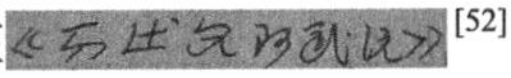

2.P256：哎哺 90 代世系，住在"艾鲁苦姆"。其中"住在艾鲁苦姆"的彝文为"▬▬▬[53]"，彝音为 ▬▬▬▬[54]。

"哎"易名为"尼"（直译：哎翻来乃"尼"），这句话的彝文为"▬▬▬[55]"，彝音为 ▬▬▬[56]。

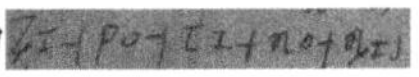

"哺"易名为"能"（直译：哺复来乃能），这句话的彝文、彝音为"▬▬▬▬▬[57]"。

[19]图片内容整理如下：

艾鲁是尼能后裔（直译：艾鲁尼能本），彝文、彝音为 ▬▬▬▬▬[58]。

哎卧尼一代，彝文、彝音为 ▬▬▬[58]。

尼苦姆二代，彝文、彝音为 ▬▬▬[60]。

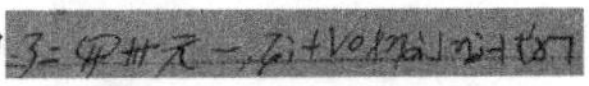

苦姆租三代，彝文、彝音为 ▬▬▬[61]。

租阿武四代，彝文、彝音为 ▬▬▬▬[62]。

由此类推：阿武咪五代，米祝雅六代，祝雅能七代，能朵朵八代。各自代数彝文、彝音见下图 [63]。

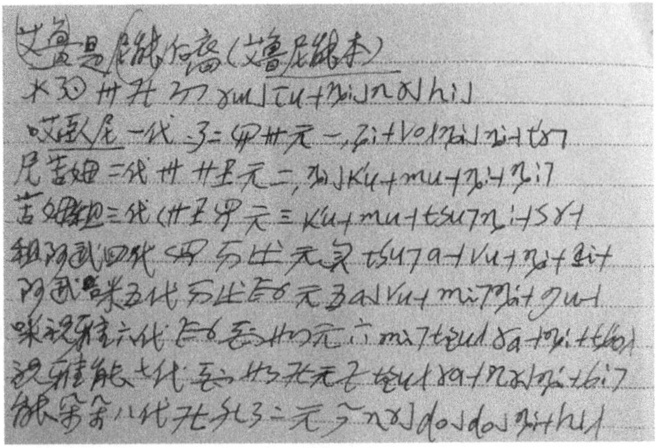

[63]

高加乐卡片笔记整理（有删节）

[20]图片内容为：朵朵里九代，里米毕十代，米毕吕十一代，吕武额十二代，尼能十三代（高按：这里，十二代为笔误，应该是十三代），传到吕武额，传到列通奋。各自代数彝文、彝音见图片[64]。

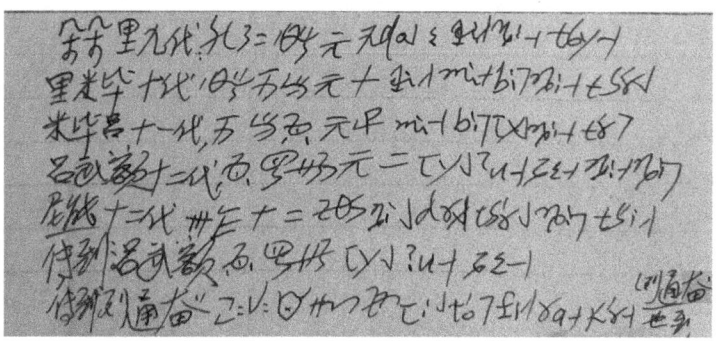

[64]

[65]图片内容整理如下（各自彝文彝音见图片）：

尼君长之女（尼君大姑娘），名叫"尼克舍依（直译：祝伦克舍依）"，有一天（直译：天来有一回），住"沙靡默候（直译：啥靡默候住）"，去洗绸线（直译：绸线洗）。

[65]

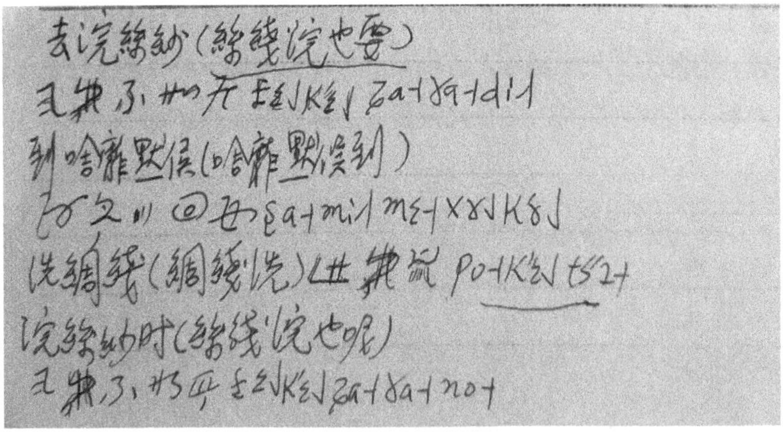

[66]

[66]图片内容（彝文、彝音）整理如下：

去浣丝纱（直译：洗线浣也要），到啥靡默候（直译：啥靡默候到）洗绸线（绸线洗），浣丝线时（直译：丝线浣也呢）。

接下来的这张卡片（这张图片文字多，故省去图片拍摄，）直接整理如下：

还不大一会，一条小黑蛇，在默候水中嬉戏（直译：玩乃默候玩）。这句话的彝文、彝音为 ▓▓▓▓▓[2]。在默候水中洗澡，变化一番后，变成个小伙。伦克舍依（彝文、彝音 ▓▓▓▓▓[68]），十分害怕，着实惊慌，这条小黑蛇，开口说出话："我不是蛇，我是"吉禄神"（福禄命运神），受至尊派遣，到天下凡间，作婚配龙，"作传宗接代龙"（直译：宗接龙作矣，这句话的彝文彝音是 ▓▓▓▓▓[69]）。你不必害怕，不要惊慌，你我少男女，你是妙龄女，我是吉录男，做一场夫妻，同养个儿子，留在人世界……"

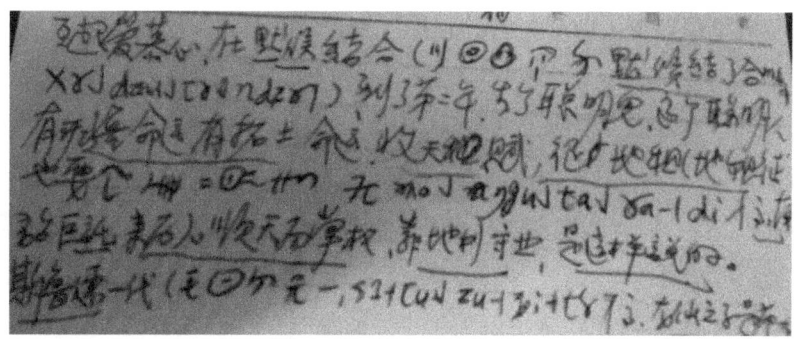

[70]

[70]图片整理如下（续）：（一对男女），互起爱慕心，在默候结合（彝文 ，[71]）。在默候结了合（彝音 ，[72]），到了第二年，生个聪明儿，这个聪明人，有开疆命运，有拓土命运，收天赋，征地租（直译：地租征也要，彝文 [73]，彝音 [74]）（高按：这是"南诏巨托"来历。），顺天而掌权，靠地利守业，是这样说的。斯鲁儒一代（ [75]）（高按：即龙仙之子是第一代）。

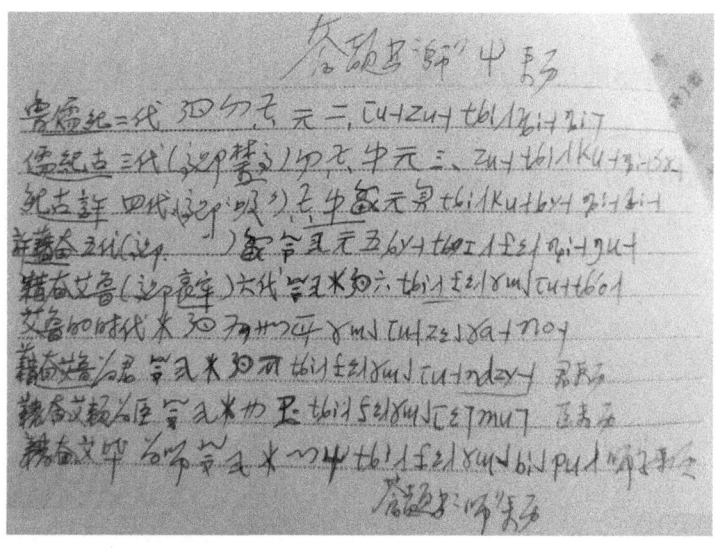

[76]

[76]整理如下（图片上的彝文彝音多省略，具体见图片）：鲁儒纪二代，儒纪古（高按：即禁高）三代，纪古许（高按：即"吸"）四代，许籍奋五代，籍奋艾鲁（高按：籍奋艾鲁即哀牢）六代。艾鲁的时代，籍奋艾鲁为君（高按：这里讲述"君"的来历，"君"的彝文为 [77]，彝音为 [78]。），籍奋艾赖为臣（高按：这里讲述"臣"的来历。"臣"的彝文为" [79]"，读音为" [80]"），籍奋艾毕为师（这里讲述"师"的来历，也是仓颉时候文字"师"来历。"师"的彝文为" [81]"，读音为" [82]"）。

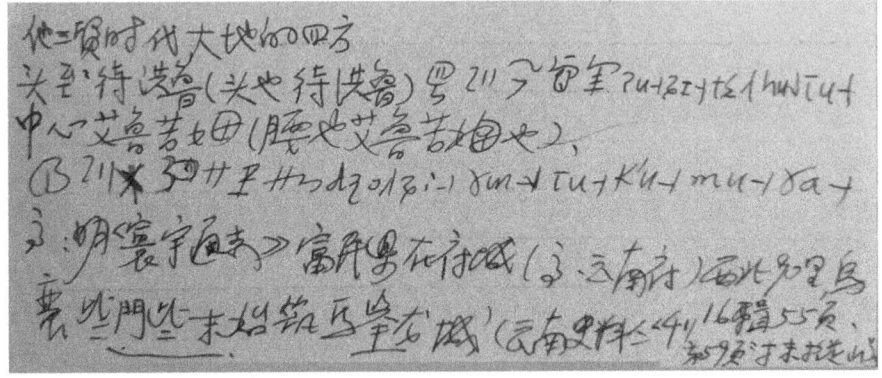

[83]

[83]图片整理如下（彝文彝音见图片）：他三贤时代，大地的四方，头至待洪鲁（直译：头也待洪鲁），中心艾鲁苦姆（直译：腰也艾鲁苦姆也）。高按：明《寰宇通志》：富民县在府城（云南府），西北九十里，乌蛮些门些末始筑马举龙城（《云南史料丛刊》第16辑第55页、第59页"抹徒山"）。

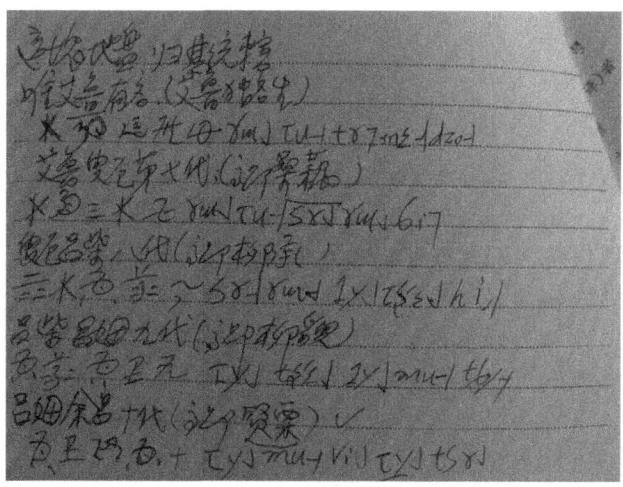

[84]

[84]图片内容(彝文、彝音)整理如下：

这块地盘归其统辖,唯艾鲁有名(直译：艾鲁独名生),艾鲁叟厄(高按：即桑藕)第七代,叟恶吕柴(高按：即柳承)八代,吕柴吕姆(高按：即柳貌)九代,吕姆余吕(高按：即贤栗)十代。

[85]图片整理如下(彝文彝音见图片)：余吕舍支一代(十一代),舍支确二代(十二代),确鲁蒙三代(十三代)。

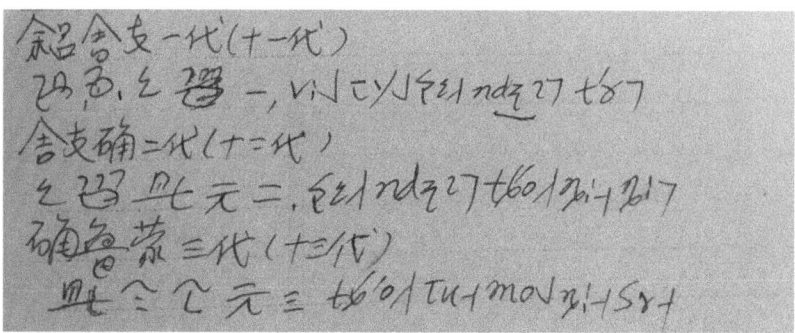

[85]

[86]图片整理如下（彝文彝音省略）：

蒙默遮四代（十四代）（高按：蒙默遮可能就是唐蒙俭。唐："破蒙俭露布"："竹浮三节，肇兴外域之源，木化九隆，颇作中国之患。"）默遮窦五代（十五代），窦毕吕六代（十六代），吕通奋七代（十七代），奋阿武八代（十八代）。

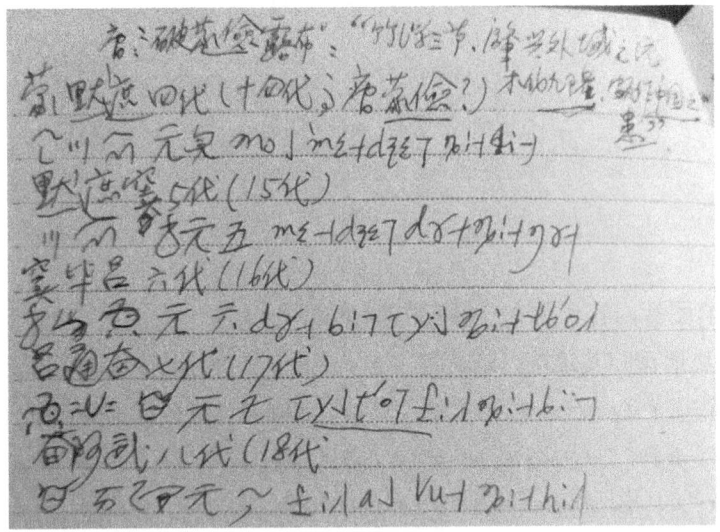

[86]

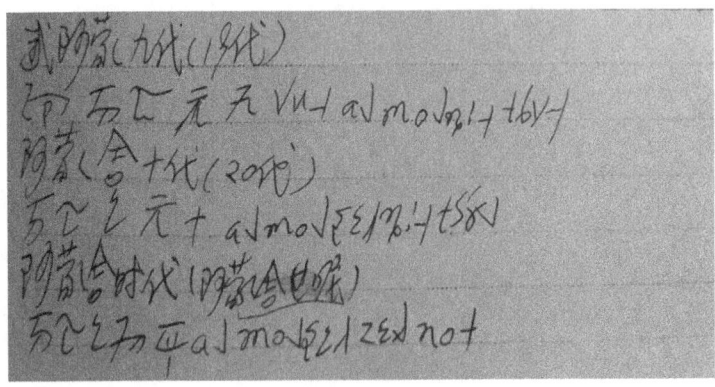

[87]

[87]图片整理如下(彝文彝音省略):武阿蒙九代(十九代),阿蒙舍十代(二十代),阿蒙舍时代(直译:阿蒙舍世呢)。

[88]图片内容整理如下(彝文彝音见图片):迁往西边去(直译:迁也西也去),到"啥靡奋龙"(直译:啥靡奋龙),确舍来扶持(直译:蒙舍来持),就是这样的(直译:其乃此是矣)。

P265:注1:所谓哀牢,可能就是艾鲁的另一种译音。

注2:吉禄:司生育命运之神。

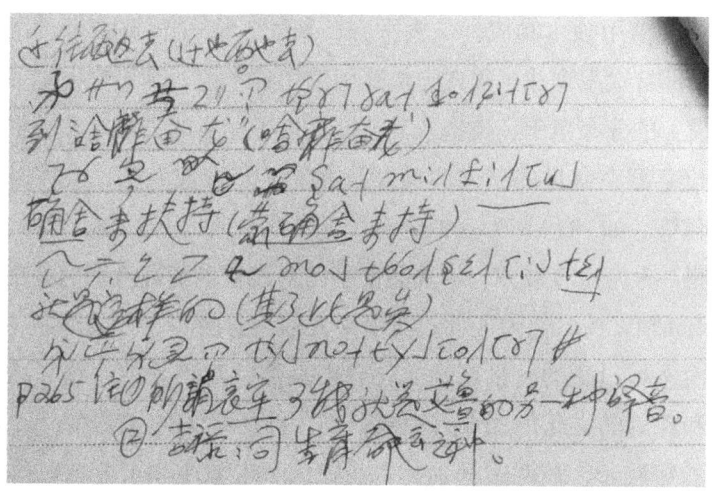

[88]

卡片8 巴蜀文字、彝文、人头葬

三峡库区出土战国巴蜀文化青铜器和巴人"人牲"(用人为祭品)和刻划符号

标题:三峡库区李家坝遗址发掘重大成果

(1999年2月21日《中国文物报》总第681期)

揭示战国巴人墓地出土大量战国巴蜀文化青铜兵器,兵器纹饰精美、铸造精巧,对研究文化具有重大学术价值。

摘要:(1)李家坝遗址位于重庆市云阳县高阳镇青树村,处在长江北侧支流澎溪河东岸东西长约1300米、南北宽100—500米的一级河流阶地上，由北向南纵贯阶地的桂家沟、施家沟两条山涧将李家坝遗址分割为上、中、下坝（由西向东顺澎溪河流向排列三部分）。遗址面积10万平方米以上，主要分布在上坝。本次发掘区在遗址南部，重点在二区，发掘清理面积1450平方米，共清理商周至明灰坑80个，战国至汉竖穴土坑墓46座，战国至南朝房址6座。

（2）战国地层中出土巴蜀图语铜印章和肖形铜印章。

（3）发现一座独木棺墓，8号墓墓口长2.9米，宽1.6米，深1.2米，有棺无椁，棺用独木制成。二头平齐，长约2米，宽约0.9米。这是在四川盆地东部首次发现战国竖穴土坑墓中使用独木棺，为研究巴蜀文化独木棺（船棺）的分布范围、类型及其流变提供了珍贵的资料。在葬俗上，除巴蜀文化墓葬中常见的单人仰身直肢葬外，还发现人殉、人牲以及俯身葬、合葬等。如18号墓为双棺合葬，墓口长3米，宽2.4米，深约1.5米，墓内东侧一人俯身直肢葬，随葬品仅有巴蜀式青铜剑和青铜勺各一把，但脚下葬有4颗人头，似为人牲。西侧一人仰身直肢葬，无随葬品，似为殉人。本次发掘出土的一批巴蜀文化青铜兵器，其精美的纹饰、高超的铸造工艺和深刻的文化内涵令人惊叹，实为前所未见的文物精品。如14号墓出土的短骹矛，骹两边分别铸龙、蛇纹，形象生动，互为一体。12号墓出土的长骹矛，通体饰云雷纹及人像面具，具有很强的装饰性。25号墓出土的中胡戈，援本处有一凸起的浅浮雕虎纹。虎身通体线刻，栩栩如生，援上侧还有巴蜀文字铭文一行。45号墓出土的"双胡式"蜀式戈，援本处饰数只变形虎纹，互相缠绕，尤其是翼上饰二只小虎，构成大虎之身，整个图案精美，构思精巧。同时，一部分铜器铸造工艺精良，如45号墓出土铜敦、铜鐏、铜矛等，表面经过特殊加工处理，光洁晶莹，有如玉石一般，铜矛身上的鱼鳞斑纹至今还闪闪发光，刃部锋利，显示出高超的青铜冶铸和精加工水平。

④为战国时期巴人实行人牲人殉制度提供了重要实证。从文献记载看，巴人有用人为祭品（人牲）祭祀祖先的习俗，此次发现为研究古代人殉人牲制度有重大价值。同时，过去见于蜀墓的夫妻合葬和妻妾殉葬习

俗，本次发掘证实亦见于巴墓，这无疑为研究四川先秦丧葬制度提供了新的重要资料。发掘出土的160余件铜器，为研究先秦美术史、先秦青铜冶铸和加工工艺具有不可低估的重要价值。

同日有报纸登载：上海博物馆重金购得云南大理国"大日如来鎏金铜像"一个（高48厘米），铜像的内腔铸有"盛明"二年，造像者的发愿文题记（有长篇铭文），解决了大理国历史上的一个难题。

高按：以上为重要内容。

卡片9 天文：托尼九星彝、汉对照史料

高按：北斗九星是"九皇君"。《道藏》九星名称彝、汉一致。具体如下：

《中华道教大辞典》[89]重要内容摘抄

P399："九天上圣秘传金符经"条目：撰人不详，似出于宋元间。一卷，收入《道藏》正一部。此经为选择日辰吉凶之书，内容可分三部分：第一，《金符经》言观星择日之术。谓天有九星（妖星、或星、禾刀、煞贡、直星、卜木、角巳、人专、立早），轮流值日。凡人家有起造、婚丧、迁徙、祭祀、出行等事，须慎择日辰，如遇吉星当值则万事如意，遇凶星则家破人亡。书中依六十甲子顺序排列，每年十二月日历，标明每日当值星宿名称及所主吉凶。世人有事可查看日历，推算吉凶。第二，《诸葛先生万年出行图》，假托为诸葛孔明所传。此图共三幅，皆为圆形日历表，标明一年十二月每日吉凶。人家行事可依此图选择吉日，回避凶煞之时。第三，此书末杂抄短文数条，皆与推算日辰吉凶有关。（王卡）

P740："九星"条：道教观星择日术中九星宿：《道藏正一部：九天上圣秘传金符经》称：天有九星，即妖星、或星、禾刀、煞贡、直星、卜木、角巳、人专、立早。其中煞贡、直星、人专为吉星，余皆凶。"凡人家造宅安坟，不依三元九星吉日起造者，立遭横祸……如作吉星者，有官者禄位高迁，百事称心。"书中列出"四孟"、"四仲""四季"之月，60甲子日辰吉凶星曜。如谓四孟之月辛未、庚辰、己丑、戊戌、丁未、丙辰

日为"人专星值日"。如值此星日，不出一年，主生贵子，凡造作、嫁娶、葬埋、开张、移徙、上官、入宅、移门、添修屋宇，主三年内有官者禄位重重，无官者所为吉庆，大发财谷，得外人力，善事交集，僧道用之俱吉。(陈永正)

P736：九宫：即九个方位。《易》纬家有"九宫八卦"之说，即离、艮、兑、乾、坤、坎、震、巽八卦之宫，加上中央宫，合称九宫。九宫，起源于洛书。汉徐岳《数术纪遗》卷一："九宫算，五行参数，犹如循环。"甄鸾注："九宫者，即二四为肩，六八为足，左三右七，戴九履一，五居中央。"西汉汝阴侯墓出土九宫占盘小圆盘上的刻画，"一"对"九"，"二"对"八"，"三"对"七"，"四"对"六"，"五"居中央，与洛书所载相合，可见九宫在西汉之前已流行。(陈永证)又说：古代多种术数都以九宫为依据。

高按：九宫即洛书。

P785：太乙式盘：古代太乙占卜术所用之盘具。1978年安徽阜阳双古堆汝阴侯墓出土了一批汉文帝15年(公园前165年)的文物，中有太乙式盘一具。其天盘则按宋儒朱熹所谓《洛书》中的数字排列。九为百姓，一为君，三为相，七为将，中间的五为吏。其地盘上有八个方位，分别刻有"当者有忧"(冬至)、"当者有病"(立春)、"当者有喜"(春分)、"当者有缪"(立夏)、"当者显"(夏至)、"当者利"(立秋)、"当者有盗争"(秋分)、"当者有患"(立冬)等字样。

P1439：九皇：《上清河图内玄经》称"天上的北斗九星为九皇君"。《北斗九皇隐译经》所记亦同。(君衍丰)

《十二生肖面面观》[90]重要内容摘抄与释读

P65：西汉时期，历家又取"阏逢"，"旃蒙"彝已子[91]。

P115：天尾星"遮默"(高按："遮默"为彝音[92]的音译记字)、"柔兆"(详见王子国《土鲁窦吉》[93])。

P115：天罡腰"遮治"(高按："遮治"为彝音[94]的音译记字)强圉、"著雍"(详见王子国《土鲁窦吉》[94])。

P115：天罡首"遮翁"("遮翁"为彝音[95]的音译记字)、"屠

244

维"、上章、重光、玄黓、昭阳等名称，名叫"岁阳"。(见图[96])

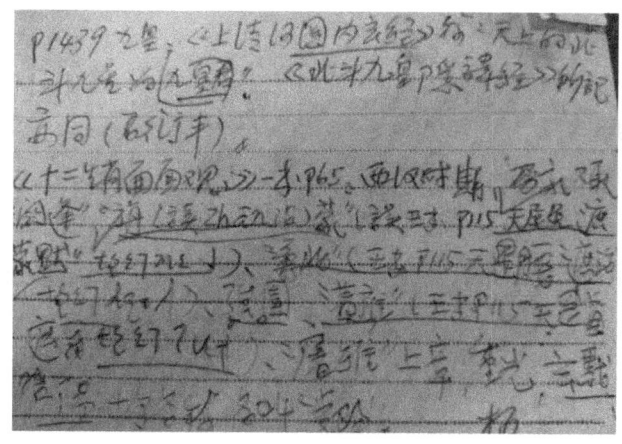

[96]

卡片 10　彝、汉一致情况：九头纪彝名来历，伏羲、炎黄史来历

颛顼、彝族祭天地要虔诚来历。龙三月，执徐，即寻吉月，这个月是角亢寿星当值，是"龙抬头"。[97]图片整理：

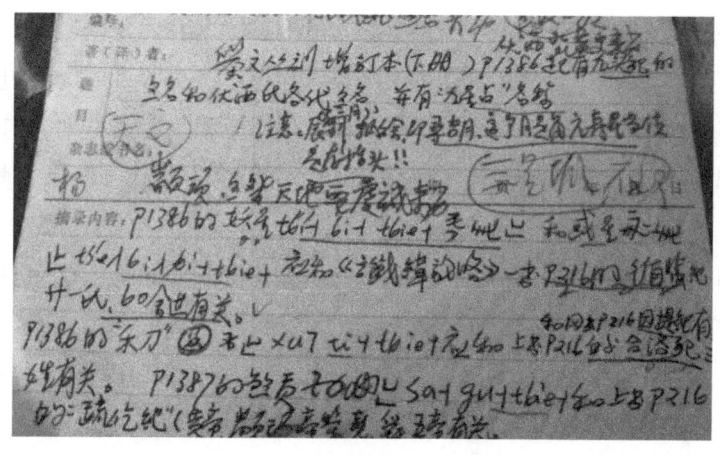

[97]

《增订爨文丛刻》[98]（下册）释读

1.高按：从第1386页起，有九头纪的彝名和伏羲氏各代彝名，并有"九星占"名称。

2.P1386：妖星，彝文、彝音为 [彝文] [99]。或星，彝文、彝音为 [彝文] [100]），应和《谶纬论略》[101]第216页的循蜚纪21氏、60余世有关。

3.P1386："禾刀"（[彝文] [102]），应和《谶纬论略》第216页的合洛纪三姓有关，和《谶纬论略》第216页因提纪有关。

4.P1387：煞贡（彝文为 [彝文] [103]，彝音为 [彝文] [104]），和《谶纬论略》第216页的"疏仡纪"（黄帝、颛顼、帝喾、尧、舜五帝）有关。

5.P1388："立早" [彝文] [105]，P1391的立早星，P1394的立早星和《谶纬论略》第216页的禅通纪88氏有关。

6.P1389、1391、1394的妖星或星与《谶纬论略》第216页的循蜚纪21氏60余世有关。

7.P1386、1392的禾刀和《谶纬论略》第216页的因提纪有关。

8.P1387、1389、1390、1392的煞贡和《谶纬论略》第216页的疏仡纪有关。

9.P1387、1390、1393有直星（[彝文] [106]）和《爨文丛刻》P1390、1393的"卜木"星（[彝文] [107]）；P1388、1391和1394有"人专星"（[彝文] [108]）；P1390、1393有"角明星"（"角巳" [彝文] [109]）。

高按：注意：《谶纬论略》第216页"循蜚纪"有"谁明氏"，应和角明星有关；犁灵氏、鬼隗氏、冉相氏、费神氏应和《爨文丛刻》P1394庚寅为犁灵氏、己亥为鬼隗氏（巨费氏）、丁巳为冉相氏、辛巳为贵神氏有关。

10.P1394妖星中的辛未即无怀氏，庚辰即栗陆氏或丽连氏，也即《路史》"禅通纪"中的栗陆氏、丽连氏。

11.P1394立早星中"乙卯"为宗卢氏，和《路史》"禅道纪"中的"尊卢氏"有关。

12.P1394人专星中的"人专星"癸亥为东户氏，和《路史》"因提纪"

的东户有关。

13.P1391妖星中的"辛巳"为"赫胥"，和《路史》"禅通纪"中的"赫胥"有关。

14.P1387煞页中的"甲午"为伏羲时苍芒，或《路史》"循蜚纪"中次民氏。

卡片11 彝、汉一致情况

三星堆大青铜立人像基座下部为素面，中部由四个龙头相连组成。
《星堆遗址发现70周年国际学术研究讨论会论文集》[110]与《贵州彝学》[111]之比较：

1.《星堆遗址发现70周年国际学术研究讨论会论文集》第66页的意见和第64页"附记"提到"民俗龙虎交配，龙凤呈祥外，还有虎鸟配合"。

高按：这种风俗与《彝族源流》中的记载相同。

2.《星堆遗址发现70周年国际学术研究讨论会论文集》第145页：三星堆遗址的建筑房屋有橄榄式，《贵州彝学》之五第339页："丧葬程序，起斋房（灵房），用木料搭成简易房子并用茅草盖好，屋檐四角分别用茅草扎成四条龙，龙头朝四方。"记载详细。

3.《贵州彝学》第341页：三月三献山，每年古历三月初三，是彝家一年一度的重要节日。从图腾文化的角度，彝崇尚上龙虎，三月是龙月，初三又属龙。因此从祭祀开始，每年三月三，就成为献山节日，献山需用黑猪一头（一般百斤以上），红公鸡一只。

高按：这种记载同三星堆祭祀。

4.《星堆遗址发现70周年国际学术研究讨论会论文集》第329页：十月初一为太阳纪月历的启用纪念节日，起于五帝时期的颛顼时代，以亥月为岁首，夏禹王时代改制为太阳周历与太阳纪月历相结合的十二月重叠象卦历，起运于"甲戌年的乙亥月"，为了这伟大壮举的生成而立的节日庆祝。

卡片 12 天文：彝族、纳西族十月太阳历一致情况

高按：纳西族天文历法和古彝文典籍《增订爨文丛刻》中地生经十月历法完全一致。

《中国各民族原始宗教资料集成：纳西族卷·羌族卷·独龙族卷·傈僳族卷·怒族卷》[112]主要内容摘抄和释读：

第367页：纳西族"原始天文历法"为：虎兔住东方，蛇马住南方，鸡猴住西方，猪鼠住北方。与古彝文典籍《增订爨文丛刻》（上）第10—12页对比如下：

1. 青龙甲乙方，青帝居东方，寅与卯结合（虎兔结合）住东方（春），二者一致。

高按：所不同的是：纳西族历法没有说明"东"管72天。

2. 赤龙丙丁火，赤帝居南方，蛇马相结合，二者一致。

3. 白龙庚辛金，白帝居西方，猴与鸡结合，彝族十月太阳历的秋，二者一致。

4. 彝族的黑龙壬癸水，黑帝居北方，猪鼠相结合，冬季（北方），二者一致。

高按：所不同的是：纳西以狗、龙住天门口（西北角与东南角）和代替彝族中央土的戌地（狗地西北角）和中央土东南角（辰地）；纳西又以"牛、羊住地门口（东北角与西南角）"，代替彝族十月历的中央土的丑地（牛地东北角）和中央土的未地（羊地西南角）罢了，只是叫法不同。特别是纳西没有明确提出东南、西南、西北、东北这四角，每角各管18天，和纳西没有提及虎兔管72天，蛇马管72天，猴鸡管72天，猪鼠管72天等。比较而言，彝族的历法陈述比纳西族更具体细致。

第369页："巴格图推算60甲子的方法"（第370页有图），此图和彝族十月历图方位和所包括的生肖和月份完全一致。纳西的蛙图占卜图（见第370页）：上部为北方是猪鼠（亥子）所管和彝族十月历的北方为冬季，猪鼠来结合一致。纳西下部为南方，为丙丁火，为蛇马管，和彝族的夏（南方）丙丁火、蛇马共管一致。纳西的西方"己戌"由甲酉（猴鸡）管，

同彝族的西方（秋）由猴鸡管一致。纳西的东方（甲乙）由虎兔管，和彝族的东方甲乙木、虎兔共管相同。特别需要注意的是，《中国各民族原始宗教资料集成：纳西族卷·羌族卷·独龙族卷·傈僳族卷·怒族卷》纳西卷P369：中央土"壬癸"，在彝族十月历是北方水，纳西把中央土由壬癸管，即由黑龙（壬癸）管中央土，这和彝族不同，纳西的西方由戊己管，而彝族是戊己是中央土管（黄帝）有所不同，纳西的北方水是庚辛而彝族十月历庚辛是秋，是西方白帝，有不同。

第367页：狗位西北隅，龙位东南隅，羊位西南隅，牛位东北隅和彝族十月历中央土的辰地（龙位）东南隅一致，和未地（羊地、羊位）西南隅一致，和狗地（狗位）西北隅、牛地（牛位）东北隅完全一致。

第371—372页：有28宿星名读音和汉名对照表。这是重要内容。

卡片13 天文彝、汉一致情况，洛书表示一年四季阴、阳消长规律，十月历

《易数精解》[113]释读与研究

P75：《洛书》中，一居北方为"坎"，九居南方为"离"，三居东方为"震"，七居西方为"兑"，五居中央为"明堂"，此数为阳占据正方。二居西南为"坤"，四居东南为"巽"，六居西北为"坎"，八居东北为"艮"，此数为阴占据偶方。此图象征一年四季阴阳消长的规律，坎居北方属寒，离居南方属热，二为寒极是冬至，九为热极是阳至，从一至九（顺时针）为寒消热长，表现在图上是从阳数增长偶数减少（偶数8—4，奇数1—3—9），表明从冬至起，为寒极到夏至前是冷空气减弱，热空气增强，天气由寒冷变温暖。以9—1（顺时针）为热消寒长，在图上是阳数减少，阴数增长（奇数9—7—1，偶数2—6），表明从夏至起为热极，到冬至前冷空气增强，热空气减弱，天气由热变寒冷。汉郑玄的《乾凿度》有"戴九履一，左三右七，二四为肩，六八为足"是洛书的理论依据，依据这一理论，洛书可简化为九宫图（如P76图）。按九宫图的数字排列，我们看到九宫图中，一直线上的三个数之和均为15，也就是说，

不管横行或是纵列以及对角,都等于一个常数值,是一个平衡的整体。高按:都是15。

P168:据河图:"一、六共宗",水代表一、六;"二、七"为朋,二、七都为火;三、八同道,三、八都为木;四、九为友,四、九都是金;五、十相守,土为五为十。

P51:五行一词最早见于西周初年的《尚书·红范》,五行:一曰水,二曰火,三曰木,四曰金,五曰土。高按:这和彝文洛书相同。

P55:五行所属表

木:是春,是震巽,为"三",为"东",是"甲乙",是寅卯。

火:是夏,是"离",是"二",是"南",是"丙丁",是"巳午"。

土:是"长夏",是"艮坤",是"五",是"中",为"戊巳",为"边辰未戌"。

金:是秋,是"乾兑",是"四",是"西",是"庚辛",是"申酉"。

水:为冬,为坎,是"一",为北,是"壬癸",是"亥子"。

P76九宫图

四	九	二
三	五	七
八	一	六

均15

卡片16 彝、汉一致情况

彝族丧葬(灵房)要扎四条龙,"龙头朝向四方",与有轩辕之台、共工之台,《山海经》中四方均由四蛇分守有关。

《贵州彝学》[114](之五)重要内容摘抄与释读

P339:"彝族丧葬"。丧葬程序:起斋房(斋房即"灵房"),用木料搭成简易房子,并用茅草盖好,屋檐四角分别用茅草扎成四条龙,龙头朝向四方,梁背上扎两条龙,龙头在中间相对。

P341：三月三献山。每年古历三月初三是彝家一年一度的重要节日，从图腾文化的角度，彝族崇尚龙虎，三月是龙月，初三又属龙，因此，从祭祀开始，每年三月三就成为献山节日。

献山需用黑猪一头（一般百斤以上）（高按：同夏朝礼节），红公鸡一只（高按：《山海经》的记载和三星堆出土文物同此）。

P329：十月初一为太阳纪月历的启用纪念节日，起于五帝时期的颛顼时代，以亥月为首，夏禹王时代改制为太阳周历与太阳纪月历相结合的十二月重叠象挂历，起运于"甲戌年的乙亥月"，为了这伟大壮举的告成而立为节日庆祝。高按：这是重要内容。

卡片18　考古发现的文字等

1.仰韶文化刻画符号[115]。高按：其中 丌、乂、非 为夏文字。

2.夏禹书[116]。高按：共10个禹文字。

3.仓颉书[117]。高按：共23字。

4.铜戈文[118]和[119]。高按：二者都是铜戈文。

5.甲文拓片上有文字如下：

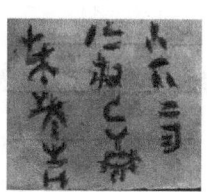

[120]

6.良渚文化中有骑虎人。

7.《史记》中记载，黄帝配嫘祖，生有二子玄嚣、昌意。昌意子为颛顼。

8.不懂《易经》就不懂中国的医书。高按：这种说法很正确。

卡片19　红岩、巴蜀文字如下：

《雪族》[121]重要内容摘抄与释读[122]

P6：☒，读作hot，"祭"的意思；又读作hot，"幸运"的意思。

P14：ち，读作ki，"兴旺"的意思。

P16：Y，等于ㄗ（ 01 ）。

P30：#，读作dzit，"仇敌"的意思。

P30：Ө，读作izz，"迎接""集合"的意思。

P30：亚，读作dzit，"仇敌"的意思。

P31：ち，读作ve，"豪爽"的意思；ớ，读作dzat，"美丽"的意思。

P32：Ө，读作izz，"相遇"的意思。

P32：☒，读作hot，"惊诧"的意思。

P33：中，读作Pet，"跳跃"的意思（高按：仓颉书有这个字）。

P34：#，读作dzit，"和好""和平"的意思。

P34：=dzit，"面""和议"的意思。

P35：冊モ，读作xot，"吃"的意思；己，读作tzt，冊モ，读作xot，二字连起来为"吃牛"的意思。

P35：hot，"光明""光亮""辉煌"（如太阳）的意思（高按：如"日"东升，太阳亮晃晃，辉煌景象就用这个hot字）。

卡片20　彝文课本重要内容摘抄

因为高老师做事认真，很多东西都要反复填写几遍，就存在涂写过多的问题，故"卡片20"除特别注明外，大部分以《贵州省彝文试用课本》[123]（以下简称《试用课本》）为参考）。

大麦：▨[124]，其中▨[125]读作▨[126]（《试用课本》为▨，读作 zul mul）；小麦：▨ (sul ▨ ▨)[127]（《试用课本》为▨，读作 sul ul）；大米 ▨[128]，（原卡片没有注音，《试用课本》读作 dzul tul[129]）；白菜：▨，读作 ul tsul；青菜：▨，读作 ▨；大蒜：▨ ▨ ngul sul[130]，（《试用课本》为▨，读作 ul sul）；萝卜：▨ (phul el)[131]（《试用课本》为▨，读作 ul piel）；辣子：▨，读作 xul tsul；花椒：▨[132]，（《试用课本》为▨，读作 dzul mul）；茄子：▨，读作 tsol bal；酸菜：▨，读作 ul tsul；豆芽：▨，读作 nol tsol[133]；生姜：▨，读作 tsol piel；木姜花：▨[134]，读作 nul kul（《试用课本》为▨，读作 mul kal）；家具：▨ ku dzol（《试用课本》为▨，读作 kul dzal）；桌子：▨[135]，读作 dzul thul（《试用课本》为▨，读作 dzul tol）；柜子：▨[136]；读作 lal tsol[137]；水缸：▨[138]，读作 ul pul[139]；水桶：▨[140]，读作 la nget[141]；铁勺：▨，读作 xul pul[142]；铁锅：▨[143]，读作 xul pul[144]；簸箕：▨[145]，读作 xul mul[146]（《试用课本》为▨，读作 xul mul）。

卡片21 秦精、虎精彝语来历，白招拒、白帝、白虎

《彝族源流》9—12卷重要内容摘抄和释读

P157：▨[147]：人丁兴旺（直译：人居处兴旺）。高按：其中▨（"兴旺""上租"的意思）为夜郎文字。

P437：彝文▨[148]，彝音 pul al mol hol nul[149]，意译：铭记父母恩（直译：父与母恩有）。高按：其中▨（恩）为夜郎文字。

▨[149]，只追求善美（直译：心也善只想）。

P215：▨[150]，树本国（高按：即大封国），其中▨就是"国"的意思。

P214：色吞国（高按：即雟唐国）

P185：▨[151]，读作▨[152]，"繁荣"的意思。▨[2]，

意译：人间繁荣数树施（直译：人间树施衍）。

P343：■[153]，读作■[154]，"上供""献给"的意思。■[155]，意译：租上给举祖（直译：租上举祖给）。■[156]，■[157]，这几个彝文连起来的意思是：租上给署府（直译：署府交也租）。

P12：■[158]，读作■[159]，"繁衍"的意思。■[160]，三个字连起来的读音为■[161]，意译：如峰样繁衍（直译：蜂多衍）。

P395：■[162]，为"天"的意思，■[163]，为地的意思。■[164]，为"天地南北"的意思（注：其中"■[2]"的读音有笔误，应该是■[165]）。

P46：■[166]为"虎"的意思。

P.47：■[167]，读作■[168]，"公""雄"（公鸡、雄鸡等）的意思。

P45：■[169]，读作■[170]，"施（施政）""断（断案）"的意思。

P38：■[171]，"视察"的意思。

P168：■[172]，"开辟"的意思；■[173]，意译：向左右扩张。

P222：■[174]，"做事业"，■[175]，意译：我通百样活（直译：我乃百业活）。

P446：■[176]，■[177]，"利"的意思，■[178]，不利。

P444：■[179]，读作■[180]，"遇到"的意思，■[2]，遇灾难（直译：灾也受）。

P318：■[181]，读作■[182]，"旺""兴旺"的意思。■[183]，读音为■[184]，意译：人兴旺。■[185]，"享"的意思，■[186]，意译：孙贤祭祖宗（直译：孙贤祖享祭）。

P179：■[187]，■[188]，"测量"的意思。■[189]，四个字连起来的读音为：■[190]，意译：测量天地（直译：天测地测）。■[191]，读作■[192]，"赏赐"的意思。

[193]，赐天上俸禄（直译：天之天俸赐）。

P189：[194]，读作[195]，"长寿"的意思。[196]，生命长寿（直译：生命长）。

P463：[197]，"拿"的意思。

卡片22　笔记整理

图[201]选自王子国《土鲁窦吉》[198]

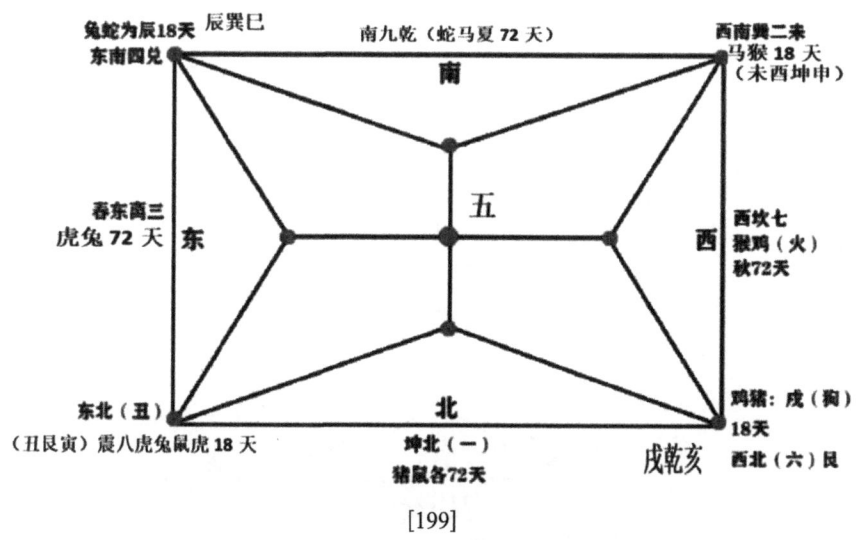

[199]

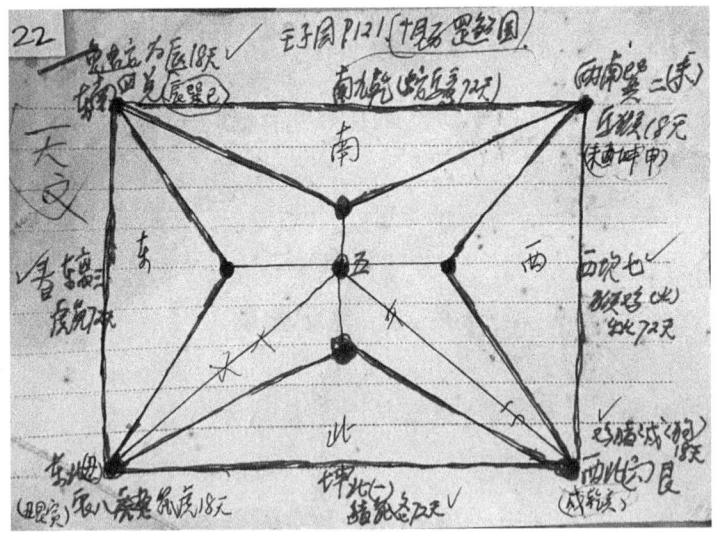

[200]

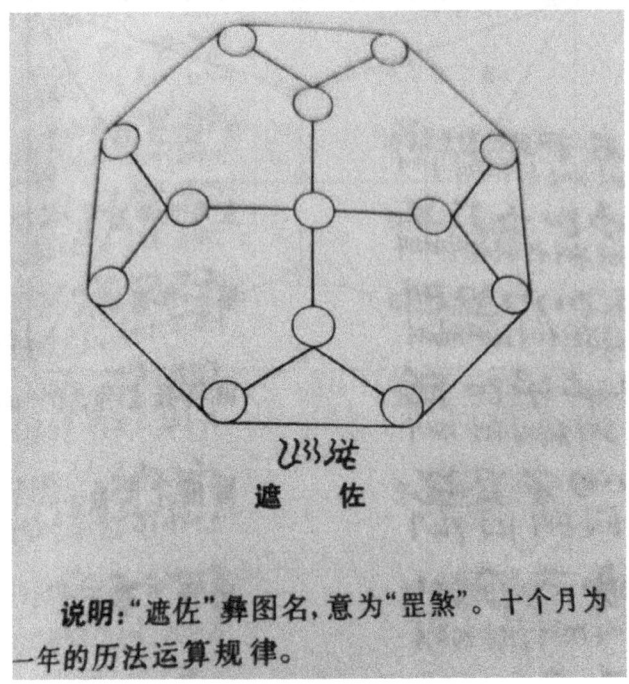

说明:"遮佐"彝图名,意为"罡煞"。十个月为一年的历法运算规律。

[201]

卡片24　贵州省博物馆馆藏B.1.1734《玄通大书》

P15：28宿彝名来历（详见下图[202][203][204][205]）

[202]

[203]

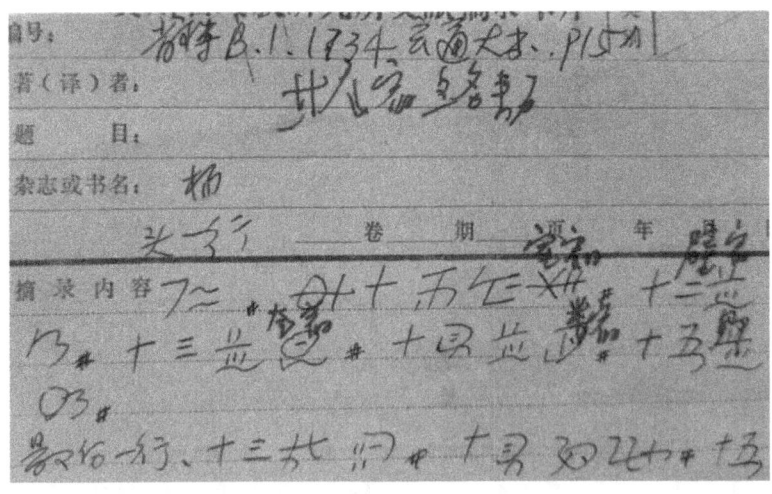

[204]

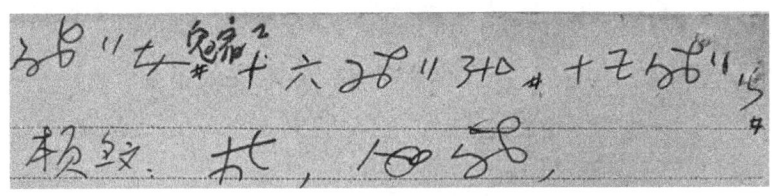

[205]

卡片25　高按：下面的摘抄主要涉及：南诏祭祀语；白狼歌；多同；夜郎手令（印文）来历；弼益之龙 乌牛、白马祭天地等

《西南彝志》（油印本）第17卷重要内容摘抄和释读

P2：⬚[206]，掌权守境（直译：权掌境守）。

⬚[207]，功名手本（直译：功名手书）。

P3：⬚[208]，要高尚权威（直译：高的权威要）。

P4：⬚[209]，皮嫩山上。

⬚[210]，根源出现了（直译：

出现汇聚根）。

高按：此句应做"多同"解释，需作进一步对比。[手写][211]，即"多同"。

P5：[手写][212]，土地疆域（直译：地域土疆）。

[手写][213]，各人有疆域（直译：各人有地疆）。

[手写][214]，读作[手写][215]，知识丰富（直译：知溢识满）。

P9：[手写][216]，读作[手写][217]，人类福运增（直译：人类运气增）。

P10：[手写][218]，读作[手写][219]，"富"的意思。[手写][220]，[手写][221]，选良好富贵（直译：好类富选闻）。

P11：[手写][222]，几个字连起来的意思是"爬山越岭"（直译：爬过高高）。

[手写][223]，在不惯的呀（直译：在不惯的呀。这里直译与意译一样）。

P12：[手写][224]，读作：[手写][225]，人烟稠密（直译：人代稠密）。

[手写][226]，举杯相庆贺（直译：献酒也在啊）。

P21：[手写][227]，哭哀哀。

P25：[手写][228]，喝九缸醇酒（直译：醇酒九缸喝）。 高按：此句应该重译为"醇酒九豆（碗）喝"。

P51：[手写][229]，树立彝权（直译：彝之权挂柱）。

[手写][230]，一代为最强（直译：一个他也强）。

P52：[手写][231]，威荣大无

比（直译：威荣大无比）。

██████[232]，威荣遍地（直译：威荣我地盖）。

██████[233]，读作██████[234]，掌高尚地权（地高尚来权）。

██████[235]，建好了主权（牛杀权好建）。

██████[236]，读作██████[237]，建立租税制度（直译：税与租规立）。

██████[238]，建立了管理彝汉之权（直译：彝汉权掌主）。

P53：██████[239]，福运转移到宣威之地（福迁古也及）。（高按：此句音和彝文都照原样未动。）██████[240]，为辖地而战（直译：战斗地域管）。

P54：██████[241]，袍甲戈矛。██████[242]，遇小接触就刺杀（直译：打细接刺杀）。██████[243]，威荣吉利（直译：威荣吉利）。██████[244]，为善享大爵（善为大爵享）。

██████[245]，读音为██████[246]，夺"举（白族）"财和牛（直译：举财夺牛收）。██████[247]，在战地还愿（直译：战地父愿给）。██████[248]，读作██████[249]，又犒赏族众（直译：族中人以财）。

P54：██████[250]，继承了大爵（直译：大爵天地传）。

P55：██████[251]，权威规章（直译：宗位权规）。

██████[252]，征来的爵禄（直译：征起爵禄来）。

██████[253]，爵位如天地（直译：好贵爵天地）。

[彝文][254]，还愿给老天（直译：愿以到天头）。

　　[彝文][255]，为辟江山而许愿（直译：许愿地水辟）。

　　[彝文][256]，还名贵爵禄愿（直译：贵的禄愿给）。

　　[彝文][257]，为避开战争而祝祷（直译：战啊避祝祷）。

　　[彝文][258]，设官定天下（直译：官安天下定）。

　　[彝文][259]，三圣福禄兴（直译：三圣福禄兴）。

　　[彝文][260]，一切创造都好（直译：一切皆创好）。

　　[彝文][261]，吉利的宗亲例规（直译：吉利宗规）。

　　[彝文][262]，建立了布、默（直译：布与默根建）。

卡片26　贵州六枝彝文经师毛凤文家藏《献酒经》记录本重要内容摘抄

P16：刺竹的彝文（需查）。

P17：诏和"俚柔"。

P23：从前他会当彝家师人。

P24："草罗"（虎）。

P64：向邛卢主献酒。高按："卢"或就是武的十代。

P12－13：记载人尚未断气时到夜郎（彝文写作"[彝文][263]"）换气，就不会死，找大人来保佑。

高按：《中华民族文学关系史》[264]（南方卷）第77页：周人祭祀方式，

和彝族、纳西族相同。

卡片27　二十四节气彝文专有名称

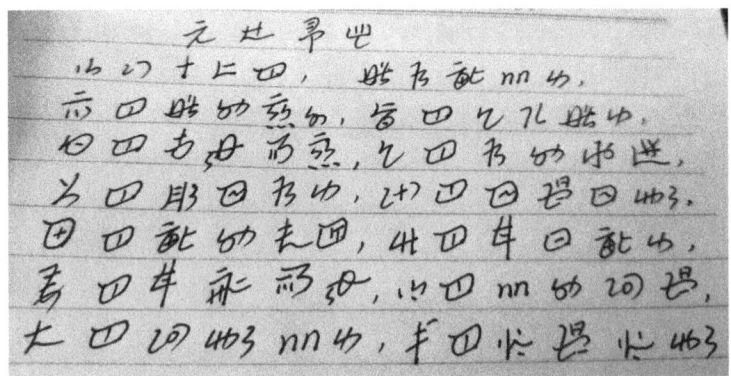

[265]（上图彝文摘抄自《贵州省彝文试用课本》第20－21页）

高按：要从音、形、义和地位上去解释二十四节气。二十四节气的意义在于：让天文、节气为我们民族服务，为我们备耕，创造财富和利益。它告诉我们，不是天文、天气管我们，而是我们管天文、天气。

白招拒骑龙骑虎管天下。伏羲叫"灵威仰"，降龙伏虎。

高按：伏羲取名灵威仰。各种《易经》版本都说伏羲制定先天八卦河图洛书，其中主要内容就是制定六十四卦和二十四节气以及二十八宿专有名称，为我们民族创造财富。

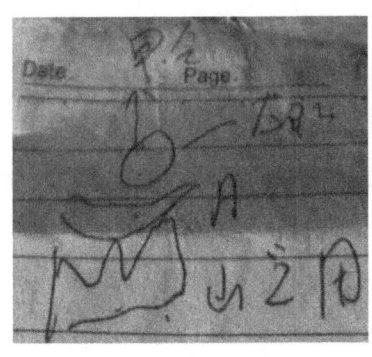

[266]（上图摘自卡片27）

262

释读：上面[266]图像中的 ◯ 为"甲、令"的意思，中间部分为 ⌒ "月亮"的意思，下面部分 ⋎ 为"山之田"的意思。

注释：

[1]王继超、陈光明：《彝族源流》，贵阳：贵州民族出版社，1992年。

[2][3][4][7][11][15][16][18][19][20][21][23][24][25][32][33][34][37][38][39][40][41][42][43][46][48][50][51][52][53][54][55][56][57][58][59][60][61][62][67][68][71][72][73][74][75][77][78][79][80][81][82][91][92][95][102][104][105][106][107][108][109][115][116][117][118][119][124][125][126][127][128][130][131][132][134][135][147][148][149][150][151][152][153][154][155][156][157][158][159][160][161][162][163][164][167][168][169][171][172][173][174][175][176][177][178][179][180][181][182][183][184][185][186][187][188][189][190][191][192][193][194][195][196][206][207][208][209][210][211][212][213][214][215][217][218][219][221][222][223][225][226][227][228][229][230][231][232][234][235][237][238][239][240][241][242][243][244][246][247][249][250][251][252][253][254][255][256][257][258][259][260][262][263]为高加乐手迹，以原文拍照的方式进行整理。

[5]方国瑜、和志武：《纳西族的渊源、迁徙和分布》，载《民族研究》，1979年第1期，第37页。

[6]唐樊绰撰，向达校注：《蛮书校注》，北京：中华书局，1962年。

[8][14][27][44][45][47][69][99][100][103][129][133][136][137][138][139][140][141][142][143][144][145][146][149][165][166][170][197][216][220][224][233][236][245][248][261][265]为整理者手迹，因为原著涂写太过厉害，影响读者阅读，而选用整理人重新书写后再拍照的方式进行整理。

[9]苑利：《二十世纪中国民俗学经典：神话卷》，北京：社会科学文献出版社，2002年，第268页。

[10]袁珂：《中国神话通论》，成都：巴蜀书社，1991年，第165–168页。

263

[12][13][17][49][63][64][65][66][70][76][83][84][85][86][87][88][96][97][120][202][203][204][205][266]为高加乐卡片笔记拍照。

[22]贵州省毕节专署民委会翻译组:《阿者乌撒兵马记（16开线装油印本）》，贵州省毕节，1966年。

[26][35][36]马学良、陈英、罗国义:《宇宙人文论》，北京：中央民族学院出版社，1982年，封底。

[28]田合禄:《孔子：被遗忘的古代科学家——易传与古代科学》，太原：山西科学技术出版社，2008年，第40页。

[29]张培瑜:《殷代关于分至的知识和历年》，载中国科学院紫金山天文台:《科研工作指导》，1979年第14期，第78-84页。

[30]陆思贤:《神话考古》，北京：文物出版社，1995年，第89-98页。

[31]江林昌:《楚辞与上古历史文化研究——中国古代太阳循环文化揭秘》，济南：齐鲁书社，1998年，第136页。

[89]胡孚琛:《中华道教大辞典》，北京：中国社会科学出版社，1995年。

[90]赵伯陶:《十二生肖面面观》，济南：齐鲁书社，2000年。

[93][94][198][201]王子国:《土鲁窦吉》，贵阳：贵州民族出版社，1998年，第115页。

[98]马学良:《增订爨文丛刻》，成都：四川民族出版社，1986年。

[101]钟肇鹏:《谶纬论略》，沈阳：辽宁教育出版社，1991年，第216页。

[110]这套书为内部刊物，2016年该文档整理者容小明老师去三星堆考察，并商谈全面解读三星堆事宜，当时三星堆业务副馆长邱登成亲自接待并安排奉送，带回后直接送给了高加乐老师。

[111][114]黄克学:《贵州彝学》，贵阳：贵州民族出版社，2002年。

[112]吕大吉:《中国各民族原始宗教资料集成：纳西族卷·羌族卷·独龙族卷·傈僳族卷·怒族卷》，北京：中国社会科学出版社，2000年。

[113]浩文:《易数精解》，北京：中国文史出版社，1991年。

[121]岭光电:《雪族(彝汉双语)》,北京:中央民族学院,1982年。

[122]卡片19的彝文全部摘自高加乐笔记。

[123]贵州省民族事务委员会、贵州省民族研究所:《贵州省彝文试用课本》,贵阳:贵州民族出版社,1986年。

[199]此图为整理者按照图[200]所绘制。

[200]此图是高加乐绘制,为图[201]之答案。

[264]刘亚虎:《中华民族文学关系史(南方卷)》,北京:人民文学出版社,1997年,第77页。

[266]摘自高加乐卡片笔记27。

彝、汉天文历法一致等情况对比研究

一、东、西、南、北彝名和《吕氏春氏》彝名来历

《爨文丛刻》[1]（下册）

P1253：高按："推看一年十二月""应顺序推看天干"（天干序看啊），彝文及注音如下：

[2]

《爨文丛刻》（上册）第二章"地生经"（十月太阳历）情况：

青龙甲乙木（甲乙木青龙），彝文及注音如下：

[3]。

青帝居东方（青帝东门守），彝文及注音如下：

[4]

南门，彝文及注音如下：[5]，高按：其中，彝文 ，读作  ，即"妖姤"。P11：西门，彝文及注音如下：[6]。高按：其中，彝文 ，读作 ，为 [7]。

北门（北门守），彝文彝音如下：[8]，其中  为"坎"的意思。

二、《土鲁窦吉》[9]彝、汉对比研究

P114："定罡煞"：罡生有十名。

彝族十天罡名称之一："米遮弘"：彝文为 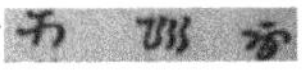 [10]，国际音标

为 [图] [11]。

高按：王子国《土鲁窦吉》[12]的注释称，彝族有十个天罡名，"米遮弘"为其中之一；"米遮弘"在《中国大百科全书·天文卷》[13]作"作噩"。

大方水命树头：蛇（巳）、马（午）、羊（未）、猪（亥），分别代表四、五、六、十月；树腰：虎（寅）、猴（申）、兔（卯）、鸡（酉），分别代表正、七、二、八月；树脚：狗（戌）、龙（辰）、鼠（子）、牛（丑），分别代表九、三、十一、十二月。

彝族十天罡名称之二："弘海采"：彝文为 [图] [14]。

高按："弘海采"和《大百科全书·天文卷》[15]的"协洽"一致。

彝族十天罡名称之三："弘开逼"：彝文为 [图] [16]，国际音标为 [图] [17]。

高按："弘开逼"名称彝、汉一致。

彝族十天罡名称之四："弘租构"：彝文 [图] [18]，国际音标为 [图] [19]。

高按："弘租构"和《大百科全书·天文卷》[20]的"执徐"（辰、龙）一致。

彝族十天罡名称之五："弘益构"：彝文为：[图] [21]，国际音标为 [图] [22]。

高按："弘益构"和《大百科全书·天文卷》[23]的"玄默"一致。

P116：彝族十天罡名称之六："弘倪海"，彝文为：[图] [24]，国际音标为 [图] [25]。

高按："弘倪海"和《大百科全书·天文卷》[26]名称一致；其中 [图] 为三星堆文字。

大方土命树头：羊（未，六月）、猴（申，七月）、鸡（酉，八月）、狗（戌，九月），共四个月；树腰：虎（寅，正月）、龙（辰，三月）、蛇（巳，四月）、鼠（子，十一月），共四个月；树脚：兔（卯，二月）、马（午，五月）、猪（亥，十月）、牛（丑，十二月）共四个月。

大方木命树头：虎（寅，正月）、兔（卯，二月）、蛇（巳，四月）、马（午，五月），共四个月；树腰：猪（亥，十月）、鼠（子，十一月）、

267

牛（丑，十二月）、羊（未，六月），共四个月；树脚：龙（三月）、猴（七月）、鸡（酉，八月）、狗（戌，九月），共四个月。

大方金命树头：虎（寅）、龙（辰）、鼠（子）、牛（丑），分别代表正、三、十一、十二月，共四个月；树腰：兔（卯）、鸡（酉）、狗（戌）、猪（亥），分别代表二、八、九、十月，共四个月；树脚：马（午）、羊（未）、猴（申）、蛇（巳），分别代表五、六、四、七月，共四个月。

彝族十天罡名称之七："弘毕铺"，彝文为 [27]，国际音标为 [28]。

高按："弘毕铺"和《大百科全书·天文卷》[29]一致，其中"毕铺"为 [30]的音译记字。

彝族十天罡名称之八："米遮翁"，彝文为： [31]，国际音标为 [32]。

高按："米遮翁"就是"天罡头"，《大百科全书·天文卷》[33]作"著雍"，"著雍"就是 [34]的音译记字。"天罡首"（"米遮翁"）包括十二生肖孟春四个月的寅（ [35]， [36]）、申（ [37]， [38]）、巳（ [39]， [40]）、亥（ [41]， [42]猪），这种说法是正确的。

彝族十天罡名称之九："米遮沼"，彝文为 [43]，国际音标为： [44]。

高按："米遮沼"在《大百科全书·天文卷》[45]作"柔兆""柔兆"就是"天罡腰"为 [46]的音译记字。"米遮沼"（天罡腰即"柔兆"）包括12生肖的如下四个月：子（ [47]，鼠，北）、午（ [48]，马，南）、卯（ [49]，兔，东）、酉（ [50]，鸡，西），彝文次序则为：兔（卯）、鸡（酉）、午（马）、子（鼠）。

彝族十天罡名称之十："米遮默"，彝文为 [51]，国际音标为 [52]。

高按："米遮默"和《大百科全书·天文卷》[53]的"旃蒙"一致，"米遮默"就是"天罡尾"，其中 [54]为"天"， [55]为"罡"， [56]为"尾"。"米遮默"指十二生肖的辰（东南）、戌（西北）、丑（东北）、

268

未（西南），即狗（☐[57]）、龙、（☐[58]）、牛（☐[59]）、羊（☐[60]）。彝文次序则为狗（☐[61]，戌）、龙（☐[62]，辰）、牛（☐[63]，丑）、羊（☐[64]，未）。

大方火命树头为：狗（戌）、龙（辰）、蛇（巳）、猪（亥），分别代表九、三、四、十月，共四个月；树脚为：虎（寅）、兔（卯）、鼠（子）、牛（丑），分别代表正月、二月、十一月、十二月，共四个月；树腰为：午（马）、未（羊）、申（猴）、酉（鸡），分别代表五、六、七、八月，共四个月。

三、《中华始祖太昊伏羲》[65]重要内容释读与研究（一）

《中华始祖太昊伏羲》（上）[66]，原文：

第三节：伏羲画八卦开创了中国远古和谐治天下的文明

文化是一个大概念，广义的文化是大文化，既包括物质，又包括精神，而狭隘的文化则专指精神。但物质是文化，不是文明；精神是文化，不是文明。所以文化与文明是两码事，不是一回事。我们说伏羲开创了中国远古"治天下"的文明，是说伏羲时代中华民族始祖伏羲完成了当代物质与精神的超越，开创的远古文明。之所以这样说，其标志就是伏羲八卦。

高按：从春秋到汉不少典籍对伏羲画八卦都作了记载。这是重要内容。

四、《爨文丛刻》[67]（下）九头纪来历对比研究

P1392：禾刀星，彝文为☐[68]，彝音为☐[69]，即"因提纪"，7个星名彝文、彝音和该书第1386页"妖星"（☐[70]，☐[71]）7个星名彝文、彝音全同。具体如下：甲子（☐[72]，☐[73]），即伏羲"象伟"；癸酉（☐[74]，☐[75]），即伏羲"太河（大妖）"；壬午（☐[76]），即伏羲"泰望"；辛卯（☐[77]），

269

即伏羲"峙龙"，即"斯立"，即"神仙"。庚子（ ꀺꄮꅊꉲ [78]），即伏羲"禾刀"[79]；己酉（ ꀺꀕꄙꁈ [80]），即伏羲"象伟"，戊午（ ꀺꅪꈌꃀ [81]），即伏羲"苍芒"。

P1392—1393："煞贡星"（ ꀺꀕꀕsat guɿ tɕiet [82]）即"疏仡纪"，7个星名彝文、彝音和该书第1386页"或星（ ꀺꀕꀕ [83]）"即循萤纪中，除一个即"癸未"彝文、彝音不同之外，其余6个星名彝文、彝音全同。具体如下：乙丑（ ꀺꀕ tsuɿ yit [84]），即伏羲"成羲"；甲戌（ ꀺꀕ ʐəŋ tɕyɿ [85]），即伏羲"节曲（节触）"；癸未，《爨文丛刻》第1393页作 ꀺꀕ duɿ vaɿ [86]，即伏羲"太河"，与该书第1386页"癸未"（ ꀺꀕ duɿ hoɿ [87]）即伏羲"达河"有不同。壬辰（ ꀺꀕ duɿ luɿ [88]），即伏羲"团良"；庚戌（ ꀺꀕ duɿ tuɿ [89]），即伏羲"罗泰"，已未（ ꀺꀕ tʂʻiɿ hoɿ [90]），即伏羲"茜河"。

P1393：直星（ ꀺꀕꀕ tsɿɿ yit tɕiet [91]），即该书第1395页的"曲直星"，7个星名彝文、彝音和《爨文丛刻》（下）第1386页"禾刀星"（因提纪）7个星名彝文、彝音全同。具体如下：丙寅（ ꀺꀕ pit luɿ [92]），即伏羲"鹏烁"，注意丑为 ꀺ [93]，ꀺ 为彝文的"牛"字，和汉文"牛"一致。乙亥 ꀺꀕ tsuɿ vaɿ [94]，即伏羲"苍芒"。甲申 ꀺꀕ dzəŋ noɿ [95]，即伏羲"墙烁"，壬寅， ꀺꀕ duɿ luɿ [96]，即伏羲"团良"。辛亥， ꀺꀕ xeɿ vaɿ [97]，即伏羲"河圭"。庚申， ꀺꀕ duɿ noɿ [98]，即伏羲"立路"。卜木星， ꀺꀕꀕ pʻɿ mɿ tɕiet [99]，和该书第1387页的7个星名彝文、彝音全同。具体如下：丁卯， ꀺꀕ seɿ quɿ [100]，即伏羲"三那"。乙酉， ꀺꀕ tsuɿ ʐaɿ [101]，即伏羲"象伟"。甲午， ꀺꀕ dzəŋ mɿ [102]，即伏羲"苍芒"。癸卯， ꀺꀕ duɿ doɿ [103]，即伏羲"团良"。壬子， ꀺꀕ duɿ hoɿ [104]，即伏羲"达河"。辛酉， ꀺꀕ xeɿ ʐaɿ [105]，即伏羲"风和"。

P1393—1394：角己星， ꀺꀕꀕ tɕuɿ mɿ tɕiet [106]，即"谁明氏"，也就是"角木星"，7个星名彝文、彝音全同。直星， ꀺꀕꀕ tsɿɿ yit tɕiet [107]，7个星名彝文、彝音全同。戊辰， ꀺꀕ kuɿ luɿ [108]，即伏羲"革兰"。丁丑， ꀺꀕ seɿ nɿ [109]，即伏羲"成羲"。丙戌， ꀺꀕ pit tɕyɿ [110]，即伏羲"伏杞"。己未， ꀺꀕ tsuɿ hoɿ [111]，即伏羲"象卫"。甲辰， ꀺꀕ dzəŋ luɿ [112]，即伏羲"墙烁"[113]。癸丑， ꀺꀕ duɿ nyit，即伏羲

"团良"。

P1394："人专星"，▭▭ⅿⅰⅰtsɿtɕiet[114]，七个星名彝文、彝音和该书第1387页"卜木星"7个星名彝文、彝音全同。具体如下：己巳，▭ tɕiʔlseʔ[115]，即伏羲"曲秦""巨神氏"，别译"曲秦"。戊寅，▭ kɯlⅼɯʔ[116]，即伏羲"革兰"。丁亥，▭ seʔvaʔ[117]，即辰放氏，也即伏羲"象卫"。丙申，▭ piʔnoʔ[118]，即伏羲"鹏烁"。乙巳，▭ tsʻɯɿ seʔ[119]，即伏羲"赤禅"。甲寅，▭ dzeʔlɯʔ[120]，即伏羲"涿浪氏"。癸亥，▭ duʔvaʔ[121]，即伏羲"东户氏"。

P1394："立早星"，▭ lɯndɯtɕiet[122]，"禅通纪"6个星名彝文、彝音和该书第1388页"角木星"（"角巳星"）6个星名彝文、彝音全同。己卯▭ tɕiʔdɯʔ[123]，即伏羲"巨灵氏"，《神龟记》[124]作"倚灵氏"。丁酉，▭ seʔɤaʔ[125]，即"神皇氏"。乙卯，▭ tsiɯʔoʔ[126]，即"宗卢氏"（"尊卢氏"），为颛顼专用。妖星，▭ tɕiʔɕiʔtɕiet[127]，6个星名彝文、彝音和该书第1388页"人专星"6个星名彝文、彝音全同。庚辰，▭ dɯlⅼɯʔ[128]，即伏羲"丽陆"（"丽连"）。己丑，▭ tɕiʔmiʔ[129]，即伏羲"墙烁"。戊戌，▭ kɯltɕiʔ[130]，即伏羲"规辛"。丁未，▭ seʔɕaʔ[131]，即伏羲"茜河"。丙辰▭ piʔlɯʔ[132]，即伏羲"鹏烁"。"或星"，▭ tseʔɕiʔtɕiet[133]，循蜚纪6个星名彝文、彝音和该书第1389页"立早星"（立星，禅通纪）6个星名彝文、彝音一致。壬申，▭ duʔnoʔ[133]，即伏羲"大赖氏"（"东里子"）。辛巳，▭ xeʔsaʔ[134]，即"黄神氏"，别译："枉矢""赫胥""赫苏氏"。庚寅，▭ dɯlⅼɯʔ[135]，即"黎灵氏"，《西南彝志》里有"黎灵氏"，别译："鳌连氏"，《路史》写作："栗陆"，"古今人表"写作："鳌连氏"（"昆连氏"）。己亥，▭ tɕiʔvaʔ[136]，《三皇五帝时代》[137]（上）写作"鬼騩氏"。丁巳，▭ seʔsaʔ[138]，即"冉相氏"，《中国古史的传说时代》[139]中，"循蜚纪"有"冉相氏"，辛巳为"黄神氏"，庚寅为"黎灵氏"，己巳为"巨神氏"，己亥为"鬼騩氏"。

P1389：或星（▭ tseʔɕiʔtɕiet[140]）7个名称跟该书第1386页"妖星"（▭ tɕiʔɕiʔtɕiet[141]）7个名称彝文、彝音全同。具体

如下：第1389页或星的甲子（ ☒ ☒ dziɿ haɿ [142]）与该书第1386页妖星中的甲子（ ☒ ☒ dzɑɿ haɿ）[143]一致，在《三皇五帝时代》（上）第122页作伏羲时的"曹安""皂安"。《爨文丛刻》第1389页或星的"癸酉（ ☒ ☒ [144] duɿɤɤɿ [145]）""壬午（ ☒ ☒ duɿ mɿ [146]）""辛卯（ ☒ ☒ xeɿ goɿ [147]）""庚子（ ☒ ☒ duɿ haɿ [148]）""己酉（ ☒ ☒ tɕiɿ ɕɑɿ [149]）""戊午（ ☒ ☒ kuɿ mɿ [150]）"和该书P1386妖星的癸酉（ ☒ ☒ [151] duɿɤɤɿ [152]）即伏羲"达河"、壬午（ ☒ ☒ duɿ mɿ [153]）一致、辛卯（ ☒ ☒ xeɿ goɿ [154]）一致、庚子（ ☒ ☒ duɿ haɿ [155]）一致，己酉（ ☒ ☒ tɕiɿ ɕɑɿ [156]）彝文、彝音二者一致；己酉（ ☒ ☒ tɕiɿ ɕɑɿ [157]）即伏羲"起望"或"金鸟"一致；戊午（ ☒ ☒ kuɿ mɿ [158]）彝文、彝音二者亦完全一致。

P1389—1390：禾刀星即因提纪，七个星彝名、彝音和该书第1386页的或星（ ☒ ☒ ☒ tsɛɿ ɕiɿ tɕiɛɿ [159]）七个星彝名、彝音二者完全一致。具体如下：

乙丑（ ☒ ☒ tsuɿ mɿ [160]）二者一致。（王子国《土鲁窦吉》第154页："橙省纪"以"乙丑"为首，原文如下：" ☒ ☒ ☒ [161]， ☒ ☒ ☒ ☒ [162]，乙丑橙省纪"。）甲戌（ ☒ ☒ dzɑɿ tɕɿ [163]），即伏羲"秦枪"。癸未（ ☒ ☒ duɿ haɿ [164]）二者一致，即伏羲"达河"。壬辰（ ☒ ☒ duɿ luɿ [165]），二者一致，即伏羲"团良（达耳氏）"，《神龟记》第10页作"大赖氏"。辛丑（ ☒ ☒ xeɿ mɿ [166]）二者一致。庚戌（ ☒ ☒ duɿ tɕɿ [167]）二者一致，即伏羲"洛前""洛枪"。己未（ ☒ ☒ tɕiɿ hɤɿ [168]）二者一致，即伏羲"起望"（"谁英氏"）。

P1386：禾刀星（ ☒ ☒ tɕiɿ hɤɿ [169]）七个星中和该书P1390的煞贡星（ ☒ ☒ ☒ ɕɑɿ guɿ tɕiɛɿ [170]）的七个星名中，除"乙亥"不同外，其余6个星彝名、彝音二者完全一致，具体如下：丙寅（ ☒ ☒ piɿ luɿ [171]），即伏羲"鹏烁"（王子国《土鲁窦吉》第154页"何底纪"以"丙寅"为首）；壬寅（ ☒ ☒ duɿ luɿ [172]），即伏羲"团良"；辛亥（ ☒ ☒ xeɿ vɑɿ [173]），即伏羲"候旺"（"候网"）；庚申（ ☒ ☒ duɿ tɕɑɿ [174]），即伏羲"立路"。第1386页《禾刀纪》的乙丑（ ☒ ☒ tsuɿ mɿ [175]）在该书第1390页的《煞贡星》中作乙亥（ ☒ ☒ tsuɿ vɑɿ [176]），即伏羲"象卫"，有不同。

P1387：《煞贡星》七个星名彝文、彝音与该书第1390页的《直星》（ [彝文][177]）七个星名彝文、彝音完全一致。具体如下：丁卯（ [彝文] se˧dol[178]），即伏羲"峙龙"（王子国《土鲁窦吉》第154页"啥谷纪"以丁卯为首）。乙酉（ [彝文] tsɯl ʂaɿ[179]），即伏羲"象卫"。甲午（ [彝文] dzɿʔmɿ[180]），即伏羲"苍芒"。癸卯（ [彝文] dɯl dol[181]），即伏羲"团良"。壬子（ [彝文] dɯl hɑɿ[182]），《中国古史的传说时代》第303页作"东扈氏"。辛酉（ [彝文] xel ʂaɿ[183]），即伏羲"茜河"。

P1387："直星"（ [彝文][184]）七个星名彝文、彝音和该书第1390页《卜木星》（ [彝文] pɯɯlmɿ tɕiet[185]）七个星名彝文、彝音完全一致。具体如下：戊辰（ [彝文] kʰɯlluɿ[186]），即伏羲的"革兰"（王子国《土鲁窦吉》第154页"住省纪，即直星，也以戊辰为首）。乙未（ [彝文] tsɯlho˩[187]），即伏羲"曹安"。甲辰（ [彝文] dzɿʔluɿ[188]），即伏羲"墙烁"。癸丑，（ [彝文] dɯl qiɿ[189]），即伏羲"团良"。壬戌（ [彝文] dɯl tɕʰɿ[190]），即伏羲"达曲"。

P1387：卜木星（ [彝文] pɯɯlmɿ tɕiet[191]）七个星名彝文、彝音和该第1390—1391页的《角巳星（ [彝文] tɕiɿʔmɿ tɕiet[192]）》，即"谁明氏"，七个星名彝文、彝音全同。具体如下：己巳（ [彝文] tɕʰilseɿ[193]），即伏羲"捐师"，"捐师"就是伏羲"巨神氏"（卷须）。戊寅（ [彝文] kʰɯlmɿ[194]），即伏羲"革兰"。丁亥（ [彝文] seɿ vaɿ[195]），即伏羲神皇（桑娃）。丙申（ [彝文] piʔnɯl[196]），即伏羲"鹏烁"。乙巳（ [彝文] tsɯlseɿ[197]），即伏羲"赤禅"。甲寅（ [彝文] dzɿʔluɿ[198]），即伏羲"墙烁"（"墙烁"即"尊卢氏""宗卢"，殷代用）。癸亥（ [彝文] dɯl vaɿ[199]），即伏羲"达河"，也即伏羲"泰望"。

P1387—1388：角巳星（ [彝文] tɕiɿʔmɿ tɕiet[200]），即"谁明氏"，七个星名彝名、彝音和该书第1391页：人专星（ [彝文] mil tsɿʔ tɕiet[201]），七个星彝名、彝音全同。己卯（ [彝文] tɕiɿldol[202]）即伏羲"枪兰"。乙卯（ [彝文] tsɯldol[203]），即伏羲"枪芒"，颛顼专用。

P1388：人专星（ [彝文] mil tsɿʔ tɕiet[204]），6个星彝文、彝音和该书第1391页立早星（ [彝文] liʔnɯl tɕiet[205]）（禅通纪）6个星彝名、

彝音全同。辛未（ [206]），即伏羲" [207]"，庚辰（ [208]），即伏羲"栗陆"。乙丑（ [209]），即伏羲" [210]"。戊戌（ [211]），即伏羲"句疆"。丙辰（ [212]），即伏羲"鹏烁"。

P1388：《立早星》（ [213]），即禅通纪、连通纪，6个星彝名、彝音和该书第1891页妖星（ [214]）6个星名彝名、彝音全同。具体如下：壬申（ [215]），即伏羲"達耳"。辛巳（ [216]），即《神龟记》第10－11页赫胥氏（赫苏氏）。戊申（ [217]），即循蜚纪巨灵氏。丁巳（ [218]），即伏羲"冉相"，周代专用；王子国《土鲁窦吉》第164页：丁巳即"育斯纪"，也即"妖星"；注意参照《中国古史的传说时代》第293页的循蜚纪"冉相"进行对比阅读与研究。

五、《中国古史的传说时代》[219]重要内容释读

P293：1.原文：西汉王符《潜夫论·五帝树》："伏羲世号太昊。"西晋皇甫谧《帝王世纪》："太昊帝庖牺氏……母曰华胥……继天而王，首树于木，为百王先。帝出于'震'……故位在东方，主春，象日月之明，是称'太昊'。"高按：帝出于震，位在东方，主春，这种说法与彝文经典所记载的方位一致，非常重要。

2.原文：唐朝司马贞《史记·补三皇本纪》："太皥庖牺氏……木树王，主春令，故《易》称帝出于'震'。"《月令》："孟春，其帝太皥是也。"
高按：这种记载与彝文典籍相同。

六、十天罡、十天干彝族名称来历、排名次序与伏羲72帝王号之关系

高按：十干原来是（ [220]）甲、乙、丙、丁、戊、己、庚、辛、壬、癸十个数字，后来演变为十个太阳神的代称，这种说法同彝文经典所记载。

张汉等《周易会意》[221]一书讲述的十月太阳历情况：1.原文："天一"至"地十"，也就是"十干"的甲、乙、丙、丁、戊、己、庚、辛、壬、癸。"甲"是"天三"。高按：这里讲述"天三地八木"来历。2.原文："乙"是"地八"，居东治春。"丙"是"天七"。高按：丙是南，为夏，"天七地二火"。3.原文："丁"是"地二"，居南治夏。"戊"（戊己的"戊"）是"天五"，己（戊己的己）是"地十"，居中央治"长夏"（中央土）。庚是"天九"，辛是"地四"，居西治秋。"壬"是"天一"，"癸"是"地六"，居北治冬。甲乙同"木"，丙丁同"火"，戊己同"土"，庚辛同"金"，壬癸同"水"；这种说法《史记·天官书》论述更详细：甲"天三"，称"太皞"；乙"地八"；称"句芒"；丙"天七"，称"祝融"；丁"地二"，称"炎帝"；戊"天五"，称"黄帝"；己（戊己的己）"地十"，称"后土"；庚"天九"，称"蓐收"；辛"地四"，称"少皞"；壬"天一"，称"颛顼"；癸"地六"，称"玄冥"。这种说法在《礼记·月令》里也有论述。

十月历西为"庚"、为秋（"天九地四"全）。

张汉等《周易会意》[222]：《淮南子·坠形训》"日数十"。许慎注曰："十，从甲至癸也。"《左传·昭公七年》"天有十日。"杜注曰："甲至癸"。《左传·襄公二十七年》疏曰："斗建从甲至癸十者，谓之十日。"《左传·昭公五年》："日之数十，故有十日，亦当十位。"天一至地十，甲至癸十个数，古哲称"十日""十干""十母""十时""十位"。"日""干""母""时""位"等，都揭示了十数的一个侧面。"日"是地球之自称。

高按：十月历北是壬癸，为冬。天一地六水，这种说法正确。凡太阳系天地皆称"日"。

《淮南子·天文训》（上）[223]："太阴在寅，岁名曰摄提格，其雄为岁星，舍斗、牵牛，以十一月与之晨出东方，东井，舆鬼为对。太阴在卯，岁名曰单阏，岁星在须女、虚、危，以十二月与之晨出东方，柳、七星、张为对。太阴在辰，岁名曰执除，岁星舍营室、东壁，以正月与之晨出东方，翼、轸为对。太阴在巳，岁名曰大荒落，岁星舍奎、娄，以二月与之晨出东方，角、亢为对。太阴在午，岁名曰敦牂，岁星舍胃、昴、毕，以三月与之晨出东方，氏、房、心为对……"

高按：以上都是重要内容。

七、日出、日入、月份彝、汉对比材料

彝族先天八卦：

乾，为第一，为南九，彝文写作 [224]，国际音标为 [225]，即乾姤，为丙（芒种），午（夏至），丁（小暑）。

兑，代表东南，为第二，彝文写作 [226]，国际音标为 [227]，表示辰（龙），为猪、牛月，[228]（日出），为谷雨。

巽，居中，为第三，彝文写作 [229]，国际音标为 [230]，鼠月，[231]（日出），蛇，[232]，[233]，为小满。

离，为东，为第四，彝文写作 [234]，国际音标为 [235]，为甲，（三、七月，[236]（日出），为惊蛰。

卯居中，兔（二、八月），[237]（日出），为春分。乙为正、九月，[238]（日出），为清明。

震，为东北，为第五彝文写作 [239]，国际音标为 [240]，丑，艮，寅，丑（大寒），艮，五月，为立春，为 [241]；寅（四、六月，[242]（日出）），雨水。

第六为西南巽卦 [243]（[244]），未、坤、申，未为大暑，坤为鼠月，[245]（日入，日落），为立秋；申为猪、牛月，[246]（日入，日落），为处暑。

第七为西，为坎，彝文写作 [247]，国际音标为 [248]，为庚、酉、辛，其中庚为一、九月，[249]（日入，日落），为白露；酉为二、八月，[250]（日入，日落），为秋分；辛为三、七月，[251]（日入，日落），为寒露。

第八为西北艮卦，彝文写作 [252]，国际音标为 [253]，为戌、乾、亥，其中戌为四、六月，[254]（日入，日落），为霜降；乾为马月，为立冬，亥为小雪。

八、《周髀算经》"七衡六间图"二十四节气与彝文《宇宙生化总图》对比研究

高按：《周髀算经》的"七衡六间图"[255]二十四节气全同《宇宙人文论·宇宙生化总图》[256]，这是重要内容，要特别注意。

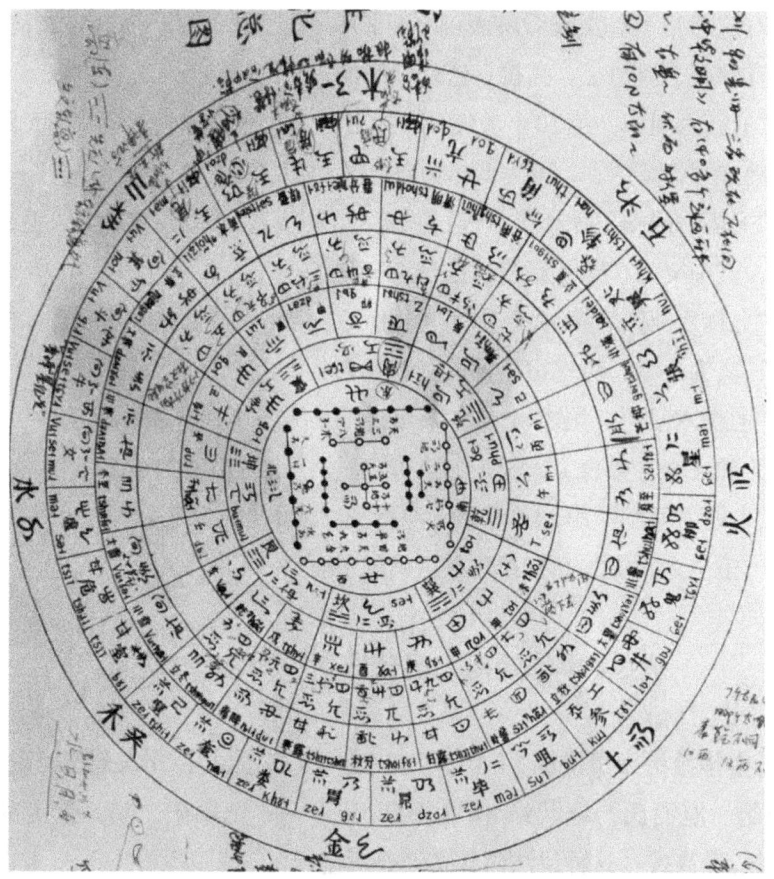

(《宇宙生化总图》[257]。图中笔记有的是高加乐手迹，有的是整理者听高老师授课的记录)

具体释读如下：

"七衡六间图"第19个节气："斗"指东南维，为兑卦之巽，为立夏；彝表（指《宇宙生化总图》，下同）：东南为兑卦（幼子），兑，彝文写作■[258]，国际音标为■[259]，为辰、巽、巳（高按：这是正确的。其中辰龙为猪、牛月，也是正确的）；为"日出"（■[260]），为谷雨，对应角、亢。巽的彝文为■、[261]彝音为■[262]，居中，鼠月，为立夏，对应轸宿（彝文查看彝表）（中吕）。巳（蛇）为小满，为翼宿（彝文查看彝表，河魁）。高按：这是正确的。

"七衡六间图"第20个节气：斗指丑，为大寒；彝表：东北震（临），震，彝文写作■[263]，国际音标为■[264]，为大寒。

"七衡六间图"第21个节气：斗指癸，为小寒；彝表：北为坤（壬、子、癸），其中癸为小寒（高按：这是正确的）。

"七衡六间图"第22个节气：斗指亥，为小雪（高按：这是正确的）；彝表：亥为小雪，对室宿（彝文查看彝表，贲）。

"七衡六间图"第23个节气：斗指子，为冬至；彝表：北（坤），坤即贲（彝文查看彝表），子（冬至）（高按：这是正确的）。

"七衡六间图"第24个节气：斗指亥，为大雪；彝表："壬、子、癸"，其中"壬"为大雪（高按：这是正确的）。

九、《中华始祖太昊伏羲》[265]释读与研究

《中华始祖太昊伏羲》（上册）第274页。1.原文：北宋刘恕《资治通鉴外纪·庖牺氏》记载："伏羲德合上下……纪阴阳之初，以为律法，建五气。"高按：这种说法同彝文经典所记载。

2.原文：立五常，定五行。高按：这种说法同彝文经典所记载。

3.原文：始名定以龙纪。高按：这种说法同彝文经典所记载。

4.原文："有甲历五运，象法乾坤以正君臣、父子、夫妇之义，继天而王，为百王先。""太昊时，有龙马负图出于河之瑞，因而名官始以龙纪，号曰龙师。命朱襄为飞龙氏，造书契；昊英为潜龙氏造甲历；大庭为

居龙氏，造屋庐；浑沌为降龙氏，驱民害；阴康为土龙氏，治田畴；栗陆为水龙氏，繁滋草木，疏导泉源。又命五官，春官为青龙氏。

高按：这种说法同彝文经典所记载。

5.原文：夏官为赤龙氏。高按：这种说法同彝文经典所记载。

6.原文：秋官为白龙氏。高按：这种说法同彝文经典所记载。

7.原文：冬官为黑龙氏。高按：这种说法同彝文经典所记载

8.原文：中官为黄龙氏。高按：以上五官名称和内容与《爨文丛刻》（上）"地生经"十月历五个龙官完全一致。此为特别重要内容。

9.原文："太昊立九相：共工为上相，柏皇为下相，朱襄、昊英常居左右，栗陆居北，赫胥居南，昆连居西，葛天居东，阴康居下。"高按：此为特别重要内容。

《中华始祖太昊伏羲》（上册）第279页原文：战国辛妍《文子·精诚》记载："虙牺氏之时，天下多兽，故教民以猎。"高按：此为特别重要内容。

《中华始祖太昊伏羲》（上册）第280页原文：战国尸子《尸子·君治》："伏羲之世，天下多兽，教人以猎。"高按：此为特别重要内容。

《中华始祖太昊伏羲》（上册）第282页原文：春秋孔子《易经·系辞下》记载："古者庖牺氏之王天下也，仰则观象于天，俯则观法于地，观鸟兽之文与地之宜，近取诸身，远取诸物，于是始画八卦，以通神明之德，以类万物之情。"高按：此为特别重要内容。

十、《中华始祖太昊伏羲》[266]重要内容释读与研究

《中华始祖太昊伏羲》（上册）第300—301页：原文：中国不少古籍记载了伏羲造书契。书契，指的是中国的文字。伏羲画了八卦，八卦就是文字。伏羲八卦符号是中国文字，是中国最早的文字。之所以这样说，理由有三：

第一，伏羲八卦的八个符号是八个中国字：

乾卦的符号"☰"是古写的"天"字。（高按：彝文"󰀀 󰀁"[267]为"天"的意思。）

279

坤卦的符号"☷"是古写的"地"字。(高按:"[图][268]",整理为:彝文[图][269],国际音标为"[图][270]",为"地"的意思,"地"即"坤"。"坤"为彝文"[图][271]"([图][272])"的音译记字。)

离卦的符号"☲"是古写的"火"字。(高按:彝文[图][273]为"太阳"的意思,[图][274]为"火"。)

坎卦的符号"☵"是古写的"水"字。(高按:彝文[图][275]为水。)

震卦的符号"☳"是古写的"雷"字。

巽卦的符号"☴"是古写的"风"字。

艮卦的符号"☶"是古写的"山"字。

兑卦的符号"☱"是古写的"泽"字。

第二,伏羲八卦的八个符号,都是方块形,中国的方块字形吻合。

第三,中国方块字的造字原则"曰六书,一曰象形,二曰假借,三曰指事,四曰会意,五曰转注,六曰谐声是也"。而八卦符号恰恰是"六书"造字原则的写真。

所以,我们可以得出这样的结论,在伏羲时代就有文字产生了……不能否定在伏羲时代有文字。

高按:上面这段文字为特别重要内容。

十一、《易经来注图解》重要内容释读与研究

高按:"需随""惊蛰是"彝音记字。惊蛰对应心宿,"历解"是其彝音。

《易经来注图解》[276]:

(一)特别注意:"卦气直日图"中的惊蛰为"需随历解","辟"(君)为"泰",应是彝表离卦([图]),为甲、卯、乙,其中"甲"为惊蛰,[图][277]([图][278]),即"需随"的译音记字,对应心宿,心宿的彝文读音为[图][279](底本只写出心宿的读音,没有写出彝文),即"历解"音译记字,侯为"需";大夫为"随,"卿为"历",公为"解"。

《易经来注图解》[280]大寒为"屯谦睽升",即侯为"屯",大夫为

"谦",卿为"睽",公为"升",辟(君)为"临"。彝表:震卦,彝文写作 ╫ [281],国际音标为 ▨ [282],即"临"(长子),坤卦的彝文及注音为 ╤ but [283],为壬、子、癸,其中,癸彝文写作 ∃ [284],国际音标为 dut [285],癸为小寒,小寒的彝文作 ▨ [286],国际音标为 ▨ [287],对应牛宿,牛宿的彝文读音 ▨ settpy [288](底本没有写出彝文),即"星纪次","升谦"为 settpy [289]的音译记字;癸,彝文写作 ∃,国际音标为 dut [290],即"睽屯",指癸的彝文译音记字。

十二、先天八卦与后天八卦、二十四节气、十月太阳历情况彝、汉对比研究

高按:(一)特别要注意:先天八卦是每卦包括三个节气;而后天文王八卦,包括《易经来注图解》第603页的"卦气直日图"和《大易图典举要》[291]"卦气纳甲分野第十",都是每卦二个节气,和先天八卦有所不同,还要注意它们和二十四节气彝文名称和二十八宿彝文名称之间的相同和不同称谓,与先天六十四卦及后天六十四卦,二十四节气名称、星宿名称对应称谓的相同和不同,并和《周易八卦图解》《周易六十四卦精解》《周易六十四卦浅解》等中的相同和不同情况进行比较阅读和研究。

(二)十太阳十天干(十月太阳历情况):

东甲(天三木);乙(东北、地八木);春,虎、兔、寅、卯72天。

南丙丁火,其中,丙是天七,丁是地二,夏,蛇、马、巳、午72天。

西庚辛金,其中,庚是天九,辛地火,秋,猴、鸡、申、酉72天。

北壬癸水,其中,壬是天一,癸是地六,癸是地六,东,猪、鼠、亥、子72天。

中央:戊己土,狗、龙、牛、羊,戌、辰、丑、未各18天,合为72天。

东南:辰龙地18天(兔、蛇、卯、巳。)

西南:未(羊),地18天[马、猴(为巽)、午、申]。

西北:戌(狗),地18天(鸡、猪、酉、亥)。

东北：丑（牛），地（震）18天（鼠、虎、子、寅）。

彝族洛书：中央土；东南辰巽巳为龙蛇（辰巳18天），这是正确的。西南未坤申，为羊猴（未申18天），这是正确的。东北：丑艮寅（牛、鼠、丑、子18天）这是正确的。

注释：

[1]马学良、罗国义：《增订 爨文丛刻》，成都：四川民族出版社，1988年。

[2][3][4][5][6][7][8][35][36][75][145][152][207][210][220][233][267][268][273][274][275][279][287]为高加乐手迹。

[9][10][11][12][14][16][17][18][19][21][22][24][25][27][28][30][31][32][34][43][44][51][52][54][55][56][161][162]王子国：《土鲁窦吉》，贵阳：贵州民族出版社，1998年。

[13][15][20][23][26][29][33][45][46][53]中国大百科全书出版社：《中国大百科全书（天文学卷）》，北京：中国大百科全书出版社，1980年。

[37][38][39][40][41][42][47][48][49][50][57][58][59][60][61][62][63][64][68][69][70][71][72][73][74][76][77][78][80][81][82][83][84][85][86][87][88][89][90][91][92][93][94][95][96][97][98][99][100][101][102][103][104][105][106][107][108][109][110][111][112][113][114][115][116][117][118][119][120][121][122][123][125][126][127][128][129][130][131][132][133][134][135][136][138][140][141][142][143][144][146][147][148][149][150][151][153][154][155][156][157][158][159][160][163][164][165][166][167][168][169][170][171][172][173][174][175][176][177][178][179][180][181][182][183][184][185][186][187][188][189][190][191][192][193][194][195][196][197][198][199][200][201][202][203][204][205][206][208][209][211][212][213][214][215][216][217][218][228][231][232][236][237][238][242][245][246][249][250][251][254][260][277][278][283][284][285][286][288][289][290]为整理者手迹，因为原文涂写过于严重或看不清楚。

[65][265][266]杨复竣：《中华始祖太昊伏羲》，上海：上海大学出版社，2008年。

[66]杨复竣：《中华始祖太昊伏羲》，上海：上海大学出版社，2008年，第281页。

[67]马学良、罗国义：《爨文丛刻》，成都：四川民族出版社，1986年。

[79]原笔记没有标明，是整理者从原著《爨文丛刻》中查高老师的修改笔记得来。

[124]李叶滋：《神龟记》，北京：新世界出版社，2006年，第10页。

[137]王大有：《三皇五帝时代》，北京：中国社会出版社，2000年，第354页。

[139]徐旭生：《中国古史的传说时代》，桂林：广西师范大学出版社，2003年，第293页。

[219]徐旭生：《中国古史的传说时代》，桂林：广西师范大学出版社，2003年。

[221]张汉等：《周易会意》，成都：巴蜀书社，2002年，第1090页。

[222]张汉等：《周易会意》，成都：巴蜀书社，2002年，第1091页。

[223][西汉]刘安等著，许匡一译注：《淮南子全译》，贵阳：贵州人民出版社，1993年，第172-173页。

[224][225][226][227][229][230][234][235][239][240][241][243][244][247][248][252][253][258][259][261][262][263][264][269][270][271][272][281][282]贵州省民族事务委员会，贵州省民族研究所：《贵州省彝文试用课本》，贵阳：贵州民族出版社，1986年。

[255]程贞一、闻人军：《周髀算经（译注）》，上海：上海古籍出版社，2012年，第85-98页。

[256][257]马学良、罗国义：《宇宙人文论》，北京：民族出版社，1984年，封底。

[276][280][明]来知德：《易经来注图解》，北京：九州出版社，2004年，第603页。

[291]常秉义：《大易图典举要》，北京：中央编译出版社，2011年，第254页。